53591

NOUVEAU TRAITÉ

D'ÉCONOMIE POLITIQUE.

R

OUVRAGE DU MÊME AUTEUR:

HISTOIRE DE LA RÉVOLUTION FRANÇAISE DE 1789.

— 2ᵉ édit., en 4 vol. in-8 (épuisée), chez Michel Lévy, frères.

— 3ᵉ édit. illustrée, chez Malmenaide et Ribeyrolle.

Paris. — Imprimerie de P.-A. BOURDIER et Cⁱᵉ, rue Mazarine, 30.

NOUVEAU TRAITÉ

D'ÉCONOMIE POLITIQUE

PAR

M. VILLIAUMÉ

Si volueritis et audieritis me,
bona terræ comedetis.
Isaïe, I, 19.

TOME PREMIER

PARIS

GUILLAUMIN ET Cᵉ, LIBRAIRES,

Éditeurs du *Dictionnaire de l'Économie Politique*, du *Journal des Économistes*,
de la *Collection des principaux Économistes*, etc.
14, RUE RICHELIEU.

1857

PRÉFACE.

Parmi les Traités d'économie politique, les uns, justement renommés, n'ont pu discuter des questions auxquelles le temps et les événements ont donné une importance capitale; les autres n'ont point résolu ces questions conformément aux principes. Quant aux Monographies qui abondent, et dont plusieurs sont utiles, le public inattentif ou trop occupé ne les étudie point. D'ailleurs un grand nombre manquent de clarté ou sont trop exclusives; soit que leurs auteurs aient été dominés par l'esprit d'école ou de parti; soit qu'ils aient été portés à voir tout en leur sujet étroit.

On a donc pensé que, nonobstant les travaux antérieurs, et l'incontestable mérite de plusieurs, il n'est pas inopportun de retracer les principes, en indiquant leurs applications essentielles; et d'essayer de détruire les préjugés funestes et contraires qui règnent encore dans toutes les classes de la société. N'est-il pas possible de relier la pratique au progrès, et de se tenir écarté de tous les excès?

En m'efforçant de profiter des recherches et des méditations de mes devanciers, je crois apporter quelques projets nouveaux, et des démonstrations ou réfutations toutes nouvelles de théories encore controversées. Comme la philosophie l'exige, j'ai commencé par les définitions, et l'exposé le plus net, que je l'ai pu faire, des principes généraux. En indiquant les applications actuelles ou dans tel cas prévu, j'ai montré aussi le guide éternel de ceux qui sont chargés de les ordonner. Quel que soit d'ailleurs l'ordre qu'on assigne à l'Économie politique cette science est aujourd'hui la plus utile; elle fixe l'attention des peuples et des gouvernements. On peut affirmer qu'elle n'est déniée, ou que son utilité n'est contestée que par ceux qui l'ignorent complétement, ou dont l'intérêt personnel s'oppose à la manifestation de la vérité.

Ici, comme ailleurs, je n'ai cherché à flatter ni à ménager aucune faction, et n'ai pris mes solutions que dans ma conscience. Étant resté impartial envers les individus et les gouvernements, si, contre mon attente, quelques-uns s'offensent de ce que j'ai dit, j'avertis qu'il n'est pas en mon pouvoir d'empêcher les mauvais citoyens de se reconnaître, et de se condamner eux-mêmes.

Paris, 1er mai 1857.

NOUVEAU TRAITÉ
D'ÉCONOMIE POLITIQUE.

LIVRE PREMIER.

PRINCIPES GÉNÉRAUX.

—

CHAPITRE PREMIER.

DÉFINITIONS.

§ I. — Définition de l'économie politique. — Son objet. — De la richesse
matérielle et de la richesse immatérielle.

L'économie politique enseigne les lois de la production, de la répartition et de la consommation de la richesse dans l'intérêt de l'individu et de la société.

La richesse se compose de tout ce qui, possédant une
valeur échangeable, est indispensable, utile ou agréable
à l'existence de l'homme. Malthus l'a définie : « Les ob-
« jets matériels nécessaires, utiles ou agréables à l'homme,
« et qu'il lui a fallu certains efforts pour produire ou
« s'approprier. » La seconde partie de cette définition
explique suffisamment que l'eau, l'air vital, la chaleur
du soleil ne font point partie de la richesse, puisqu'ils
sont donnés à tous par la nature seule.

Quant à l'utilité : « C'est, dit Malthus, la propriété d'of-
« frir à l'homme des services et des avantages. » On con-

sidère l'utilité d'une chose en raison de l'importance réelle de ces services et de ces avantages. Toute richesse est nécessairement utile; mais tout ce qui est utile n'est pas nécessairement richesse. Toutefois, il n'est pas nécessaire que l'utilité soit réelle et absolue; il suffit qu'elle réside dans les préjugés généraux.

Lord Lauderdale nomme richesse : « Tout ce que « l'homme désire comme pouvant lui être utile ou « agréable. » Cette définition comprenant la santé, la liberté, l'éloquence, etc., est défectueuse, car elle embrasse d'autres sciences et arts. On ne peut réputer un homme riche, s'il ne possède que ce que tous peuvent obtenir gratuitement. Il ne le sera donc qu'en possédant en propre des objets indispensables, utiles ou agréables, qui soient le produit annuel de la terre et du travail.

Les richesses sont *matérielles* ou *immatérielles*. Les premières, essentiellement positives, peuvent se voir, se toucher; elles n'échappent pas aux sens les plus grossiers. Ce sont les meubles et les immeubles. Les autres, visibles seulement dans leurs résultats, sont incorporelles, et ne s'apprécient que par l'esprit; tels sont les arts et les sciences.

Les richesses sont ou *naturelles*, c'est-à-dire données par la nature même, comme le sol de la terre; ou *artificielles*, c'est-à-dire le produit du travail et de l'épargne, tels que les meubles qui ne s'obtiennent que parce qu'on les a fabriqués, ou échangés contre d'autres produits.

Souvent on a donné à cette science d'autres noms que celui d'*économie politique*, quoiqu'il soit le plus ancien, et se trouve déjà en tête d'un traité français de 1615, par Montchrestien de Wadeville. L'école de Quesnay a conservé ce nom, en se servant aussi de celui de *physiocratie*. J.-B. Say l'a également accepté en regrettant qu'on n'ait pas adopté celui d'*économie sociale*. Ceux qui emploient cette dernière dénomination croient y trouver un sens plus libéral. C'est une erreur qui vient de ce qu'elles ne se sont point rendu compte de la signification du mot *politique*, lequel dit beaucoup plus que le mot *social*. En effet, politique, *polis*, signifie la cité ou société constituée sous les mêmes lois; tandis que *social* ne signifie que les hommes réunis en une société quelconque, même patriarcale. Ce mot peut signifier aussi la société humaine, y compris les Hottentots et les Lapons; et je suppose que c'est en ce dernier sens que l'on dit *économie sociale*. Le baron prussien Anacharsis Clootz datait ses lettres de *Paris, chef-lieu du globe*, et voulait *guilloliner les tyrans de la Chine et du Monomotapa* [1]. Mais, comme nous n'en sommes pas encore à stipuler pour tout le genre humain, je m'occuperai modestement de la France et des pays avec lesquels elle peut être le plus habituellement en relations.

Le mot économie politique étant clair et universellement connu, il semble difficile qu'un autre réussisse. En vain l'on a inventé celui de *ploutonomie*, celui de *chrématistique*, ou d'autres aussi bizarres. Jamais les écrivains ne les ont pris en considération. Il y a des inconvénients à vouloir changer les mots généralement acceptés d'une science qui a déjà fait certains progrès. Qu'importe qu'ils soient détournés par l'usage de leur sens naturel ou primitif? Le langage n'en est pas moins clair; surtout chez nous dont presque tous les mots ont une signification différente de leur origine.

[1] *Le Vieux Cordelier.*

§ II. — La terre et le travail, sources des richesses. — Du capital matériel et du capital moral. — Du savant, de l'entrepreneur et de l'ouvrier.

La source première des richesses est *la terre*, que les anciens appelaient avec raison la MÈRE COMMUNE [1] ; et qui offre à l'homme les animaux, les bois, les métaux, les pierres, les houilles, l'action des vents, etc. Mais il ne faut pas confondre *la terre* avec le *sol* qui est la terre *végétale*. La terre, c'est toute la nature *physique* à l'exception de l'homme.

L'homme ayant été mis sur la terre sans vêtements et sans nourriture préparée, choses essentielles à son existence, le travail est le seul moyen qu'il a de s'approprier la richesse dont les éléments sont répandus autour de lui. Il ne peut rien créer ; mais il peut donner aux matières de l'utilité, et les convertir en richesses. Ainsi, avec un peu de cuivre qui ne vaut pas vingt centimes, il fabrique une montre d'une valeur de cent francs. La production s'appelle *mouvement*, lorsqu'il s'agit des choses matérielles ; et *création* lorsqu'il s'agit des œuvres du génie. Le cultivateur en ouvrant les entrailles de la terre fait un mouvement. Le peintre fait une création.

Le travail est l'application des forces de l'homme à la nature. Il est matériel ou intellectuel. On ne doit pas le confondre avec l'opération, qui n'est que le déploiement d'une force matérielle sans moralité, ni intelligence, ni liberté, telle que l'action du bœuf. Le castor et l'abeille

[1] « Tous les hommes, dit Platon, dans sa *République*, ont été « élevés et formés dans le sein de la terre, eux, leurs arts et tout « ce qui leur appartient ; ils doivent donc regarder la terre qu'ils « habitent comme leur mère et leur nourrice. »

même n'opèrent que comme des machines et sans liberté. Le travail est l'action de l'être intelligent et libre. Seul parmi les animaux l'homme travaille; c'est-à-dire, donne l'existence à des choses dont la nature ne lui fournit que les matériaux pour les transformer.

L'homme voudrait vivre dans le repos ou la dissipation; mais Dieu a voulu qu'il gagnât son pain à la sueur de son front, et que son effort, sa peine, fût récompensée par une joie qui y correspondît, soit dans le résultat qui procure la satisfaction d'impérieux besoins et fait espérer le repos dans la vieillesse, soit dans la conscience d'avoir rempli un devoir. Qui de nous n'est gai et tranquille, le soir d'une journée laborieuse; et triste et inquiet après une journée oisive ou dissipée? « Nos anciens, dit un empereur de Chine, tenaient pour maxime que s'il y avait un homme qui ne labourât point, une femme qui ne s'occupât point à filer, quelqu'un souffrait de la faim ou du froid dans l'Empire[1]. »

On ne produit de choses importantes qu'en s'aidant du travail antérieur et accumulé; savoir : d'outils, de constructions, de provisions, qui composent le capital, ou l'épargne qu'on applique à la reproduction, au lieu de l'avoir consommé immédiatement. Mais la simple épargne qu'on fait pour l'avenir, comme la fourmi, n'est point un capital; car s'abstenir de consommer n'est pas produire[2]. La consommation est la destruction totale ou partielle de l'utilité; c'est-à-dire de la qualité qui donne de la valeur aux matières premières.

Le capitaliste qui ne fait pas valoir lui-même son capital le confie à d'autres pour en tirer un loyer, s'il s'agit

[1] P. du Halde, II, 497.
[2] Rossi. — Destutt de Tracy.

de bâtiments; ou un fermage, s'il s'agit de terres; ou un intérêt, s'il s'agit d'argent.

Les talents acquis sont aussi un capital qu'on appelle *moral*, et que quelques-uns nomment *fonds de facultés industrielles*. Ils ne peuvent se vendre et se livrer comme les capitaux matériels; mais ils s'estiment par le revenu qu'on en peut tirer. Il y a donc des *produits matériels* et des *produits immatériels*.

Sismondi et les autres économistes qui, méconnaissant les produits immatériels, ont classé leurs auteurs comme oisifs et travailleurs improductifs, ont commis une erreur. Le médecin n'est pas moins utile à la société que l'artisan; car il rend la santé nécessaire à la production. On pourrait appeler ses produits *indirects*. Le fou, le fonctionnaire public inutile, le libertin font seuls un travail improductif.

« En toute chose, dit M. Dunoyer, nous ne faisons « que produire des utilités. La forme que l'artisan donne « à un corps brut est immatérielle, comme la science « que le professeur communique à des êtres intelligents; « et la seule différence que l'on puisse remarquer entre « leurs industries, c'est que l'une tend à modifier les « choses, et l'autre à modifier les hommes. »

On ne doit pas, dit-on, comprendre dans la richesse les produits des travaux qui n'opèrent pas sur les choses matérielles.

Ces produits se vendent en raison du prix que leur production a coûté : donc ils rentrent dans le domaine de la richesse. Mais il est nécessaire qu'ils soient susceptibles d'échange; autrement ils appartiennent à un autre ordre de science. Ainsi la probité, la bonne conscience, l'imagination, l'amour ne concernent point l'économie politique; mais l'imagination qui crée une tragédie la concerne comme celle qui invente une machine. De plus, ces produits peuvent être accumulés. Le père, en faisant instruire son fils, lui donne un capital; toutefois quand, dans ce produit immatériel, il n'y a pas excès dans le nombre de ses concurrents. Les produits matériels eux-mêmes, fabriqués en trop grand nombre, deviennent sans valeur.

Un produit ne peut exister sans les efforts combinés du savant, de l'entrepreneur, de l'ouvrier. Le savant invente, l'entrepreneur applique, l'ouvrier exécute [1].

Les savants sont nécessaires, parce que les arts dégénéreraient sans leurs méthodes qui rectifient les œuvres de la routine. Ainsi, faute de livres, l'on ne sait plus faire le feu Grégeois, ni les miroirs d'Archimède, qui incendiaient une flotte. On avait perdu, depuis le dix-septième siècle, l'art de fabriquer le verre de couleur qui n'a été retrouvé que dans ces derniers temps. On ne pourrait plus construire les obélisques, ni probablement même la flèche de Strasbourg. Les premiers Grecs se servaient pour leurs armes offensives d'airain qu'ils savaient tremper d'une façon particulière qui fut oubliée; et c'est pourquoi ils employèrent plus tard le fer dont l'usage est resté [2]. Avec les livres, on n'eût point perdu cet art.

L'entrepreneur seul peut appliquer la science, en appréciant les besoins généraux et les moyens d'exécution. Ne pouvant tout faire seul, il emploie des ouvriers pour chaque détail. On retrouve ces trois opérations dans les produits immatériels. En étudiant le droit, je deviens avocat; en m'établissant, entrepreneur; en plaidant, ouvrier.

[1] J.-B. Say.

[2] *Lucrèce*. Arma antiqua manus... et prior erat æris, quam ferri cognitus usus. Voyez aussi *Proclus, Hésiode, Dom Calmet,* Not. de la Lorr. II, p. 288,

On appelle industrie l'action qui donne une valeur plus grande aux matières premières. On peut en faire trois divisions : l'industrie agricole, l'industrie manufacturière , l'industrie commerciale.

D'autres n'en distinguent que deux sortes : l'industrie fabricante, relative au changement de forme ; l'industrie commerçante, relative au changement de lieux. Ces divisions ont peu d'importance ; dans l'ordre moral, comme dans l'ordre physique, la nature modifie tellement les choses qu'elles se confondent.

Ainsi le propriétaire de forêts devient industriel, lorsqu'il fait façonner ses bois ; et commerçant, lorsqu'il les vend lui-même. Le même homme est quelquefois capitaliste, entrepreneur et ouvrier tout à la fois. Néanmoins, la division la plus généralement adoptée est la dernière que l'on désigne simplement par ces mots : *l'industrie*, *le commerce.*

En résumé, les sources de la richesse sont la terre et le travail ; car le capital n'est que du travail accumulé. Je ne le classe donc pas au nombre des sources de la richesse, quoiqu'on le fasse ordinairement.

§ III. — De la valeur et de l'utilité. — Valeur en usage ; valeur en échange. — Des divers degrés de l'utilité.

Les richesses sont appréciées par leur *valeur* ou par les objets qu'elles procurent en échange. La valeur ne consiste que dans l'*utilité* , c'est-à-dire dans la faculté de satisfaire les besoins ou les plaisirs de l'homme.

L'utilité est directe quand elle satisfait immédiatement nos besoins ; si, par exemple, il s'agit d'un pain pour celui qui a faim. Elle est indirecte, lorsqu'elle n'est qu'un moyen d'arriver à la satisfaction du besoin ; comme si je

possède un pain de trop, je le donne pour une bouteille
de vin, si j'ai soif.

L'utilité directe s'appelle *valeur en usage*; l'utilité indirecte, *valeur en échange*.

La valeur est essentiellement variable, puisqu'elle provient de l'utilité qui dérive de nos besoins toujours variables. Il est donc impossible d'établir un étalon ou
mètre absolu de la valeur, qui n'est que la comparaison
fondée sur un rapport indéterminé et variable, mais qui
est devenue une qualité réelle des choses, par l'usage de
mesurer ainsi ce qu'un objet peut obtenir en échange,
soit en travail, soit en produits utiles.

Il y a dans l'utilité plusieurs degrés : l'indispensable,
l'utile et le luxe.

L'*indispensable* est le régime hygiénique qui permet à
l'homme d'acquérir toute sa croissance, par une alimentation suffisante, et une éducation qui le préserve du
vice.

L'*utile* est ce qui constitue une amélioration réelle.
Mais quand les habitudes en sont pénétrées, il devient
indispensable, et il y aurait déclin s'il disparaissait.

Le luxe ne répond qu'à des besoins qui existent bien
chez l'individu, mais qui n'importent ni à sa propre conservation ni à la conservation sociale. Jusqu'à un certain
point, le luxe lui-même est relatif. Une montre devient
du luxe pour celui qui manque de linge, et n'est que de
l'utilité pour celui qui ne manquerait pas des choses
utiles. Les beaux-arts et les sciences ne sont pas du luxe,
car ils sont indispensables à la conservation des sentiments moraux; l'homme ne vit pas seulement de pain.

Ce qui est en dehors de ces valeurs est nuisible. Ainsi
de l'employé inutile qui consomme sans produire; de
l'industriel qui produit des marchandises qui ne peuvent

se vendre ; de celui qui spécule sur les vices. Le but de la science est donc de produire l'indispensable, l'utile et le luxe non réprouvé par la morale, et de ne rien produire d'inutile ni de nuisible.

§ IV. — Du prix et de ses deux lois.

La valeur des choses appréciée en monnaie est ce qu'on nomme leur prix, dont voici les deux lois :

1° L'oscillation résultant de l'offre faite par les vendeurs et de la demande des acheteurs. Une chose est d'autant plus chère qu'elle est moins offerte, et d'autant moins chère qu'elle est plus offerte. Réciproquement, elle est d'autant plus chère qu'elle est plus demandée, et d'autant moins chère qu'elle est moins demandée.

C'est un axiome de l'économie politique.

2° Le prix des choses est ordinairement réglé sur les frais de production, parce que nul ne produit pour le seul plaisir de produire, et que l'on cesse de demander ce qui coûte de trop grands frais de production. Cette seconde loi dépend essentiellement de la première.

Il faut distinguer le prix courant du prix originaire, qui n'est autre que la somme des frais de production. Ce dernier est appelé par les physiocrates *nécessaire* ; Smith le nomme *naturel*, d'autres *réel*. Toutes ces expressions sont justes.

Le progrès de l'industrie se manifeste par la multiplication des produits, sans accroissement de frais, ou par la diminution des frais sans celle des produits. C'est d'abord le producteur qui en profite. Ensuite la concurrence amenant la baisse de prix du produit au niveau du prix de production, le consommateur jouit des nouveaux procédés. Par exemple, si avec des frais de production montant à 5 francs j'obtiens une chemise dont les frais montaient naguère à 10 francs, j'ai deux chemises au lieu d'une.

Les richesses naturelles appropriées ont une valeur d'échange quelquefois considérable, encore qu'elles n'aient coûté aucun frais de production. En outre, les consommateurs n'ont pas toujours liberté d'abstension : ils ne peuvent se passer de blé, par exemple. Les producteurs, de leur côté, n'ont pas une absolue liberté de concurrence ; ainsi le vin ne peut être produit partout. Ricardo a donc été trop absolu en disant que les frais de production règlent toujours les prix. J.-B. Say a été trop absolu aussi en disant que les prix ne sont réglés que par la grande loi de l'offre et de la demande ; car le prix est une combinaison des frais de production avec l'offre et la demande.

Si les écrivains voulaient mettre de côté leur amour-propre et combiner les idées au lieu de les disloquer, il y aurait beaucoup moins de disputes. Ricardo, qui a pris rang parmi les économistes célèbres, a le défaut, qui n'est que trop commun dans les sciences morales et politiques, de généraliser avec excès les principes qu'il pose. *In universalibus latet dolus*, dit Bacon ; le sophisme se cache dans les généralités. En économie, comme en politique pure, chaque ordre de circonstances exige l'application d'un principe différent.

Avant d'analyser les lois de la production, de la répartition et de la consommation des richesses, il importe de poser nettement les bases fondamentales de la science économique ; ce qui fera l'objet des deux chapitres suivants.

CHAPITRE II.

DE LA PROPRIÉTÉ ET DU COMMUNISME.

§ I. — Que l'homme est créé pour vivre en société. — Que ses droits
naturels inaliénables sont la liberté, l'égalité, la fraternité.

L'homme est créé pour vivre en société, et son espèce
n'aurait même pu se multiplier dans l'état sauvage. Les
besoins de son corps et de son esprit l'attirent sans cesse
vers son semblable; et ces besoins forment des liens qui
commencent avec sa naissance et ne finissent pas même
avec la mort. « Il vaut mieux être deux ensemble que
d'être seul; car on trouve une grande utilité dans cette
union. Si l'un tombe, l'autre le soutient. Malheur à celui
qui est seul! S'il tombe il n'a personne pour le relever[1]. »
Ce point est fondamental dans toutes les sciences morales et politiques. J.-J. Rousseau[2] et Montesquieu[3], en
prenant l'homme sauvage pour type de la perfection humaine, ont commis une méprise qui les a entraînés dans
quelques autres. En effet, toutes les traditions profanes,
comme la tradition religieuse, s'accordent à constater
que les hommes, dans tous les temps comme dans tous
les pays, se sont naturellement mis en société.

    « L'État est dans la nature, dit Aristote; la nature a

[1] Eccl. IV, 9.
[2] *Contrat Social* et *Discours sur l'inégalité.*
[3] *Esp. des lois,* liv. 1, ch. II.

créé l'homme pour vivre en société politique; celui qui, par sa nature, n'appartient à aucun état, sans qu'il puisse en accuser la fortune, est, ou plus qu'un homme ou un être dégradé : on peut lui appliquer ce vers qu'Homère adresse comme un reproche sanglant : *Sans famille, sans loi, sans foyer*... Oui, l'homme est l'animal social par excellence : il l'est davantage que l'abeille, que tous les autres animaux qui vivent réunis [1]. »

« On ne saurait assez repousser, dit Niebuhr[2], l'erreur de ceux qui font résulter la société et toutes les institutions qui en découlent, d'un contrat originaire. Il n'en est pas de plus dangereuse et de plus anti sociale. A quelque époque que l'histoire nous fasse connaître l'homme, dans quelque état de décadence qu'elle nous le montre abaissé, toujours et partout nous trouvons la famille constituée, la propriété reconnue, le gouvernement établi, la société préexistante. Croire que l'homme a pu subsister pendant une période plus ou moins longue hors de la société, c'est comme si l'on croyait qu'il a pu vivre sans les facultés physiques nécessaires à sa vie animale. L'homme est essentiellement social, n'a d'existence possible que dans la société; il ne peut être entendu que né dans l'État. »

Quand l'homme rentre en lui-même, ce qu'il découvre d'abord c'est la liberté de penser. Ce qui pense s'appartient donc : ce qui est moi ne peut être d'un autre. La possession de soi constitue le libre arbitre ou la liberté : je pense, donc je suis libre. Par la liberté seule, on est capable de vertu. Tel est le premier des droits naturels, inaliénables et imprescriptibles.

Puisque l'on est en société, la liberté n'engendre pour

---

[1] *Polit.*, liv. I, ch. II.
[2] *Hist. rom.*, t. I, p. 5.

chacun le droit d'agir comme il lui plaît, que sous le respect de la liberté d'autrui. Nul homme ne peut prétendre à une supériorité de nature sur les autres hommes, de quelque pays, de quelque couleur, de quelque infériorité qu'ils soient. L'égalité est donc le second droit naturel inaliénable et imprescriptible inhérent à l'homme. Mais elle est rationnelle ; c'est-à-dire, elle respecte la diversité des aptitudes qui sont un élément d'harmonie dans la société. L'égalité rationnelle n'exclut que l'idée de supériorité absolue et permanente, telle que celle exercée par l'homme sur les bêtes ; par les aristocraties héréditaires sur la plèbe. « La liberté politique ne consiste point à faire « ce que l'on veut, dit Montesquieu. Dans une société où « il y a des lois, la liberté ne peut consister qu'à pouvoir « faire ce que l'on doit vouloir, et à n'être point contraint « de faire ce que l'on ne doit pas vouloir... La liberté est le « droit de faire tout ce que les lois permettent : et si un « citoyen pouvait faire ce qu'elles défendent, il n'aurait « plus de liberté, parce que les autres auraient tout de « même ce pouvoir[1]. »

Il ne suffit pas, pour l'harmonie de la société, que chaque homme use de sa liberté en renonçant à toute inique supériorité sur ses semblables ; il faut aussi qu'il attache sa destinée à la leur, et que la leur s'attache à la sienne. D'où le troisième droit naturel, la fraternité, qui engendre le devoir de rendre service à autrui, et le droit d'être traité en frère.

Les droits naturels de l'homme découlent donc directement de la morale, et sont conformes à l'équité[2] ; ils

---

[1] *Esp. des lois*, XI, 5.

[2] L'équité est la conformité à la loi naturelle ; la justice est la conformité aux lois positives. Un acte peut être juste sans être équitable et réciproquement. La plupart de nos écrivains confondant

existent en dehors et au-dessus des lois humaines. Les droits positifs sont ceux établis par la société politique. La loi positive sanctionne souvent la loi naturelle ; mais elle s'en écarte quelquefois.

Jusqu'au dernier siècle, et surtout dans l'antiquité, l'homme ne s'appartenait pas ; il était la propriété de l'État. Dans les cités de la Grèce, Aristote déclarait que nul citoyen n'est à soi, mais que tous sont à l'État. Il plaçait l'État avant la famille et avant les individus, parce que, disait-il, *le tout est avant sa partie* [1]. Cicéron place l'amour de la patrie au-dessus de tous les devoirs [2]. Le despotisme de l'État était plus étendu encore en Orient où le souverain était propriétaire du sol et des habitants [3].

Les droits naturels de l'homme et du citoyen furent proclamés par la déclaration de 1791, placée en tète de la Constitution française. La déclaration de 1793 y apporta peu de changements ; mais elle fut encore plus concise et plus parfaite ; et cet acte doit dominer toutes nos lois positives. Il consacre par-dessus tout la liberté individuelle ; et n'admet point que le progrès se fasse par l'État qui n'est chargé que de maintenir l'ordre. En effet, l'État ne peut avoir l'initiative que chez un peuple barbare et dans l'enfance, tel que celui dominé par Pierre le Grand ; mais, chez un vieux peuple, dès longtemps civilisé, la première maxime de l'homme d'État est celle-ci : *pas trop gouverner.*

ces deux mots sont entraînés dans des erreurs qu'ils auraient pu éviter.

[1] *Polit.*, liv. I, ch. ii.
[2] *De officiis*, liv. I, ch, vii.
[3] L'abbé Sénac, t. I, p. 107.

§ II. — Que la propriété est un droit de l'homme. — Réfutation d'un
sophisme.

Les déclarations de 1791 et de 1793 ont mis aussi la
propriété au nombre des droits naturels; et avec raison,
dès l'instant où ils y plaçaient la liberté. Observons néanmoins que la rigoureuse exactitude du langage n'autorise
point à appeler *naturel* le droit de propriété; c'est plutôt
un droit *mixte* qui n'est pas à la hauteur des trois droits
indiqués ci-dessus; mais qui est néanmoins supérieur au
droit positif. Tout homme, par cela seul qu'il est mis au
monde pour vivre, a sa quote-part réservée dans les biens
que produit la terre. Il ne peut pas vivre sans elle; donc
la propriété est un corollaire du droit de vivre, de l'invio-
labilité de la vie humaine.

Dans la théorie du vieux monde, l'État était le maître
des biens individuels, dont la possession n'était pour ainsi
dire qu'une délégation du souverain. Bossuet disait sans
conteste : « Selon le droit primitif de la nature, nul n'a
de droit particulier sur quoi que ce soit, et tout est en
proie à tous. Dans un gouvernement réglé, nul particulier
n'a droit de rien occuper. En général, tout droit doit
venir de l'autorité publique [1]. »

Cette théorie est absolument fausse; car, il appartiendrait ainsi à l'État de créer le droit. L'individu est par lui-
même capable d'être propriétaire; et quand l'État lui-
même l'est, ce n'est que par le bon vouloir formel ou
tacite de la majorité, qui a toujours le droit de changer
de volonté.

Les uns fondent le droit de propriété sur le travail;

---

[1] *Polit.*, tirée de l'Écr., liv. I, art. 3.

les autres sur la première occupation; d'autres sur la prescription.

On a fait un sophisme en faisant découler du travail le droit de propriété; car le travail ne donne que la possession; et, pour qu'il procurât la propriété, il faudrait qu'il fût la source unique de la richesse. D'ailleurs, le travail personnel n'a produit que la plus petite part des richesses que nous voyons. La grosse part, provenant des générations antérieures, n'a été mise à la main de ses détenteurs actuels que par le bénéfice des lois positives de succession ou donation.

Le système que je combats a été propagé parce qu'il interdit aux travailleurs tout accès à la propriété, en les retenant sous le joug de ses détenteurs actuels [1]. Un coryphée de ce système, après avoir dit : « *le fondement indestructible du droit de propriété, c'est le travail* [2], » avoue dans un chapitre suivant (quoiqu'il ait prétendu avoir *démontré dogmatiquement* cette proposition) « *que l'occupation doit être le premier acte par lequel commence la propriété, et le travail, le second.* » En se contredisant ainsi, il se réfute lui-même. Si l'on voulait se donner la peine de lire attentivement ces mauvais livres qui ont fait tant de bruit à une certaine époque, on les verrait remplis de contradictions niaises, dans les passages où ils ne sont pas souillés par l'imposture.

Or, ce que cet auteur appelle l'occupation, dont il fait enfin la base de la propriété, n'est autre chose que la violence : « Toute société, dit-il, présente au début ce *phénomène* [3] d'une occupation plus ou moins violente au-

---

[1] Huet, *Règne social du Christ*, p. 245.
[2] *De la Propriété*, liv. I, ch. XII (1848), par A. Thiers.
[3] Un phénomène qui est une loi générale!

quel succède peu à peu le phénomène d'une transmission régulière, au moyen de l'échange de la propriété contre le fruit légitime d'un travail quelconque. » Ainsi, le premier acte de propriété serait le vol; car ce qu'on acquiert par la violence est un vol à main armée; et le vol deviendrait légitime par l'échange. C'était le système de Cartouche qui, après avoir échangé contre dix louis d'or, une montre qu'il avait volée, s'en considérait comme légitime propriétaire. Il est fâcheux pour lui, que messieurs du Parlement n'aient pas nourri leur esprit d'un livre pareil à celui que je réfute.

Les jurisconsultes romains, qui croyaient aussi que la propriété a son principe dans l'occupation, avouaient du moins que celle-ci exempte de violence ne dépossédait personne. Mais l'occupation n'est qu'un acte matériel, indépendant du juste et de l'injuste; elle ne crée aucun droit par elle-même, puisque le droit peut exister sans elle. L'occupation, qui ne lèse personne, constitue un droit pour celui qui fait valoir la terre occupée; mais elle ne sera légitime que jusqu'à ce qu'un autre, n'ayant pu encore rien occuper, viendra réclamer sa part.

La prescription ne peut être opposée par le premier occupant, dès qu'un autre se présente. Sans doute, ce dernier ne peut faire restituer les fruits perçus sans réclamation; mais le droit de propriété du premier ne subsiste qu'à la condition de s'accorder avec un droit nouveau égal au sien. Ainsi, notre loi civile, conforme à la nature, admet la prescription contre un titre ancien qu'on n'a pas fait valoir durant trente ans; mais elle la rejette contre le donataire, par exemple, en cas de survenance d'enfants au donateur, quoique ce donataire fût entré en possession des biens donnés. Par conséquent, il existe un droit à la propriété, indépendant du travail, de l'occupa-

tion et de la prescription. Mais les adorateurs du veau
d'or disent aux indigents [1] : « Vous arrivez un peu tard,
j'en conviens; il y a bien des places prises ; et en acceptant la comparaison de Cicéron qui assimile la propriété
à un théâtre où toutes les places seraient occupées, je
vous adresserai la réponse suivante : *les propriétaires
de ce théâtre sont des gens bien mal appris assurément,
de ne vous avoir pas réservé une place ; mais en seriez-
vous beaucoup plus heureux si ce théâtre n'existait pas ?
Il existe, je le sais, et cela vous cause un mal auquel
je compatis : c'est le déplaisir de savoir que d'autres
s'amusent sans vous. Mais les propriétaires auraient pu,
je le répète, ne pas construire ce théâtre, et vous n'en seriez
pas fort avancés.* »

C'est trop que d'ajouter de grossières ironies au mépris des droits les plus sacrés. Malthus fait des calculs
faux; J.-B. Say disserte, en méconnaissant quelquefois
la philosophie et la politique; mais ils n'ont jamais répon-
du au malheur du prolétaire par des insultes grossières
ni des plaisanteries cyniques. Ils avaient la conscience
tranquille, et savaient garder la dignité qui convient à
l'honnête homme.

§ III. — Coup d'œil sur la propriété dans l'antiquité. — Des dissen-
sions qu'elle excite dans Rome. — Des lois agraires. — Mort des
Gracques. — Fureurs des triumvirs. — De la propriété dans le
moyen âge.

Les peuples barbares n'avaient pas sanctionné la propriété immobilière, qui leur était inutile. Dès qu'une tribu
avait joui d'un territoire par la récolte des fruits et la
pâture des troupeaux, elle l'abandonnait; de sorte qu'elle

[1] Thiers, *de la Propriété*, liv. I, ch. xiv.

n'avait fait qu'un acte de possession. Les tribus agricoles elles-mêmes déterminaient des lots à chaque famille, qui les abandonnait volontairement après un certain temps.

La propriété foncière, instituée en Orient, berceau de la civilisation, comme un moyen de fixer les peuplades errantes au sol pour en tirer plus de produits, fut aussi consacrée en Occident, dans le même but. A Rome, le partage des terres était précédé d'une cérémonie religieuse. Numa institua le dieu *Terme* qui veillait sur les délimitations. Chaque famille était attachée à son foyer par ses pénates ou dieux lares.

Originairement, les terres furent partagées par égales portions entre les familles, qui se les transmettaient héréditairement. Lycurgue, Romulus purent faire ce partage avec efficace, parce qu'ils fondaient des États nouveaux; mais ils eurent soin, pour le maintenir, de régler les testaments, les dots des femmes, etc. [1]. C'est aussi dans ce but que Phaléas de Chalcédoine voulut que les riches donnassent des dots aux pauvres, sans en accepter; et que les pauvres reçussent de l'argent pour leurs filles [2].

Néanmoins ces législateurs ne purent conserver l'égalité, car les transactions avaient pour effet, à la longue, de déplacer les propriétés. D'un autre côté, des familles croissaient prodigieusement en nombre, quand d'autres diminuaient ou s'éteignaient; de sorte que les unes manquaient de terres, tandis que les autres en avaient de trop.

Pour y remédier, Minos et Lycurgue déclarèrent les terres inaliénables, prohibèrent le commerce, et instituèrent des repas publics avec des lois somptuaires pour rendre autant que possible la consommation égale. Moïse

[1] Montesq. *Esp. des lois*, V, 5.
[2] Arist., *Polit.*, II, 5.

prohiba le prêt à intérêt, de peur de voir trop grossir les
fortunes mobilières. Il remit les dettes tous les sept ans
aux débiteurs, et annula, tous les cinquante ans, les aliénations immobilières, afin que les biens rentrassent dans
les familles. Dans plusieurs pays, la faculté de tester fut
interdite. A Sparte, le droit d'aînesse fut consacré. Solon
et Moïse exclurent les filles de la succession. Et pour que
les familles ne s'éteignissent point, on inventa l'adoption ;
et, en outre, la *léviration*, c'est-à-dire la cohabitation
d'une femme stérile avec un parent de son mari, vivant
ou mort ; et l'enfant qui en provenait était considéré
comme le fils même du mari.

Ces lois, en général, firent cultiver le sol, parce que
l'homme s'attache naturellement à la terre qui l'a vu
naître, et qu'il est sûr de conserver. Cependant, peu à
peu, l'admission des étrangers dans les cités finit par y
établir une population nombreuse exclue des terres
qu'elle avait trouvées partagées. Cette population fut la
plèbe. Les propriétaires étaient les *patriciens*. Les plébéiens admis dans les armées finirent par demander une
part des biens qu'ils conquéraient ou protégeaient ; en
outre, ils exigèrent la remise des dettes, parce qu'ils
payaient aux patriciens des intérêts énormes.

Dans aucun pays, les questions de propriété territoriale
ne furent autant agitées qu'à Rome. On y distinguait
l'*opulens*, le riche, de l'*inops*, qui n'a rien. Au dire des
tribuns du peuple, il n'y avait dans cette ville immense que
deux mille propriétaires contre plusieurs centaines de
milliers de prolétaires, qui semblaient constamment me-
nacer la république ; de sorte que l'on comprit quelquefois
la nécessité de leur donner des terres, afin de les attacher
au sol, pour les encourager à sa défense. Tel fut l'objet
des *lois agraires*, que l'on a souvent cru être ou la spo-

liation des propriétaires, ou le partage égal des terres.

Le territoire public, *ager publicus*, se composait de toutes les terres conquises sur les peuples vaincus. Romulus l'attribua par portions égales aux *quirites* ou patriciens. Les lots n'étaient guère que d'un demi-hectare originairement; mais après l'expulsion des rois, ils furent quadruplés [1]. Chaque citoyen n'avait ainsi que ce qu'il pouvait cultiver lui-même. Tout nouveau territoire conquis était partagé entre les quirites et les soldats qui y fondaient des colonies; ou affermé moyennant un léger cens.

Les riches, non-seulement cupides, mais jaloux de l'indépendance que l'aisance procurerait aux pauvres, couvrirent les enchères afin d'accaparer la plupart des terres. En outre, comme ils étaient chargés d'administrer, ils négligèrent de faire payer le cens; de sorte que ces champs publics devinrent propriétés privées dont ils surent s'emparer. Peu à peu, le peuple étant tombé dans la misère, ses défenseurs demandèrent une loi agraire générale : savoir, le partage égal de toutes les terres conquises qu'avaient usurpées les patriciens. L'an de Rome 268, Sp. Cassius en fit la motion. Les patriciens persuadèrent au peuple qu'il s'affamerait en entreprenant de cultiver sans capitaux suffisants; tandis que les riches bénéficiant davantage, leurs profits reviendraient indirectement au peuple. Ce dernier, léger comme d'habitude, précipita de la roche Tarpéienne le généreux consul qui avait voulu le tirer de la misère [2].

Un siècle après, Sp. Mœlius et Marcus-Manlius demandèrent encore le retour, au domaine national, des terres

---

[1] Varron, *De re rustica*. — Pline.
[2] Tite-Live, II, 41, — Den d'Hal., VIII, 73, 81.

usurpées par les patriciens; ils en furent récompensés comme Cassius. En 378, le tribun Licinius Stolon fit passer une loi d'après laquelle nul ne pourrait posséder plus de cent vingt-cinq hectares dans le domaine public ; tout l'excédant serait distribué ou affermé aux pauvres par portions de deux hectares. Les détenteurs du domaine public payeraient annuellement la dîme qui, chaque cinq ans, devait être affermée à l'enchère. La loi prescrivit en outre d'employer à la culture un tiers d'hommes libres, et fixa le maximum du nombre des bestiaux que chaque propriétaire pouvait envoyer dans les pâturages publics.

Cependant la longue guerre contre les Samnites ayant fait négliger le labourage, les prés empiétèrent considérablement sur les terres arables, et les patriciens parvinrent à nourrir des troupeaux nombreux aux dépens des petits propriétaires. En outre ils éludèrent l'article qui ne les autorisait qu'à posséder cent vingt-cinq hectares; ils en acquirent jusqu'à six cents, en mettant leurs terres sous d'autres noms. Ils ne les peuplèrent que d'esclaves dont ils trouvaient le travail plus fructueux, parce qu'ils étaient exemptés du service militaire. Les colons libres, ainsi chassés des terres, revinrent dans la ville augmenter le nombre des indigents. Privés de travail, ils se corrompaient dans l'oisiveté[1].

L'an 135 avant Jésus-Christ, Tibérius et Caïus Gracchus, célèbres par leur éloquence, conçurent le dessein de diviser ces vastes domaines et d'y occuper la plèbe, que le travail agricole régénérerait. Tibérius proposa la loi suivante : « Que nul ne possède plus de cinq cents arpents (cent vingt-cinq hectares) des terres conquises,

---

[1] *De bello civili*, I, 7,

et n'envoie plus de cent têtes de gros bétail ou cinq cents de petit dans les pâturages publics ; que chacun soit tenu d'avoir sur ses terres au moins un tiers d'ouvriers de condition libre. » Le tribun apportait néanmoins à sa loi cet adoucissement dans l'intérêt des riches : c'est qu'ils pourraient conserver en outre deux cent cinquante arpents pour chacun de leurs enfants mâles, et seraient indemnisés des dépenses faites dans la partie du fonds restituable.

Malgré la vive opposition des patriciens, la loi passa. Mais ceux-ci répandirent le bruit que Tibérius aspirait à la royauté, et proposèrent au peuple des mesures absurdes, violentes, ultra-populaires, afin d'abattre par les excès la popularité du tribun. Ils y parvinrent enfin, et purent l'assassiner impunément. Peu après, son frère Caïus fut pareillement mis à mort.

Néanmoins, leurs idées se développant, grandirent Marius et César. Marius se contenta d'exterminer un grand nombre de riches patriciens dont les terres furent distribuées à ses soldats. César, aspirant à la royauté et voulant contenter la plèbe sans aliéner trop l'aristocratie, respecta les usurpations, mais acheta pour la plèbe des domaines, et fonda des colonies agricoles sur tous les territoires qu'il conquit. Quand les patriciens l'eurent assassiné, le peuple se vengea sur leurs biens, que le dictateur avait respectés. Les triumvirs, après avoir proscrit plus de mille sénateurs ou chevaliers des plus riches, partagèrent entre les soldats dix-huit villes qui avaient embrassé le parti des patriciens contre les vengeurs de César [1].

---

[1] Les anciens propriétaires fuyaient devant ces farouches vainqueurs qui massacraient ceux trop lents à abandonner la place.

Cet état de choses ne fut pas de longue durée. La propriété se concentra entre les mains de quelques grandes familles que l'invasion des barbares déposséda.

La conversion des peuples au christianisme amena des modifications dans la propriété. La plupart des terres revinrent à l'État, par suite des révolutions politiques ; ou tombèrent entre les mains de l'Église par des donations. Elles furent ensuite concédées de nouveau à des particuliers, non plus en pleine propriété, mais comme rémunération d'une fonction sociale. Ces concessions s'appelèrent *bénéfices ecclésiastiques*, dont les revenus constituaient le salaire des prêtres ; ou *fiefs militaires* destinés à subvenir aux dépenses des défenseurs du pays.

Ce droit de propriété était présumé une délégation de l'autorité publique, et supposait toujours des services rendus à l'État. Il était donc différent du droit individuel romain. Les agriculteurs n'étaient plus esclaves, mais *serfs de la glèbe*. Les terres des seigneurs étaient cultivées au moyen des corvées et prestations en nature que devaient les paysans ; d'autres étaient concédées précairement à la condition d'un partage de fruits ; d'autres à perpétuité, à charge d'un cens ou redevance fixe en argent qui, ne variant pas de chiffre, se trouvait plus faible à mesure que l'argent monnayé diminuait de valeur.

Une grande partie des terres fut aussi laissée aux cou-

Mantoue était l'une de ces villes : Virgile, qui en était citoyen, a décrit cette terreur dans ses vers immortels :

> *Hæc mea sunt ; veteres migrate coloni !*
> *Nos patriæ fines et dulcia linquimus arva,*
> *Nos patriam fugimus !*

⌣ :s biens sont à moi : Partez, anciens colons ! — Nous fuyons notre patrie ; nous abandonnons nos doux sillons !...

vents et aux communes qui les possédèrent en commun, afin de subvenir aux besoins des pauvres. Le christianisme avait voulu étendre à toute l'humanité l'esprit d'égalité prescrit aux Juifs par l'Ancien Testament. Les Pères de l'Église prohibèrent le prêt à intérêt ; mais non pas la rente de la terre ni le loyer des maisons, qui favorisaient la transformation de l'esclavage en servage de la glèbe. Le serf, seulement obligé à une redevance fixe, jouissait ensuite du fruit de son travail, tandis que l'esclave devait tout son travail au propriétaire.

Avant que le numéraire fût répandu, le petit travailleur ne recevait son salaire qu'en objets qu'il consommait immédiatement ; mais, au moyen de l'argent, il put, sur ses épargnes, se faire un capital. Dès lors naquit le commerce intérieur et extérieur, qui modifia le premier ordre de choses. Le capital mobilier, qui n'était pas prévu par les lois, resta aux mains de ceux d'entre les classes inférieures qui l'avaient épargné ; ceux-ci le louèrent moyennant un intérêt ; et la propriété immobilière perdit une partie de son caractère bénéficiaire, en devenant échangeable contre des capitaux mobiliers.

L'innovation rencontra de vives résistances de la part des privilégiés ; car l'intérêt de l'argent, qui permettait de vivre sans travail, de s'instruire et même d'acquérir des terres, faisait parvenir aux fonctions les classes inférieures qui en avaient été systématiquement exclues. On appela *bourgeoisie* cette classe intermédiaire entre les nobles ou le clergé propriétaires et les paysans.

Cependant le droit romain qui se substitua au droit coutumier, dans presque toute l'Europe, donna pour base à la propriété le droit absolu de l'individu. Les seigneurs féodaux regardèrent comme leur patrimoine des biens et des droits qu'ils n'avaient reçus que comme rémunération

d'un service rendu à l'État, et à charge de remplir des
devoirs publics. Les fiefs devinrent des propriétés particulières. La révolution, après avoir aboli tous les droits
iniques, nés de l'inégalité des classes au moyen âge, con-
sacra les principes romains en voulant que la propriété ne
fût plus qu'individuelle. Notre Code civil admit ces principes.

§ IV. — Nécessité de maintenir le droit de propriété. — Opinion de
Machiavel sur les troubles. — La confiscation est blâmable. — L'a-
mende, la restitution et les dommages-intérêts suffisent.

Tous les peuples civilisés ont fondé ou sanctionné le
droit de propriété. Ainsi, comme une des meilleures
preuves de l'existence de Dieu est l'accord de tous les peuples dans tous les temps [1], de même, trouvant la propriété
instituée chez tous les peuples civilisés et dans tous les
temps, nous en concluons qu'elle n'est pas fondée par le
caprice d'un législateur, mais qu'elle est dans la volonté
du genre humain.

Il ne suit pas de ce principe que chacun doive continuer
à jouir de la façon dont il a joui jusqu'à présent. Ainsi,
frapper d'un impôt des valeurs mobilières jusqu'alors
exemptées, ce n'est point violer des droits acquis; car la
tolérance antérieure n'était qu'une iniquité.

Exclure d'une succession un cousin qui, sous l'empire
de la loi actuelle, devait hériter, ce n'est violer aucun
droit acquis; pas plus qu'en chassant un fonctionnaire
devenu dangereux ou inutile.

Exiger des restitutions de biens évidemment volés ou
usurpés, ce n'est point attenter à la propriété, si le crime
est constant.

[1] *Consensus omnium populorum.*

Faire payer au riche un impôt plus considérable, afin de soulager le pauvre, ce n'est pas violer la propriété, car nous sommes en société; et en conséquence, tenus d'agir fraternellement envers chacun.

Toute révolution, toute réforme est la conséquence nécessaire des fautes de ceux qui profitaient des abus. « Les troubles, dit Machiavel[1], sont le plus souvent excités par ceux qui possèdent; la crainte de perdre fait naître dans les cœurs les mêmes passions que le désir d'acquérir; et il est dans la nature de l'homme de ne se croire tranquille possesseur que lorsqu'il ajoute encore aux biens dont il jouit déjà. Il faut considérer, en outre, que plus ils possèdent, plus leur force s'accroît, et plus il leur est facile de remuer l'État; mais ce qui est bien plus funeste encore, leur conduite et leur ambition sans frein allument dans le cœur de ceux qui n'ont rien la soif de la possession, soit pour se venger en dépouillant leurs ennemis, soit pour partager ces honneurs et ces richesses dont ils leur voient faire un si coupable usage. »

Il faut donc qu'au début d'une révolution le chef fasse immédiatement un grand et évident avantage aux classes révolutionnaires, sous peine de mort politique. Loin de là, ceux qui se chargèrent d'administrer la république le 24 février 1848 ajoutèrent à des charges excessives un impôt de quarante-cinq centimes, qui retombait principalement sur cette classe de petits propriétaires déjà obérés, et ils épargnèrent les riches ! ! !

La confusion des notions politiques et judiciaires avec les notions économiques a souvent fait commettre des erreurs capitales. Par exemple, le maintien de la propriété est de principe économique ; mais dans les changements

---

[1] *Discours sur Tite-Live*, liv. I, ch. v.

de gouvernement, la punition des grands coupables est de principe politique. Si un brigand public, une espèce de connétable, un ministre ou un agioteur a abusé de son pouvoir pour ravir trente ou quarante millions, comme Albert de Luynes, favori de Louis XIII, ou Fouquet, ou Mazarin sous Louis XIV, et tant d'autres ultérieurs ; si des Samuel Bernard et des Necker tout à la fois courtisans, fonctionnaires et banquiers ont volé des sommes pareilles, l'on a le droit de les poursuivre, non parce qu'ils sont opulents, mais parce qu'ils sont coupables de concussions et de vols.

Tous les Codes ont porté des peines contre eux. Les peines corporelles, édictées par les articles 169 à 176, 379 à 409, du Code pénal de 1810-1832, sont prononcées en outre des restitutions et dommages-intérêts que l'article 10 réserve aux parties lésées. L'article 366 du Code d'instruction criminelle porte qu'après la condamnation, comme après l'absolution ou l'acquittement de l'accusé, la Cour d'assises doit ordonner la restitution, puis adjuger les dommages-intérêts au propriétaire.

La confiscation de tous les biens des condamnés existait sous l'ancienne monarchie, dans un grand nombre de cas. L'Assemblée constituante l'abolit par décret du 21 janvier 1790 [1]. L'Assemblée législative décréta (30 août 1792) « que les biens de tous ceux convaincus d'avoir fomenté « des troubles et de ceux qui auront pris part aux conspi- « rations seront confisqués au profit de la nation, et que « le produit en sera appliqué au soulagement de ceux « qui auront souffert de ces troubles. » Le décret du 10 mars 1793 instituant le tribunal révolutionnaire porta « que les biens des condamnés à la peine de mort se-

---

[1] Duvergier, t. I, p. 95.

« roient acquis à la République ; et qu'il seroit pourvu à
« la subsistance des veuves et des enfants, s'ils n'avoient
« pas de biens d'ailleurs [1]. »

En rétablissant la confiscation abolie depuis plus de
deux ans , l'Assemblée législative commettait une iniquité sans profit, puisque les dommages-intérêts eussent
pu suffire au trésor. La Convention nationale, en maintenant cette disposition, contredisait son propre décret du
21 septembre qui avait mis les personnes et les propriétés
sous la sauvegarde de la nation ; elle donnait en outre un
effet rétroactif à la loi, puisqu'elle l'appliquait même
aux individus qui avaient conspiré avant le 30 août 1792.
L'on doit donc blâmer la confiscation générale des biens,
qui est une peine brutale et inutile.

§ V. — Antithèse entre la propriété et l'égalité. — Principale doctrine communiste.

Nous aspirons à la liberté qui seule peut nous donner
la satisfaction de nos désirs ; nous aspirons à l'égalité qui
consacre notre estime et notre valeur personnelles. Mais
le travail est l'antithèse de la liberté, comme la propriété
est l'antithèse de l'égalité. Voilà pourquoi, à diverses époques, et notamment de nos jours, des sectaires veulent
abolir la propriété individuelle pour vivre en communauté. Leur système dit *communiste* se résume dans les
principes suivants :

« Toute propriété individuelle est abolie. La société
s'organise par communes industrielles et agricoles. Toutes
les exploitations se font en commun. Des magistrats élus

[1] Duvergier, t. V, p. 191.

règlent le travail et le distribuent aux individus, en ayant égard aux forces et aux aptitudes de chacun.

« Les produits ne deviennent la propriété individuelle d'aucun travailleur; ils sont consommés à la table commune qui est plus ou moins délicatement servie, suivant les ressources de l'association ; mais chacun consomme suivant ses besoins. Les magistrats distribuent à chaque famille selon ses besoins les objets d'habillement et d'ameublement dont l'association peut disposer. Les écoles, les spectacles, les travaux scientifiques et littéraires, sont réglés par la communauté.

« Les communes d'un même canton nomment des représentants cantonaux, chargés de distribuer proportionnellement le territoire et les instruments de travail entre les diverses communes du canton, et de déterminer les produits qu'une commune plus riche doit céder à une commune plus pauvre. Les cantons, en s'associant, forment le département, et les départements l'État. Le système doit aboutir à l'association de l'humanité tout entière. En un mot : *solidarité universelle de chacun selon ses forces; à chacun selon ses besoins.* »

§ VI. — Le communisme est incompatible avec la liberté humaine et politique, l'égalité, la famille et la fraternité.

Si, en un sens, les actions de chacun dépendent de ses parents et de l'état moral, intellectuel et physique de la société au milieu de laquelle il vit; la civilisation doit tendre à dégager l'individu de cette fatalité, pour le rendre indépendant, et lui laisser tout le mérite de ses œuvres. On n'est libre que si l'on peut choisir : si je deviens responsable des actes d'autrui, ou si les autres ont à répondre des miens, la liberté disparaît. Avec la solidarité, l'homme deviendrait irresponsable et simple machine.

Sous le rapport politique, la communauté serait le despotisme le plus affreux, exercé par la majorité stupide. Plus de liberté de la presse, ni de l'enseignement, ni de religion; car l'État tient en sa main tous les monopoles. Par conséquent, dépendance absolue des minorités, abolition des partis et des luttes, humble soumission de la pensée, qui seule distingue l'homme de la bête! *C'est le repos absolu*, dit-on; oui, c'est le repos absolu dont on jouit sous la domination des empereurs de Russie et d'Orient; c'est le repos des cimetières. Et encore le despotisme de ces monarques est celui d'un seul homme intéressé à se mettre en garde contre la prévarication, de peur de soulever les factions et les peuples. L'autocrate peut craindre un coup de poignard; une majorité despotique ne redoute rien.

L'indépendance de la vie privée, la sécurité de la personne et de la famille, la faculté de disposer de son travail et de ses épargnes; liberté précieuse à laquelle les despotes eux-mêmes n'ont pas souvent osé porter atteinte, disparaîtront; car dans la communauté on exigera du citoyen, chaque jour, un travail déterminé; puis on lui délivrera sa ration. Chacun ressemblera aux soldats qui sortent et rentrent à la même heure, et reçoivent la même quantité de pain et de viande. Croit-on que les Français, même les plus pauvres, voudraient s'y assujettir? J'interrogeais, en mars 1848, Agricol Perdiguier, sur les sentiments du faubourg Saint-Antoine, au sujet de cette doctrine qu'on lui prêchait. « *Je n'en crains pas la propagande*, me répondit-il, *celui qui ne possède qu'une pipe dit :* C'EST MA PIPE, *et il tient à la propriété.* »

L'égalité serait aussi offensée que la liberté. En vain les communistes s'écrient : « Pourquoi l'homme doué par « la nature d'une constitution vigoureuse et produisant

« plus que le faible, serait-il mieux rétribué? La rétribu-
« tion ne doit-elle pas être égale quand chacun fait ce qu'il
« peut? L'intérêt social exige que les besoins de chacun
« soient satisfaits. Si ma constitution ne supporte que le
« lait et les fruits tandis que la vôtre exige la viande et
« le vin, prenons chacun suivant nos besoins. Nul ne
» prendra rien au delà, et la société fera en sorte que
« tous aient de quoi se satisfaire. »

Serait-il équitable de ne pas rétribuer plus que les
lâches, ceux dont le courage a développé les forces ; et
qui, apportant au travail plus d'énergie, produisent davantage? Sans l'équité, l'égalité n'est-elle pas un vain mot?
Je comprendrais que l'on n'eût pas égard aux forces, si
l'on voyait partout la même ardeur. Mais ignore-t-on
qu'il y a toujours eu et qu'il y aura toujours des âmes
égoïstes, lâches et sans dignité, et des âmes ardentes et
généreuses? Donc, on ne doit pas rétribuer également des
travaux inégaux [1]. L'humanité serait offensée en voyant

Du prix de la grandeur l'homme vil couronné [2].

Enfin, que deviendraient les femmes et les enfants ? Si
l'on déclare qu'ils ne sont pas communs, on manque de
logique. Le père, n'étant pas libre, serait dans une position
fausse : il ne pourrait exercer la puissance paternelle, le
droit d'éducation. Des contrariétés et des tiraillements
incessants troubleraient la communauté, car s'il plaît à
un père d'avoir quinze enfants, celui qui n'en a qu'un
seul se souciera-t-il de travailler avec ardeur pour nour-

[1] Ce n'est pas à dire toutefois que j'approuve la rétribution inégale de travaux égaux, qui se pratique de notre temps, et que je
dévoilerai plus loin.
[2] Homère, *Iliade*, ix.

I. 3

rir tous ceux de ses voisins? S'ils sont communs, c'est la promiscuité, c'est arracher à l'homme ses plus douces affections. Certaines sectes ont osé le proposer ; les enfants n'auraient point de noms et seraient désignés par des numéros.

L'humanité est classée par groupes : la famille et la nation. C'est la nature elle-même qui l'indique. L'homme jeté nu sur la terre ne pourrait vivre, avant son adolescence, sans les soins assidus de sa famille ; la famille ne pourrait être en sûreté sans la nation qui la protége contre les peuplades différant par leurs mœurs, leur langage et leurs sentiments. Mais de même que le communiste veut abolir la famille, il veut abolir la nationalité ; il est *cosmopolite* et se donne comme l'*humanitaire* par excellence, quoiqu'au fond il soit anti-humanitaire, en voulant s'affranchir des lois immuables de l'humanité. Notons toutefois que si l'ordre veut qu'on préfère et défende son pays, il proscrit la haine contre les autres.

§ VII. — La distribution selon les besoins est impossible. — Si la vie commune est plus économique. — Le travail deviendrait insuffisant pour la société. — Si tous les maux viennent de la propriété.

Les communistes, en donnant à chacun selon ses besoins, et n'osant dire que tous ont les mêmes appétits, ont comparé la distribution des produits dans la cité, à celle qui se fait dans un bal, où chacun, à ce qu'ils prétendent, est assez discret pour ne prendre que ce qui lui est nécessaire, afin de ne priver personne. En fait, ils sont dans l'erreur ; on sait bien que dans les bals, lorsqu'il n'y a pas des rafraîchissements à profusion, les gens discrets en sont privés, tandis que les autres s'en gorgent. On peut le supporter un soir, et quand il s'agit de choses indifférentes ou superflues; mais qui voudrait le supporter tous les jours, pour des aliments indispensables à la vie?

D'ailleurs, les désirs de l'homme sont infinis; lorsqu'il n'a plus à satisfaire des besoins réels, il s'en crée de factices; chose naturelle : car si l'homme n'avait point cet aiguillon, il s'endormirait dans la jouissance du nécessaire qui lui manquerait bientôt. Donc quand l'utile et le luxe ont été produits en sus de l'indispensable, ne doivent-ils pas appartenir à ceux qui les ont produits par une activité supérieure? Agir autrement serait violer non-seulement la liberté, mais l'égalité. Sans liberté et sans égalité, la fraternité est impossible; car elle est l'amour et le dévouement pour les autres; or, celui qui se dévoue de force n'est pas dévoué : il est contraint. A-t-on jamais vu un citoyen se targuer de sa charité parce qu'il paye son impôt? S'il ne le payait pas, l'on saisirait son mobilier. Mais s'il donne aux pauvres seulement le quart de ce qu'il paye en impôts, il fait une action méritoire, parce qu'il n'y était pas contraint. Comment pourrait-on donner quand on ne possède rien en propre? Donc, la communauté est incompatible avec la fraternité, comme avec la liberté, l'égalité et la famille.

« Est-il un plaisir plus pur que de secourir ses semblables et de répandre des bienfaits dans le sein de ses amis, de ses compagnons, de ses hôtes? dit Aristote [1]. L'homme qui a des propriétés peut seul connaître cette jouissance. Ils en ignorent le prix, ceux qui ordonnent la communauté des biens pour donner plus d'unité à leur État. Ils font plus, ils ôtent à l'homme l'exercice de deux vertus. Quel devoir sacré l'oblige à respecter une femme

___

[1] *Polit.*, liv. II, ch. III.

qui n'est pas la sienne? Ils le privent donc de la tempé-
rance. La générosité consiste dans le noble emploi
de la fortune. Quel moyen lui laissent-ils de développer ce beau sentiment? Ils lui enlèvent donc encore la
libéralité. »

La plupart des communistes n'ont pensé qu'au nécessaire, et ils ont cru que la société fournirait assez de pain
et de pommes de terre pour que chacun en pût manger à
sa fantaisie. Je ne sais pas jusqu'à quel point l'humanité
se plairait à ce régime.

D'autres ont admis le luxe. Mais les produits du luxe ne
seront jamais assez nombreux pour que chacun en ait à
satiété. Alors, qui sera assez intelligent et d'assez bonne
foi pour comprendre tous les besoins, et les satisfaire dans
la distribution? Y a-t-il dans le monde un homme qui osât
s'en prétendre capable? D'ailleurs, peut-on supposer que
tous soient assez vertueux, assez dévoués à la cité, pour
travailler sans cesse autant pour les autres que pour eux-
mêmes? Aujourd'hui, quiconque se dévoue sans intérêt
apparent et matériel, le fait pour la gloire. Le volontaire
de 1792 savait qu'il allait se faire tuer pour sauver sa patrie. Galilée ne s'épouvanta point des cachots. D'autres,
se privant de tous les plaisirs matériels, prêchaient la vérité, *la tête sur le billot;* ils se faisaient *anathèmes* pour sauver leurs concitoyens, ce pauvre peuple toujours trompé,
toujours misérable! Mais s'il s'agit de la richesse, on ne
s'émeut que pour soi ou pour ses enfants. Quel ouvrier en
France mettra la même ardeur à confectionner bien et
promptement un produit, parce qu'on lui prouvera que
dans vingt-cinq ans sa patrie et l'univers en seront plus
riches?...

On objecte que la vie commune accroît la production,
par l'exploitation en grand.

Je conviens que la grande exploitation offre des avantages. Mais il y a une limite où l'augmentation du personnel nécessite une augmentation progressive des frais généraux. Dans la communauté, un grand nombre d'hommes
consumeraient leur temps en occupations administrati-
ves, c'est-à-dire stériles pour la production. En effet,
plus on diminue le nombre des écrivassiers, des inspecteurs, etc., plus on porte d'économie dans la production.
L'association simple et volontaire pour le travail procure
tous les avantages de l'exploitation en grand, en laissant
à chacun les fruits de son épargne avec la liberté de sa
consommation.

On objecte aussi que la consommation en commun est
moins dispendieuse. Oui, un seul feu peut chauffer six personnes, aussi bien qu'une seule ; la même lampe peut les
éclairer ; si elles apportent chacune quatre onces de viande
dans le même pot, elles auront une meilleure soupe que
si elles la faisaient individuellement. Mais dès que l'une
d'elles acquiert un peu d'aisance, elle se sépare pour manger à son heure les mets qu'elle choisira. Telle est l'image
de la société. Dans les temps primitifs, on était souvent
réduit à la communauté, par l'impossibilité de vivre autrement ; l'humanité n'en est plus là ; et l'on a dit avec
raison que la consommation commune est l'*économie de
la misère*.

Objection. — Tous les vices viennent de la propriété.

Réponse. — Je conviens que la propriété est l'occasion
de quelques crimes, tels que le vol et certains meurtres,
mais elle n'en est pas la seule cause. La haine, l'envie, la
luxure, la paresse, l'ambition n'en dérivent point. En
abolissant la propriété, il y aurait toujours des hommes
envieux du talent des autres, des ivrognes et des débau-

chés. Il y aurait même des voleurs; car qui empêchera
qu'on ne ravisse à son voisin le pain qu'il va porter à
sa bouche, après l'avoir reçu du magistrat comme sa
part légitime? Qui empêchera qu'échauffé à la suite
d'une querelle, un citoyen n'en tue un autre? N'y aura-
t-il pas des brigues lors de l'exercice du droit de suffrage? Qui empêchera l'ambitieux de tuer le magistrat
pour lui succéder? L'antagonisme entre celui qui possède et celui qui ne possède point remonte à l'origine du
monde. Caïn est l'aîné, le possesseur de la terre; jaloux
de son frère Abel qui ne possède pas et qu'il craint, il le
tue...

« S'il est juste de calculer les maux dont la communauté nous délivrerait, dit encore Aristote, il faut aussi
compter les biens qu'elle nous ôterait. En somme, la communauté des biens est chose impossible... Il ne faut pas
centraliser jusqu'à n'avoir plus de cité : une pareille cité
qui cesserait presque d'être elle-même serait un détestable gouvernement. C'est par la sagesse des institutions
qu'il faut donner de l'unité à l'État, qui est composé
d'éléments divers. Mais établir la communauté des biens
comme moyen universel pour rendre un État vertueux,
c'est une absurdité[1]. »

Cette opinion prévalut, dans le monde antique comme
dans le monde moderne, chez tous les peuples qui ont
laissé leur nom dans l'histoire. Bien avant Aristote, plus
de cent législateurs célèbres avaient opéré sur les bases
qu'il indique. « Si le système de Platon était si admi-
rable, ajoute-t-il, pensez-vous qu'on eût été si longtemps
avant d'en faire la découverte? » Je dis donc que nos mo-

---

[1] *Polit.*, II, 3. Ce philosophe s'attacha surtout en ce point à réfuter Platon qui avait rêvé la communauté.

dernes communistes ressassent un système réfuté depuis deux mille trois cents ans.

Les communistes ont invoqué l'exemple des établissements chrétiens où l'on vivait en commun. Voyons s'il est bien choisi.

Chez tous les peuples civilisés, des hommes ascétiques, avertis des vanités du monde, ont pensé qu'en vivant dans la solitude, avec une simplicité matérielle qui accroîtrait incessamment les forces de leur esprit, ils trouveraient plus de bonheur ou de la gloire sur la terre et dans l'éternité. Pythagore institua une congrégation dépositaire fidèle des sciences et des vertus qu'elle enseignerait aux hommes. Ses disciples furent rassemblés dans le même édifice où ils vécurent en commun. Les nouveaux adeptes, admis après un noviciat de cinq ans, mettaient tous leurs biens dans la communauté. Les habits étaient uniformes ; on s'abstenait de la chair des animaux. Les pythagoriciens devenus nombreux, voulant occuper leur esprit à quelque grande chose, songèrent à la domination de la Grèce et de la Sicile. Les Grecs, indignés de cette prétention, en massacrèrent une partie, et dispersèrent les autres.

Vers le même temps, les esséniens, qui habitaient la côte occidentale de la mer Morte, plus parfaits encore dans leurs mœurs que les pythagoriciens, méprisaient les richesses, vivaient de peu et portaient des vêtements semblables à ceux des Arabes que nous voyons

encore de nos jours. Leur nombre était d'environ quatre
mille : ils fuyaient les grandes villes et s'établissaient
dans les campagnes solitaires, où ils bâtissaient des ha-
meaux et se livraient à l'agriculture. Quoique la plupart
fussent célibataires ou veufs, ils se renouvelaient, parce
qu'on leur confiait souvent l'éducation d'enfants qui demeuraient ensuite avec eux; d'ailleurs, le dégoût du
monde amenait des adeptes en leur communauté. Les
criminels en étaient chassés.

Cette secte était partagée en quatre castes subordonnées les unes aux autres. Les hommes de la même caste
exerçaient entre eux une grande fraternité; mais ceux
d'une classe supérieure se seraient regardés comme souillés du moindre contact avec les inférieures. Ils priaient le
matin et le soir et prenaient en silence des repas communs d'une extrême frugalité. Leur vertu consistait surtout à mortifier leurs passions, et ils considéraient l'abstinence comme plus agréable à Dieu que le culte extérieur.
Leur doctrine était l'interprétation allégorique de la Bible.

Les thérapeutes habitaient aux environs déserts d'A-
lexandrie, des maisons divisées en cellules. Ils commen-
çaient et finissaient leur journée par la prière; et le jour
était rempli par des méditations sur la loi de Dieu. Ils ne
sortaient pas de leur demeure durant six jours; le sep-
tième, ils se formaient en assemblée publique où ils se
communiquaient leurs réflexions. Leur sobriété était
plus grande encore que celle des pythagoriciens et des
esséniens; leur unique repas, pris après le coucher
du soleil, ne se composait que de pain, de racines et
de sel.

Au récit de saint Jérôme [1], saint Paul fut le premier

---

[1] *Vies des saints Pères des déserts* : Saint Antoine, ch. xv, xvi.

ermite depuis Jésus-Christ. Saint Antoine, qui naquit en
Egypte de parents nobles et riches, voulant imiter les
vertus de saint Paul, se retira aussi dans le désert, où il
vivait avec une austérité extraordinaire; il jeûnait plusieurs jours de suite; ses repas ne se composaient que de
racines qu'il mangeait après le coucher du soleil, et qu'il
cultivait de ses mains. Il portait sur sa peau une tunique
en poils de chèvre; et, par-dessus, une autre en cuir qu'il
conserva plus de cinquante ans et ne quitta qu'à la mort.
Il ne lavait jamais son corps, et ne nettoyait ses pieds
que *quand la nécessité le contraignait de passer dans
l'eau*. Ce saint homme mourut l'an 356, à l'âge de cent
cinq ans. .

De nombreux disciples étant venus le trouver dans la
solitude s'efforçaient de vivre chrétiennement comme lui.
Dès le commencement du cinquième siècle, on comptait
en Égypte plus de soixante mille religieux. Les uns, appelés
anachorètes, ermites, moines, vivaient solitairement quoique groupés. Chaque moine avait son bâtiment et son
terrain qu'il cultivait avec le plus grand soin. Ils ne mangeaient point ensemble; et leur frugalité était telle qu'ils
jeûnaient jusqu'au coucher du soleil; leur unique repas se
composait de végétaux. Les autres, appelés *cénobites*,
vivaient ensemble dans des maisons communes entourées
d'une haute muraille d'enceinte.

La chasteté, la pauvreté, l'obéissance étant le triple
vœu qui liait le religieux à son monastère, quelle qu'en
fût la règle particulière, tous les fondateurs de communautés instituèrent, comme moyen, la cellule, le travail
manuel, la soumission absolue, la prière, le silence, et les
macérations corporelles.

La cellule avait principalement pour but de protéger
la continence, en éloignant tout danger. Les carmes

n'osaient pas prononcer le mot de femme ou de fille, et quand, malgré les plus sévères défenses, une femme parvenait à s'introduire dans un couvent, on enlevait la terre que ses pieds avaient foulée, et l'on purifiait, par l'eau bénite et le feu, les vestiges de ses pas. On choisit la cellule pour habitation, parce que, indépendamment des raisons de décence, l'on était guidé par un profond sentiment d'humilité; car c'était le logement des esclaves.

La prière et les repas avaient lieu en commun. Un religieux faisait, pendant le repas, la lecture à haute voix, de l'Évangile ou de quelque autre livre ascétique. L'intempérance de la langue était comparée à l'ouverture trop fréquente de la porte d'un bain. De même, disait-on, que la chaleur du bain se perd quand on en ouvre trop souvent la porte, de même la chaleur de l'âme s'évapore par la porte ouverte aux discours. *La nécessité de celui qui écoute doit être la règle et la mesure de celui qui parle*, dit saint Basile.—*Abstenons-nous de toutes paroles vaines, oiseuses et inutiles*, dit saint Benoît; *nous les condamnons absolument. Il est impossible de ne pas pécher beaucoup quand on parle beaucoup.*

Cependant l'Évangile n'est point une doctrine de quiétude et de contemplation, mais d'action. Saint Paul disait : « Les œuvres seules distinguent aux yeux de Dieu les enfants d'Adam. Le règne de Dieu gît dans les actes, non dans les paroles. » Le travail était donc recommandé comme une des formes de la prière, et nulle autre pratique ne devait le faire négliger. L'on traitait d'*hérétiques* ceux qui prétendaient suppléer au travail par des psalmodies. « Chaque chose a son temps, dit saint Basile; et d'ailleurs nous pouvons prier, même en travaillant. C'est ainsi qu'en travaillant sans cesse, on peut prier sans

cesse. » En vantant plusieurs monastères, saint Augustin
dit : « Ils ne sont à charge à personne et s'entretiennent
du travail de leurs mains. »

« *L'oisiveté est l'ennemie de l'âme*, dit saint Bernard,
otiositas inimica est animæ. »

Ces maximes firent succéder à l'indépendance des cénobites asiatiques une organisation régulière. Tout moine
était tenu de faire l'ouvrage qu'on lui commandait; l'argent qu'il en retirait appartenait à la communauté. Nul
ne pouvait disposer de rien en propre. *Un religieux*, dit la
règle des Augustins, *doit se laisser guider comme une
bête de somme par la courroie de l'obéissance. Il doit être,
dans la main de son supérieur, comme une coignée dans
celle d'un bûcheron.* Saint Bonaventure et quelques autres
mystiques comparent le religieux à un corps privé de ses
sens; à un cadavre qui ne reçoit de mouvement et de vie
que de la volonté de son supérieur; et qui se laisse toucher,
remuer, transporter sans faire aucune résistance [1]. Saint
Benoît veut que le religieux soit disposé à mourir plutôt que de désobéir aux commandements de son supérieur. *Et qu'on ne dise pas que ce soit là ravaler la
nature humaine*, dit saint Basile; *car l'obéissance passive est la condition impérieuse de toute discipline monas-
tique. L'obéissance n'avilit pas le soldat. La plus noble
des professions est celle qui soumet l'homme à l'homme
avec le plus d'étreintes et de dureté.*

Pour faire ainsi plier l'âme sous le joug de la volonté
d'un maître, il fallait mortifier le corps dans les moindres
caprices de la chair : de là les macérations et la discipline, qui avaient pour but d'amortir les passions, outre
l'idée d'expiation qui s'y rattachait.

---

[1] *Perindè ac cadaver.*

Les religieux faisaient maigre toute l'année ; il fallait être sérieusement malade pour obtenir la permission de faire gras. Les minimes mangeaient tout à l'huile ; les carmes de la réforme n'usaient que d'herbes cuites ; les chartreux, que de poissons. De nos jours, les trappistes de Mortagne ne font, pendant les deux tiers de l'année, qu'un seul repas qui se prend à deux heures et demie, se compose de huit onces de pain bis, de légumes cuits au sel et sans beurre, et d'un peu d'eau pure.

Non-seulement chaque monastère était une maison de travail et de secours pour les pauvres du dehors, mais encore un hôpital pour les malades, un asile pour les vieillards, une hôtellerie pour les étrangers et les voyageurs. Saint Augustin interdisait d'en repousser personne ; il cherchait à les multiplier dans ce but, et comparait les riches qui les faisaient bâtir aux cèdres du Liban où les passereaux vont poser leurs nids.

Cependant, peu à peu, les monastères renoncèrent au travail, et eurent besoin d'aumônes et de donations pour vivre. Ils se créèrent d'immenses besoins, et étalèrent un faste extraordinaire. Ils remplacèrent la cellule par des palais[1], les légumes accommodés à l'huile et au sel par les mets les plus recherchés. Ils usèrent de toutes les influences même les plus illicites pour augmenter leurs richesses. On vit des abbés aussi riches que les princes régnants ; et qui finirent par s'emparer du pouvoir temporel. Leur existence devint scandaleuse : ils perdirent toute leur considération. Wiclef,

---

[1] L'on peut encore visiter les ruines splendides des abbayes d'Orval, de Gorze, de Pont-à-Mousson, etc.

le premier, tonna contre eux, dès le milieu du quatorzième siècle [1].

Luther vint ensuite qui porta aux ordres monastiques
un coup dont ils ne purent se relever. Machiavel, dans
l'intérêt de la religion et des peuples, les attaqua aussi
dans ses immortels discours sur Tite-Live. La philosophie française les poursuivit vivement au dix-huitième
siècle. En 1790, l'Assemblée constituante, obéissant au
vœu général, supprima les couvents.

Au tableau succinct, mais fidèle, des communautés monastiques, qui croirait possible une organisation civile
sur les mêmes bases? Il y a une grande différence entre
des établissements circonscrits, volontaires, et un établissement universel. Les communautés religieuses, placées au sein d'une nation fondée sur le principe de la
propriété, tiraient leur subsistance de cette grande société
à titre d'aumônes ou de donations, quand leur travail
était nul ou insuffisant, ou échangeaient avec elle leurs
produits simples et grossiers, de sorte qu'elles étaient toujours assurées de trouver leur subsistance au dehors.

En outre, dans ces communautés, il n'y avait que des
personnes du même sexe, avec détachement complet de
la famille; point d'enfants, point de femmes, point de
pères ni de mères; donc il y avait moins de besoins à
satisfaire; ou du moins la satisfaction en était nécessairement à peu près égale. Les ordres monastiques
pouvaient se passer de femmes et d'enfants, parce qu'ils
se recrutaient dans la grande société; et d'ailleurs,
ils soumettaient tous les disciples à un noviciat, pour

---

[1] Dans ses livres fameux : *De Otio et mendicitate; de Falsatoribus
legis divinæ ; de Abominatione desolationis ; de Dotatione eccle-
siæ*, etc.

éprouver leur vocation ; enfin nul n'était forcé, à part quelques actes tyranniques des familles, d'entrer dans le couvent, et de subir cette obéissance passive et ces privations
inhumaines. Au contraire, dans une nation, il faut que la
communauté se suffise à elle-même, tant pour la subsistance que pour la régénération. Et comment produira-
t-elle assez, si elle manque du mobile de l'intérêt personnel,
ou si les hommes ne sont pas stimulés par l'ambition d'é-
lever leurs enfants ? Dans la communauté religieuse, outre
le profond sentiment du devoir, le despotisme du supérieur, surpassant tout despotisme civil, suffisait à maintenir l'ordre ; il pouvait s'exercer facilement, parce qu'il
n'existait que sur des sujets tous volontaires et en petit
nombre. Dans la communauté civile, les citoyens ou-
blieront-ils qu'ils sont nés libres ?...

Les fondateurs des ordres religieux ont tellement compris eux-mêmes que la famille est incompatible avec l'abolition de la propriété individuelle, qu'ils ont exigé le célibat et la renonciation à tous les liens du sang ; ils ont aboli
chez eux la famille. La communauté générale ne pourrait
se maintenir que par la promiscuité des sexes et la communauté des enfants. Les communistes qui ont quelque
logique et bonne foi l'avouent.

Les missions du Paraguay jouissent, dit-on, d'un bonheur sans mélange ; et pourtant elles vivent en communauté, quoiqu'elles aient au milieu d'elles des femmes et
des enfants.

Ce sont les jésuites qui nous ont présenté le tableau de
ce prétendu bonheur ; mais tous les voyageurs nous en
ont montré un bien différent. Les jésuites avaient conquis sur les Indiens du Paraguay une influence suffisante
pour changer complétement leur manière de vivre. Ils leur
enseignèrent l'agriculture européenne et un grand nombre

de métiers, « On voyait partout, dit Charlevoix, des ate-
« liers de doreurs, de peintres, de sculpteurs, d'orfèvres,
« d'horlogers, de charpentiers, de menuisiers, de teintu-
« riers, etc. » Ces travaux ne se faisaient pas au profit
personnel des artisans; le produit était à l'entière disposition des missionnaires qui les gouvernaient despotique-
ment.

L'imprévoyance des Indiens était extraordinaire. « C'est
« ainsi, dit Ulloa, que si les jésuites leur confiaient le soin
« des bœufs à l'aide desquels ils labouraient, leur insou-
« ciance indolente leur faisait abandonner ces animaux
« attelés à la charrue jusqu'au soir. Souvent même ils les
« dépéçaient pour leur souper, et les cuisaient avec le bois
« de la charrue. Quand on leur adressait des reproches,
« ils s'excusaient en disant qu'ils avaient faim. Les pères
« doivent visiter les habitations pour voir ce qui manque;
« car, s'ils ne prenaient ce soin, les Indiens n'y songe-
« raient jamais. Ils doivent être présents aussi lorsqu'on
« tue les animaux, non-seulement pour que la viande
« soit partagée également, mais pour qu'aucune partie
« n'en soit perdue. »

« Malgré cette surveillance, dit Charlevoix, et toutes les
« précautions prises pour empêcher que les choses néces-
« saires à la vie ne viennent à manquer, les missionnaires
« sont souvent très-embarrassés. Il arrive ordinairement
« que les Indiens ne mettent pas en réserve pour eux-
« mêmes une quantité de grains suffisante même pour en-
« semencer. Quant à leurs autres provisions, si on ne les
« surveillait avec soin, ces pauvres gens manqueraient
« bientôt des choses les plus nécessaires. »

Ces Indiens étaient donc gouvernés comme des enfants
ou des esclaves, par les jésuites qui les avaient plongés
dans la torpeur et l'hébétement; et qui ne leur laissaient

apprendre aucune langue d'Europe, de peur de les éman-
ciper. Enfin, ces oppresseurs furent expulsés ; mais leurs
sujets abâtardis, ne pouvant supporter la liberté, retom-
bèrent sous un autre despotisme.

§ IX. — Systèmes de Babeuf, de Cabet et de Robert Owen.

Parmi les communistes les plus récents, il en est de
francs, comme il en est que j'appelle *honteux*, c'est-à-
dire qui n'osent point avouer leurs principes. Le lecteur
fera aisément lui-même cette classification parmi ceux
dont je vais exposer les théories.

Après le 9 thermidor, la réaction royaliste plongea
dans les cachots les patriotes qu'elle n'avait pu assassiner. Bodson charma les loisirs de sa captivité par la lecture du *Code de la Nature*, qui est un traité complet
et l'éloge de la communauté des biens. Il persuada à
Babeuf, à Buonarotti et à quelques autres que l'égalité
exigeait la communauté. Lorsque l'amnistie du 3 bru-
maire an IV les eut rendus à la liberté, les partisans de
cette doctrine prirent le nom d'*Égaux*, et fondèrent
une société patriotique au Panthéon, où accoururent les
débris des jacobins.

Babeuf, chef de cette nouvelle secte, publia le *Tribun
du Peuple*, journal où il développa ses principes. Il déclara « que la propriété individuelle est la cause de l'es-
« clavage ; que la société ayant pour but l'égalité absolue
« des conditions et des jouissances, c'est-à-dire le *bonheur
« commun*, l'on n'y arrivera que par la communauté de
« biens et de travaux.

« Qu'est-ce donc que le brigandage, sinon les mille
« moyens par lesquels nos lois ouvrent la porte à l'inéga-
« lité, et autorisent la spoliation du grand nombre par

« quelques-uns? Est-il une guerre civile plus horrible
« que celle qui règne dans la société actuelle, où la pro-
« priété fait de chaque famille une république à part, que
« la crainte d'être dépouillé et l'inquiétude de manquer
« du nécessaire invitent à conspirer sans cesse pour dé-
« pouiller les autres? Puisqu'on n'a pas hésité devant des
« guerres sans nombre pour maintenir la violation des
« lois de la nature, comment pourrait-on balancer devant
« la guerre sainte et vénérable qui aurait pour objet leur
« rétablissement?... »

Un comité secret de *salut public* s'organisa pour dres-
ser le plan d'une insurrection tendant à une organisation
sociale conforme à cette doctrine, et envoya des agents
dans tous les quartiers de Paris pour préparer le peuple
à un soulèvement. Un grand nombre d'anciens députés
de la Montagne et d'officiers républicains entrèrent dans
la conjuration. On raconte que dix-sept mille hommes
armés et bien déterminés en formaient le noyau.

Le manifeste, rédigé par Babeuf, portait que « toute
« opposition sera vaincue sur-le-champ par la force; en
« conséquence, ceux qui auront battu ou fait battre la
« générale; tous fonctionnaires ou députés qui auront
« donné des ordres contre l'insurrection, seront immé-
« diatement mis à mort... Des vivres de toute espèce
« seront portés gratuitement au peuple sur les places
« publiques... Tous les biens des émigrés, des conspira-
« teurs et des ennemis du peuple seront distribués sans
« délai aux défenseurs de la patrie... Les malheureux de
« la république seront immédiatement meublés et logés
« dans les maisons des conspirateurs... »

Tels étaient les moyens politiques et préliminaires.
Voici le résumé des doctrines sociales :

« Le droit de succession et de tester est aboli. On formera de vastes ateliers communaux, dirigés par des chefs électifs qui distribueront les travailleurs dans les localités les plus convenables. Les produits de l'agriculture et de l'industrie seront répartis par des magistrats spéciaux. Une frugale aisance sera assurée à chaque membre de la communauté, et des repas communs seront institués comme en Crète. Le commerce intérieur et extérieur est supprimé; l'administration pourvoit au déficit d'une région de la république par l'excédant d'une autre, et procure à la communauté les denrées et marchandises exotiques au moyen d'échanges en nature avec les peuples étrangers.

« Chaque citoyen n'est pas de plein droit membre de la communauté; mais quiconque n'en fait pas partie reste soumis à l'impôt au profit de la communauté, et peut être requis, en cas de besoin, de lui livrer tout son superflu en denrées et objets manufacturés. Ceux qui vivent de leurs revenus, ou qui ne servent pas la patrie par un travail utile, ou dont l'oisiveté, le luxe et les déréglements donnent à la société des exemples pernicieux, sont exclus des droits politiques et pourront même être déportés; leurs biens sont acquis à la communauté... »

Un espion, officier de l'armée de l'intérieur, révéla au Directoire cette conjuration. La Haute-Cour de Vendôme condamna Babeuf et Darthé à la peine de mort, cinq accusés à la déportation, et acquitta les autres [1] (7 prairial an v) (1797).

---

[1] Buonarotti, dernier descendant de Michel-Ange, fut l'un des condamnés à la déportation. Noble débris des anciens Jacobins, homme d'une vertu antique, il répondit, lorsqu'on lui offrit la liberté avec le bannissement, au lieu de l'emprisonnement sur le territoire français : *Je préfère les rigueurs de la prison, pourvu que je voie encore les restes de la liberté mourante. Vestigia morientis liberta-*

· C'est avec une mauvaise foi ou une ignorance insignes que plusieurs écrivains accusent la Convention, et surtout la Montagne, d'avoir tenté l'établissement de la communauté des biens. Si Saint-Just, dans des fragments individuels dont l'authenticité même est fort contestable, a vanté *la loi agraire* et le partage des biens, il n'en a jamais parlé à la Convention ni dans les comités; et en eût-il parlé, l'opinion d'un individu du second ordre ne prouve rien quant à une vaste corporation. Il y a plus : c'est qu'à l'ouverture de la Convention, Danton fait décréter que les personnes et les propriétés sont sous la sauvegarde de la nation. Peu après, la Montagne porte la peine de mort contre quiconque proposera des *lois agraires* ou toutes autres attentatoires à la propriété. Marat et Robespierre, dans leurs journaux, comme dans leurs discours à la Convention, à l'Assemblée électorale, à la Commune, aux Jacobins, s'élèvent à plusieurs reprises avec énergie, contre les théories de la communauté, et trouvent un écho dans tous les principaux organes de la Révolution. On lit dans la déclaration des Droits, de 1793, rédigée par de purs montagnards : « que la propriété est le droit qui « appartient à tout citoyen de jouir et de disposer de ses « biens, de ses revenus, du fruit de son travail et de son « industrie; que le but du gouvernement est de garantir « à l'homme la jouissance de l'égalité, de la liberté, de la « sûreté et de la propriété. » Et si plus tard Babeuf prêche la communauté, ce personnage était insignifiant, et même suspect dans les temps de vigueur révolutionnaire. C'était un ex-fayettiste et brissotin.

---

tis. Il vivait encore il y a vingt ans; je l'ai connu dans mon enfance, et j'ai pu juger par lui et par ses récits qu'il y a des communistes honnêtes et seulement égarés.

M. Cabet, lisant un jour Thomas Morus, crut trouver dans l'*Utopie*, la solution du problème social, et devint franchement communiste.

Il publia une espèce de roman, intitulé : *Voyage en Icarie*, où il montra son système en pratique (car il appela Icariens les êtres heureux qu'il supposait vivre selon ses idées). Il ne fit, du reste, que copier l'*Utopie*, les *Égaux* et Morelly. Ce dernier avait dit : « Tout citoyen est « homme public, nourri et sustenté aux dépens du pu- « blic. » M. Cabet dit : « C'est la république ou la com- « munauté qui, chaque année, détermine tous les objets « qu'il est nécessaire de produire ou de fabriquer pour la « nourriture, le vêtement, le logement et l'ameublement « du peuple. C'est elle et elle seule qui les fait fabriquer « par ses ouvriers, dans ses établissements; toutes les in- « dustries et toutes les manufactures étant nationales, « tous les ouvriers étant nationaux..... C'est elle qui re- « çoit tous les objets manufacturés et qui les dépose dans « ses immenses magasins pour les partager ensuite entre « tous ses travailleurs. »

Mais tout en déclarant les propriétés communes, M. Cabet admet le mariage et flétrit le célibat. Les successions et les dots étant inconnues, les convenances personnelles seules guident les époux; et l'on ne peut voir en Icarie aucun adultère, aucun délit... Sur ce point M. Cabet fut attaqué comme rétrograde par d'autres sectaires [1], qui déclarèrent que la famille était incompatible avec la communauté, et que l'amour pour une femme et des enfants troublerait l'harmonie sociale...

Quant aux moyens d'organisation, M. Cabet veut une assemblée nationale de deux mille membres élus par le

---

[1] Voyez l'*Humanitaire*.

suffrage universel, et divisée en quinze comités; c'est
elle qui règle tout; voir même l'ameublement et la cuisine de chaque Icarien... Il n'y aura pas besoin de juges
ni de gendarmes, car tout délit est impossible avec ce
régime...

    M. Cabet, trouvant peu de partisans en France, per-
suada à quelques centaines de malheureux, d'émigrer en
Amérique, où il leur promettait la richesse et le bonheur
avec ses doctrines; ils partirent d'abord pour le Texas où
ils ne trouvèrent que la misère et les maladies... Ils atten-
dirent longtemps leur législateur. Enfin, mis en demeure,
il partit et transporta ses adeptes dans l'Illinois; il fonda,
il y a six ans, une nouvelle colonie communiste à Nau-
voo, et de plus, un établissement agricole dans l'Iowa.
Ces établissements ne tardèrent pas à subir le sort le plus
lamentable [1].

    Robert Owen eut une immense réputation en Angle-
terre et en Amérique. Désintéressé, ardent, tenace et
riche, il fonda des associations communistes qui ne réussi-
rent point. Il résume à peu près en ces termes ses vues et
son système [2] :

    « L'homme n'étant pas maître de modifier son organisa-
tion ni les circonstances extérieures, il s'ensuit que ses
sentiments et ses actes sont forcés et inévitables. Il est
donc contraint de recevoir des idées justes ou fausses
sans pouvoir désirer les unes ni repousser les autres. Sa
volonté n'a ni spontanéité, ni liberté. Par conséquent,
jouet d'une organisation qu'il n'a point réglée et d'une
éducation qu'il ne peut combattre, il ne saurait, sans
injustice, être déclaré responsable de paroles ou d'actes

---

[1] *L'Écho du Pacifique*, San-Francisco.
[2] *Outline of the rational system.*

auxquels il est poussé malgré lui. Le bonheur consiste
dans le désir d'augmenter les joies de nos semblables,
d'enrichir les connaissances humaines ; dans l'association
avec des êtres sympathiques ; dans l'usage complet de la
liberté individuelle. La religion rationnelle est la religion
de la charité ; elle admet un Dieu créateur, éternel et
infini ; mais comme culte, elle ne consacre que cette loi
instinctive qui ordonne à l'homme de vivre conformément aux impulsions de sa nature et d'atteindre le but
de son existence, qui est la pratique de la bienveillance
mutuelle.

« La science du gouvernement consiste à fixer sur des
bases rationnelles la nature de l'homme et les conditions
requises pour le bonheur. Un gouvernement rationnel doit
proclamer la liberté absolue de conscience, l'abolition de
toute récompense et de toute peine, sources de nos iné-
galités sociales, et l'irresponsabilité complète de l'individu.
Il fera en sorte que, dans la communauté, l'éducation soit
la même pour tous. La propriété individuelle deviendra
inutile ; l'égalité parfaite, la communauté absolue seront
les seules règles possibles de la société. Tout signe représentatif d'une richesse personnelle sera aboli, comme
sujet à accaparement. La communauté remplacera la
famille. Chaque communauté de deux ou trois mille âmes
alimentera les industries combinées, agricoles et manu-
facturières, de manière à pourvoir par elle-même à ses
besoins les plus essentiels. Les diverses communautés se
lieront entre elles pour former un congrès. »

Il serait superflu de réfuter cette doctrine fausse et
immorale de l'irresponsabilité de l'homme, et ces niaiseries
de l'âge d'or que ramènerait le communisme ; on veut
nous reporter aux temps d'Abraham. En effet, la communauté, loin d'être un progrès des nations, n'est qu'un re-

commencement du monde; en niant les passions, en supprimant l'individualité, elle méconnaît la nature humaine. Du reste, Owen se contredit lui-même dans son système d'égalité absolue, car il établit un ordre social gradué, et un gouvernement hiérarchique basé sur l'âge.

§ X. — Des saints-simoniens, des phalanstériens et autres communistes honteux. — Que M. P.-J. Proudhon n'est point communiste. Explication de son système.

Les saints-simoniens, faisant un révélateur du philosophe Saint-Simon, leur maître, inaugurèrent une religion panthéistique et sensuelle [1].

Ils proclamèrent que le but de l'humanité est l'amélioration du sort de la classe pauvre, l'abolition du salariat, et le terme de l'exploitation de l'homme par l'homme. Ils essayèrent de démontrer que tous les maux proviennent de l'inégale répartition des instruments de travail; en conséquence, ils s'élevèrent contre l'hérédité et l'inégalité de l'instruction. Ils voulurent surtout donner à l'État un pouvoir absolu pour distribuer les instruments de travail et les produits : ce sont eux qui formulèrent la maxime : *à chacun selon sa capacité, à chaque capacité selon ses œuvres.* Ils voulaient une banque centrale dotée par l'État, des banques départementales en dépendant, avec des comptoirs dans les petites localités. Un des moyens de doter ces banques eût été l'abolition des successions collatérales.

Mais, après avoir censuré la trop inégale répartition des instruments de travail, et appelé l'attention sur le sort de la classe déshéritée, ils proposèrent précisément

[1] *Exposition* 1829-1830, *Organisateur* 1830, *Globe* 1830-1832.

les moyens de perpétuer la misère ; car ils conclurent au travail et à la consommation en commun. Plusieurs des principaux saints-simoniens, hommes de talent, aventuriers politiques, après être tombés sous le ridicule plus encore que sous les coups de l'autorité judiciaire, renièrent leurs principes, et se vautrèrent dans les bassesses. Ils s'enrichirent... *en exploitant l'homme par l'homme*, avec beaucoup plus d'habileté qu'on ne l'avait fait avant eux.

« Le vrai bonheur, dit Fourier, ne consiste qu'à satisfaire ses passions... Le bonheur, sur lequel on a tant raisonné, ou plutôt déraisonné, consiste à avoir beaucoup de passions et beaucoup de moyens de les satisfaire..... Tous ces caprices philosophiques, appelés devoirs, n'ont aucun rapport avec la nature ; le devoir vient des hommes, l'attraction vient de Dieu. Il faut étudier l'attraction, la nature seule, sans aucune acception du devoir... Lorsque des hommes s'abandonnent à leurs passions, il en résulte des effets subversifs. Ce fait prouve uniquement que la société est mal organisée, car les lois de l'attraction passionnée sont en tous points conformes à celles de l'attraction matérielle, expliquées par Newton et Leibnitz : il y a unité du système du mouvement pour le monde matériel et pour le monde spirituel... »

Fourier croit avoir découvert par l'analyse douze passions fondamentales dans l'homme :

1° Cinq appétits des sens, qui tendent aux plaisirs des sens, au luxe interne et externe ; les passions du goût, du tact, de la vue, de l'ouïe, de l'odorat ;

2° Quatre passions affectueuses, qui lient les hommes entre eux et tendent à former des groupes : ce sont l'amitié, l'ambition, l'amour, le familisme ;

3° Trois passions distributives ou mécanisantes : la cabaliste, qui nous porte à l'intrigue ; la papillonne, qui nous porte à la variation des plaisirs ; la composite, entraînement des sens et de l'âme.

« De la satisfaction combinée de toutes ces passions naît l'*unitéisme*, sentiment d'affection universelle, comme le blanc naît de la combinaison des douze couleurs du prisme.

« Les passions des sens nous portent aux jouissances des sens et aux travaux qui tendent à les satisfaire. Ainsi le sens du goût est un char à quatre roues qui sont : la culture, la conserve, la cuisine, la gastronomie. Celui qui aime à manger des choux, par exemple, trouvera aussi du plaisir à les cultiver et à les faire cuire : ces passions sont donc les premiers ressorts du plaisir et du travail. »

« Si dans l'état actuel de la civilisation, ces passions sont très-incomplétement satisfaites, c'est parce que trois passions essentielles ont été méconnues ou condamnées ; quoiqu'elles soient les ressorts fondamentaux du mécanisme social. Ce sont : la composite, la papillonne et la cabaliste. Fourier organise ainsi son système : ·

« Les travailleurs se réuniraient par associations ou phalanges de dix-huit cents membres environ, hommes, femmes et enfants de tous âges. Chaque phalange, organisée par groupes et séries, exploiterait en commun une lieue carrée de terrain. La vie serait également commune. Chaque phalange habiterait un vaste bâtiment, nommé phalanstère, disposé de la manière la plus agréable et la plus commode, et où seraient réunies en même temps les différentes spécialités de l'industrie manufacturière.

« Ainsi s'établira l'harmonie universelle. Les passions mécanisantes feront concorder les cinq ressorts sensuels avec les quatre ressorts affectueux, et l'homme pourra donner libre cours à toutes ses passions sans qu'il ait à craindre aucun conflit. Au contraire, tout ce qui, dans la *civilisation* [1], est réprouvé comme penchant vicieux devient voie d'émulation et ressort d'activité. Les passions rivalisées par la cabaliste, exaltées par la composite, engrenées par la papillonne, entraîneront l'individu dans un tourbillon sans fin de travaux et de plaisirs, et l'on s'arrachera au sommeil pour suffire aux jouissances multipliées que promet chaque journée phalanstérienne... »

Fourier nous en donne un échantillon, en décrivant le voyage d'une caravane en *harmonie*. « Les voyageurs sont groupés par caractères ou par corporations industrielles. Ils doivent arriver à huit heures du soir à Gnide. Les Gnidiens, avertis, les attendent, groupés comme eux, et l'amitié naît aussitôt de cet assortiment préparé d'avance. Cette première séance d'amitié, terminée par le souper et les vins mousseux, durera environ une heure et demie; puis les bayadères et les bayaders, les bacchantes et les bacchants entraîneront l'assemblée dans un beau désordre au séristère d'amour, où commencera la séance d'amour occasionnel, la dernière de la journée. Le lendemain, ce seront de nouvelles fêtes, et après une douzaine de pareilles séances, l'accord omnimode existera en degré inverse comme en degré direct... »

Dans sa théorie des quatre mouvements, on lit ces mots : « La liberté amoureuse commence à naître, et transforme en vertus la plupart des vices. On en établit divers grades dans les unions amoureuses. Les trois principaux sont :

« Les favoris et favorites en titre ;

[1] C'est le nom que Fourier donne par mépris à notre organisation.

« Les géniteurs et génitrices ;

« Les époux et les épouses.

« Ces derniers doivent avoir au moins deux enfants l'un de l'autre ; les seconds n'en ont qu'un ; les premiers n'en ont pas. Ces titres donnent aux conjoints des droits progressifs sur une portion de l'héritage respectif.

« Une femme peut avoir à la fois :

« 1° Un époux, dont elle a deux enfants ;

« 2° Un géniteur, dont elle n'a qu'un enfant ;

« 3° Un favori qui a vécu avec elle et conserve le titre.

« Cette gradation de titres établit une grande courtoisie, et une grande fidélité aux engagements. Une femme peut refuser le titre de géniteur à un favori dont elle est enceinte ; elle peut aussi, dans un cas de mécontentement, refuser à ces divers hommes le titre supérieur auquel ils aspirent. »

Cette analyse des doctrines de Fourier suffit pour les condamner. Les phalanstériens, ses disciples, la plupart démocrates du lendemain, ont tourné la tête à quelques hommes riches et faibles qui ont essayé de construire des phalanstères, où ils ont englouti vainement leur patrimoine, avec celui de leur famille.

M. Louis Blanc a proposé de créer une banque d'Etat, en lui donnant les moyens de créditer les associations ouvrières, puis d'étendre l'association entre tous les ateliers d'une même industrie et de fixer un prix uniforme des produits ; d'établir dans chaque industrie l'égalité des salaires, du moins dans la même localité ; enfin, de fonder la solidarité entre les industries diverses, d'abord en faisant la somme totale des bénéfices de chaque industrie, et en la partageant entre tous les travailleurs ; ensuite en formant un fonds de mutuelle assistance entre toutes les industries, de telle sorte que celle qui, une année, se trouve rait en souffrance, fût secourue par celle qui aurait prospéré. Un ministre du progrès serait chargé de l'exécution de ce plan, qui s'appliquerait à la fois à l'industrie manufacturière et à l'industrie agricole.

C'est ce qu'il appelle l'*organisation du travail*. Dans une brochure qu'il intitule de ces mots, il prétend qu'il faut accuser de tous nos maux les institutions sociales ; que tous les crimes n'ont pour cause que la misère, et que la misère est le résultat exclusif de la concurrence et de la propriété. En général, il ne fait que paraphraser Babeuf qui est néanmoins plus net, plus clair et plus logicien. En effet, ce dernier propose la consommation en commun, sans laquelle le système est un non-sens.

C'est à tort que l'on a rangé parmi les communistes M. P.-J. Proudhon, le premier des journalistes, le plus puissant et le plus courageux critique de notre époque. Son bon sens autant que son érudition lui ont fait comprendre la vanité de leurs théories. Il n'a fait que critiquer les économistes et les socialistes dans son livre piquant des *Contradictions*, et se moquer de toutes les prétentions.

Ses travaux d'analyse économique n'ont pas toujours été compris ; en quoi il y a eu sûrement de sa faute, parce qu'il n'a pas su garder son sang-froid. Il a passé pour pamphlétaire, alors qu'il ne voulait être que critique ; pour agitateur, quand il voulait demander justice ; pour homme de parti et de haine, quand sa véhémence n'allait qu'à repousser des prétentions ridicules ; pour écrivain versatile, parce qu'il était souvent aussi prompt à signaler la contradiction chez ceux qui se croyaient ou se disaient ses amis que chez ses adversaires eux-mêmes.

Il s'est prononcé avec autant de force que qui que ce soit contre le communisme. En vain l'on allègue sa fa-

meuse définition : *La propriété c'est le vol;* il a expliqué
qu'il ne faut l'entendre que dans son principe, et non dans
la pratique ni l'intention. Selon lui, la propriété, dans son
principe, serait bien réellement identique à l'acte que la
morale des nations a si justement condamné et flétri sous
le nom de *vol.* Il en serait de ces deux termes comme de
la fornication et du mariage, entre lesquels il n'y a pas
de distinction physique ou passionnelle; et si l'un est
toléré, consacré même, pendant que l'autre est réprouvé
et honni, cela tient à d'autres causes.

Évidemment M. Proudhon n'entend pas applaudir à la
fornication et annuler le mariage, ni approuver le vol, et
arracher au citoyen sa propriété légitime. Mais dans le
régime imparfait de notre société, la propriété produirait
fréquemment les effets du vol pur; elle serait, pour ainsi
dire, à l'état de nature; tandis que, dans la société bien réglée, elle passerait de cet état de nature sauvage à l'état
d'une nature civilisée et juridique, sans que pour cela elle
cessât d'être elle-même; à peu près comme l'éducation
fait passer l'individu de l'état sauvage à l'état policé, sans
qu'il cesse d'être lui-même, sans qu'il puisse abdiquer sa
race et son tempérament.

Malgré les évolutions qu'a subies déjà la propriété, nous
ne la connaissons encore que par le droit païen, et le droit
canonique, qui en dérive. Mais l'un et l'autre reposent sur
la force, quand ils ne reposent pas sur le mystère. Or, la
force et le mystère, le sabre et la foi ne sont pas des arguments valables en philosophie. Néanmoins, M. Proudhon aurait dû distinguer et dire : *Nombre de propriétaires sont des voleurs.* Alors sa proposition eût été
irréprochable.

Ce qu'a dit M. Proudhon de la propriété s'applique à d'autres principes d'action, dont la critique n'a pas eu le même

retentissement, bien que le rôle qu'ils remplissent dans la
société ne soit pas moindre. De ce nombre sont, par
exemple, la *division du travail*, le *monopole*, la *concur-*
rence, le *gouvernement*, la *communauté*.

Ces principes analysés et poussés vers toutes leurs conséquences paraissent essentiellement nuisibles, soit à l'individu, soit à la société; et, par conséquent, méritent, dans
une certaine mesure, l'anathème porté contre la propriété.
Comme, dans l'état de choses actuel, rien n'arrête leur
essor désordonné, ce n'est pas sans raison que tantôt les
économistes, tantôt les moralistes, tantôt les philanthropes
ou les libéraux les réprouvent. Cependant; il est certain
qu'on doit les considérer comme des forces, ou facultés inhérentes à la constitution sociale, également exposée à
périr, soit qu'elle les exclue, soit qu'elle s'y abandonne.

L'on ne saurait mieux comparer la propriété et ces principes qu'aux sept péchés capitaux : *Orgueil*, *Avarice*,
Envie, *Gourmandise*, *Luxure*, *Colère* et *Paresse*. Assurément, il n'est personne qui en prenne la défense; cependant, il est certain, en bonne psychologie, que l'âme
humaine ne subsiste que par ces *péchés*, ou passions fondamentales; que tout l'art du moraliste consiste, non à
extirper radicalement, mais à morigéner de façon à tirer
les vertus mêmes qui distinguent le mieux l'homme des
animaux : la *Dignité*, l'*Ambition*, le *Goût*, l'*Amour*, la
Volupté, le *Courage*. La paresse ou inertie est l'absence
de vitalité, et la mort même.

Entre le vice et la vertu, pas de différence essentielle :
ce qui fait l'un ou l'autre, c'est le but, c'est l'intention,
c'est la mesure, et généralement la condition. Pareillement, entre la propriété et le vol, pas de différence quant
au principe : ce qui fait la justice de l'une et l'infamie de
l'autre, ce sont les *conditions* qui les accompagnent.

L'on est bien loin de concevoir ainsi les choses. Dans l'obstination du préjugé féodal traditionnel, on est tout disposé, au contraire, à faire de la propriété une chose sacro-sainte, intégralement juste, bonne et vertueuse; comme on fait de la vertu une inspiration du ciel, du gouvernement un droit divin, de l'autorité une loi absolue.

Telle est la substance des idées de M. Proudhon. Si on l'accuse de paradoxe, je réponds qu'en un sens tout est paradoxe dans la science, et que le génie consiste précisément à choisir le mieux pour un temps donné.

« Les hommes me paraissent partagés en deux classes différentes, dit Hume[1]. Les uns, faute de réflexion, ne parviennent jamais jusqu'à la vérité; et les autres, en réfléchissant trop, la laissent derrière eux et vont beaucoup au delà. La dernière classe, sans comparaison moins nombreuse que la première, est également utile et précieuse à la société, qui est redevable à ceux qui la composent, des nouvelles idées qu'ils font naître. Quoique souvent hors d'état de résoudre les difficultés qu'ils élèvent, ils fournissent aux personnes d'un esprit juste de nouvelles idées et donnent lieu à des découvertes utiles. La plupart des hommes incapables de réflexions profondes sont portés naturellement à décrier ces hommes rares, qui joignent la vigueur de la dialectique à l'étendue de l'esprit, et ils croient que la vérité est renfermée dans le cercle étroit de leurs propres conceptions. »

[1] *Essai sur le commerce.*

CHAPITRE III.

DU RANG SCIENTIFIQUE DE L'ÉCONOMIE POLITIQUE.

§ I. — Division des sciences. — L'économie politique est subordonnée
à la politique et à la morale.

Toutes les connaissances humaines se divisent en quatre branches :

1° Les sciences morales et politiques, qui comprennent
la morale, la politique, l'économie politique. L'histoire
est la politique elle-même, que des auteurs ont traitée
didactiquement, comme Aristote, Machiavel, Montesquieu, J.-J. Rousseau; d'autres par le récit des faits ac-
compagné de réflexions, comme Thucydide, Tacite, etc.

2° Les sciences naturelles, qui comprennent la méde-
cine, la physique, la chimie, l'histoire naturelle, etc...

3° Les sciences mathématiques, qui comprennent l'a-
rithmétique, l'algèbre, l'astronomie, etc...

4° Les beaux-arts, qui comprennent la musique, les
arts du dessin, l'architecture, etc. [1].

On a prétendu[2] que l'économie politique est à la fois

---

[1] Je ne saurais adopter la division des sciences imaginée par Bacon.
Ce philosophe, d'un esprit si net dans les détails, a fait une syn-
thèse fausse par l'excès de divisions et de subdivisions.

[2] *Dict. de l'Écon. pol.*, de Guillaumin.

science et *art*. C'est confondre l'action, l'opération avec
l'art. Chaque partie des connaissances humaines doit être
classée parmi les sciences, ou parmi les arts. Seulement,
comme tout s'enchaîne, la peinture, par exemple, qui est
incontestablement un *art*, exigeant la connaissance de certaines sciences, telles que l'anatomie pour le peintre d'histoire, la perspective pour le peintre de paysages, l'on ne
peut dire pour cela *que la peinture est à la fois art et science.*
La politique est une science, mais elle ne tient en rien de
l'art, quoique l'on dise quelquefois : *l'art de gouverner
les peuples.* Ce n'est qu'une sorte de figure, ou plutôt
c'est l'application de la science. De même l'économiste,
après avoir prouvé dans un livre que le libre échange est
utile, abolit les douanes quand il devient ministre ; mais
cette opération ne le transforme point en artiste ni en
artisan.

La morale, science du juste et de l'injuste, ou des
devoirs et des droits, embrasse l'homme dans tous les
temps, dans toutes les positions; donc elle domine les
autres sciences morales.

Après la morale vient la politique, qui embrasse tous
les faits sociaux plus particuliers : la conservation de la
cité, l'administration, la famille, etc.

L'économie politique ne vient qu'en troisième ordre ;
et les sciences agricoles, commerciales, industrielles, lui
sont subordonnées[1]. Si donc l'économie politique affirme
qu'une guerre sera improductive et constituera une dépense inutile, mais qu'il soit prouvé en politique que cette
guerre est nécessaire pour la conservation de la cité,
l'économie politique aurait tort en face de la politique[2],

---

[1] Ces sciences, désignées sous le nom de *technologie,* ne sont que
des spécialités.

[2] « Elle est juste la guerre qui est nécessaire ; et les armes sont

parce que celle-ci la domine. Ce qui est vrai du général
est vrai du particulier ; mais ce qui conclut le particulier
ne conclut pas pour cela le général[1]. Ainsi ce que la
morale condamne ne peut être justifié en politique, quand
même l'intérêt du prince ou du peuple y paraîtrait conforme...

La morale fait donc partie essentielle de l'économie
politique ; tout ce qu'elle repousse doit être proscrit
par l'économiste, quand même le calcul prouverait que
la chose est utile. « Rien n'est utile que ce qui est honnête ; cette maxime vraie en morale ne l'est pas moins
en politique : les hommes isolés et les hommes réunis en
corps de nations sont également soumis à cette loi ; la
prospérité des sociétés politiques repose nécessairement
sur la base immuable de l'ordre, de la justice et de la
sagesse : toute institution cruelle, qui offense le droit naturel, contrarie directement leur but qui est la conservation des droits de l'homme, le bonheur et la tranquil-
lité des citoyens. Si les politiques paraissent avoir souvent
méconnu ce principe, c'est qu'en général les politiques
ont beaucoup de mépris pour la morale ; c'est que la
force, la témérité, l'ignorance et l'ambition ont trop souvent gouverné la terre[2]. »

Ajoutons à cette observation que si les ambitieux sont
souvent parvenus à affliger par la guerre les âges antérieurs et même le nôtre, c'est parce que l'humanité a au
fond du cœur ce principe que la destruction rétablit naturellement l'équilibre. Si les herbivores n'étaient la

sacrées, là où l'on n'espère plus qu'en elles, dit Machiavel. » (*Le
Prince,* exhortation.)

[1] *Port-Royal, logique,* 5e part., ch. III, 6e coroll.

[2] Discours inédit d'un jeune avocat, trouvé par l'auteur, en Lorraine.

proie des carnassiers, ils ne laisseraient rien du règne
végétal. L'homme, à son tour, détruit les carnassiers,
parce qu'il a l'instinct de la destruction comme celui de
l'amour même. Sans la destruction de ce qui l'entoure, il
ne pourrait transformer la nature, pour en vivre. Spurz-
heim a placé avec raison l'organe de la *destructivité* à
côté des organes de l'*amour de la vie* et de l'*amativité*.

Avec le progrès de la civilisation, et l'accroissement du travail, il y aura place pour tous. Les sacrifices
antiques s'offraient avec le sang des animaux et des hommes; aujourd'hui ils s'offrent avec le pain et le vin acquis
à la sueur du front humain; sublime symbole qui nous
enseigne à ne plus chercher nos aliments dans les rapines
et l'extermination, mais dans notre travail [1].

§ II. — Des fonctions du gouvernement. — Erreurs des écrivains qui
l'ont abstrait de la science économique. — Qu'il existe une oscillation perpétuelle et fatale entre le pouvoir et la liberté.

Comme l'institution du gouvernement est l'objet essentiel de la politique, et n'a qu'à consacrer les principes de
la morale, sans avoir à les discuter, ni à les enseigner,
de même l'économie politique n'a point à s'occuper de
l'administration, ni de la famille, ni de la défense de
l'État, autrement que pour signaler les moyens d'y pourvoir sans tarir les sources de la richesse; et même en ac-
croissant celle-ci.

Ad. Smith a bien indiqué les limites de notre science,
dans le livre IV de son Traité de la *Richesse des nations :*
« L'économie politique, considérée comme une des bran-
« ches de la science d'un homme d'État ou d'un législa-

---

[1] Proudhon.

« teur, se propose deux objets distincts; 1° de procurer
« au peuple un bon revenu ou une subsistance abondante;
« ou pour mieux dire, de le mettre en état de se les pro-
« curer lui-même; 2° de pourvoir à ce que l'État ou la
« communauté ait un revenu suffisant pour les charges
« publiques. Elle se propose d'enrichir en même temps
« le peuple et le souverain. »

L'on a souvent dit, de nos jours, que, peu importe à
l'organisation économique, le gouvernement, sa forme,
sa volonté?... Que l'économie politique est indépendante
de la politique. Cette opinion est mal fondée. Dans tous les
temps, dans tous les pays, il y a eu organisation des fonctions publiques, parce que le genre humain n'avait qu'à
observer la succession régulière des jours et des années
pour savoir que, sans organisation sociale, il n'y avait
que désordre et destruction. Cette organisation qui a
suivi les progrès de l'humanité est la limite nécessaire de
la liberté; car si la liberté d'un citoyen était absolue, il
pourrait opprimer son voisin.

D'ailleurs, sans un bon gouvernement, aucune amélioration économique n'est possible. Si un tyran règne, il
suit d'un œil inquiet les doctrines qui peuvent le contrarier dans sa marche, et tendre à la longue à le renverser..... Il ne laissera point publier les livres qui redresse-
raient les vices de ses voies économiques.

Ceux qui ont voulu, en 1848, abstraire du pouvoir
politique les notions économiques, n'étaient que des gens
compromis et fourvoyés naguère dans les voies monarchiques; ils ne comprenaient rien à l'ordre nouveau. Mais
comme le corps humain ne peut subsister sans les os et
le sang, de même le corps social tient sa vie tout à la fois
de la politique qui est sa charpente, et de l'économie qui
est sa chair et son sang.

Jusqu'à notre siècle, les philosophes ne séparaient point l'étude de ces deux sciences. On le voit par l'*Esprit des lois*, par l'article de J.-J. Rousseau dans l'*Encyclopédie*, et par tous les livres des physiocrates. La politique d'Aristote le témoigne pour l'antiquité.

Mais jusqu'où doit aller la fonction du gouvernement en ce qui touche la formation, la répartition et la consommation de la richesse? Telle est l'une des questions agitées de nos jours. Les uns veulent que le gouvernement ait un pouvoir souverain; les autres ne veulent presqu'en rien de son intervention. Les premiers ont vu généralement leur système adopté en Europe, excepté en Angleterre, où les seconds ont fait prévaloir le leur.

Je distinguerai entre les fonctions nécessaires du gouvernement; c'est-à-dire, celles où son action est indispensable, et ses fonctions facultatives; c'est-à-dire, celle qui ne sont point nécessaires. Il est évident qu'elles le sont : 1° pour lever les revenus qui sont une condition de son existence; 2° pour établir des lois au sujet de la propriété et des contrats; 3° pour assurer leur exécution par la police et la justice.

La débile humanité est condamnée à osciller sans cesse entre l'autorité et la liberté individuelle. Le choix de l'un ou de l'autre, selon chaque circonstance, constitue précisément le génie de l'homme d'État, le tact de l'homme privé. Toutefois il ne faut pas confondre la centralisation ou organisation avec la concentration ou absorption. La centralisation n'est pernicieuse qu'autant qu'elle absorbe et domine exclusivement toutes les relations particulières, c'est-à-dire qu'elle met des entraves à l'essor de l'action individuelle ou à la liberté. Mais, quand elle lui prête, pour l'aider, sa force supérieure, tout en favorisant son action, et en lui ménageant surtout le concours des autres éléments, l'organisme fonctionne bien : il y ordre et garantie quand l'intérêt général est engagé; et libre exploitation quand l'intérêt particulier domine. Telle est la vraie centralisation [1].

Ainsi le gouvernement doit intervenir quand la divergence des intérêts pourrait amener la confusion [2]; il doit s'abstenir quand l'intérêt particulier n'est pas en lutte directe avec l'intérêt public; car dans ce dernier cas, l'exploitation individuelle est toujours plus fructueuse, parce qu'elle est libre. Cette maxime, qui domine la politique, doit dominer aussi l'économie.

Certains économistes se montrent excessivement libéraux. Voyez, disent-ils, combien nous sommes bons démocrates; nous voulons la liberté en tout et pour tous, tandis qu'un grand nombre de démocrates veulent certaines restrictions.

Cette théorie cache un sophisme et un piége. Pour que la liberté soit générale, complète et favorable aux masses, il faut préalablement réparer les iniquités commises, les positions formidables prises par des riches cupides, rusés ou violents. Il est facile sans doute d'aimer la liberté

---

[1] Cieszkowski, *du Crédit*, p. 133.

[2]. Par exemple, en matière d'exploitation forestière, l'intervention du gouvernement est nécessaire, parce qu'il faut cent cinquante ans pour produire un arbre et que les particuliers se laisseraient souvent entraîner à dépeupler les forêts, pour une jouissance immédiate et au préjudice de plusieurs générations futures. On a beau dire que cette protection est purement négative, et qu'il vaudrait mieux que l'État reboisât des montagnes et des terrains vagues, je réponds que l'un n'empêche pas l'autre; et que le reboisement ne nous produirait des arbres que dans un ou deux siècles, tandis que les propriétaires pourraient abattre toutes les futaies de France en six mois.

quand on peut seul en user. Or, de vastes accaparements
antérieurs, une antique misère d'autre part, équivalent
pour les misérables à l'impossibilité d'user de leur liberté.

Toutefois, dans le doute, la liberté doit l'emporter sur
le principe d'autorité [1]. Par conséquent, si l'économiste
est subordonné à l'homme d'État; celui-ci doit être économiste pour savoir choisir le principe applicable en un
cas donné.

« Mais, dit-on, ceux qui ont gouverné le monde, les
« Charlemagne, les Sully, les Richelieu, les Colbert
« n'entendaient rien à l'économie politique. La Conven-
« tion elle-même ne la connaissait pas, puisqu'elle a
« maintenu les assignats et décrété le *maximum*. »

On cite des lois et des décrets contraires aux principes
actuels; mais on passe sous silence le nombre infiniment
plus considérable de ceux qui y étaient conformes.

En outre, on ne veut pas considérer que le droit public
et le droit international étaient tout différents de ce qu'ils
sont de nos jours. Les nations guerroyaient sans cesse les
unes contre les autres; et cherchaient encore leur existence
dans le pillage et la destruction des hommes. Si l'on avait
voulu établir le libre échange, par exemple, on eût exposé
la nation à la famine. En observant comment les peuples
arrivent peu à peu à la liberté, à l'égalité, à la fraternité,
et au respect de la propriété individuelle, l'on se convaincra que tel législateur qui a promulgué des lois contraires à la liberté économique en ferait aujourd'hui de
favorables. On néglige beaucoup trop de notre temps

---

[1] « Les Princes sont des tuteurs donnés aux peuples pour les dé-
« fendre, et non pour les réduire en esclavage. » (*Civium non servi-
tus, sed tutela Principi tradita est.* Seneca de Clement., lib. I
cap. XVIII.)

les études sérieuses, et la lecture assidue des bons auteurs, de ceux-là seuls qui ont été consacrés par l'estime de plusieurs générations. « Toute pensée de méthode, s'écrie M. Rossi, paraît aujourd'hui abandonnée dans la science économique; et cependant il n'y a pas de science sans méthode. »

M. Rossi a raison; mais la méthode ne s'acquiert que par de fortes études philosophiques et politiques. Les Turgot, les Smith ne furent de grands économistes que parce qu'ils étaient de grands philosophes et de bons politiques, ainsi qu'on le voit par les autres écrits qu'ils ont laissés. Dans la révolution, cette épopée moderne qui fonda tant de choses, les deux plus grands économistes furent Mirabeau et Cambon. Ils apportèrent bien plus de lumières que les Dufresne Saint-Léon, les Dupont (de Nemours), etc., qui faisaient le métier d'économistes, et ne surent qu'embrouiller les questions.

En effet, une spécialité rétrécit l'esprit au point que l'on finit par ne plus voir juste; tels furent en théologie les casuistes, qui, ne voulant examiner que *les cas de conscience*, perdirent tout à fait de vue les principes du christianisme. J.-B. Say, en voulant trop circonscrire la science, apporta quelquefois de petites vues dans ses solutions, quoiqu'il fût un écrivain des plus consciencieux. Il était *libéral*, et dédiait la seconde édition de son *Traité* à l'empereur Alexandre Iᵉʳ, au moment où cet *autocrate*, à la tête d'un demi-million de cosaques, de Prussiens, d'Autrichiens, d'émigrés, rançonnait la France, y apportait la ruine, le déshonneur, le pillage et le massacre.

Si l'on remettait le sort d'une grande nation aux mains d'économistes étrangers à la politique, cette nation tomberait bientôt en dissolution. L'on commettrait la même faute qu'en confiant son sort et le commandement de ses milices à un général qui ne sait autre chose que la manœuvre. Plus on examine la science du gouvernement, plus on reconnaît que l'économie n'est, comme l'a si bien dit Smith, qu'une branche de cette science qu'elle ne doit point chercher à dominer. Ainsi, le grand homme d'Etat, l'homme de génie est tout à la fois politique et économiste. César, par exemple, connaissait tout ce qui concerne le gouvernement.

L'économie est donc inséparable de la politique. En dehors, l'on peut faire certaines analyses statistiques ou technologiques; mais ce n'est plus de la science économique.

Cette science comporte des vérités éternelles et de tous les pays, au-dessus des décrets et des hommes; et des vérités actuelles ou relatives, pour un temps et pour un pays. Le véritable savant sait donc démêler ce qui est absolument vrai, de ce qui l'est pour son temps ou pour les circonstances. « L'économie politique qui a un certain nombre de principes assurés, qui reposent sur une masse considérable de faits exacts et d'observations bien déduites, paraît loin encore néanmoins d'être une science arrêtée, dit M. Dunoyer. On n'est complétement d'accord ni sur l'étendue du champ où doivent s'étendre ses recherches, ni sur l'objet fondamental qu'elles doivent se proposer. On ne convient ni de l'ensemble des travaux qu'elle embrasse, ni de celui des moyens auxquels se lie la puissance de ses travaux, ni du sens précis qu'il faut attacher à la plupart des mots dont est formé son vocabulaire. La science, riche de vérités de détails, laisse infiniment à désirer dans son ensemble, et comme science elle paraît loin d'être constituée. »

§ III. — Coup d'œil sur les fondateurs de la science économique. —
Vauban, Quesnay, Turgot, Adam Smith.

En Grèce et à Rome, les classes supérieures regardaient
comme au-dessous d'elles les travaux qui procurent la richesse ; c'est-à-dire le commerce, l'industrie et l'agriculture, dont elles laissaient le soin aux esclaves. Dans plusieurs Etats même, il était interdit aux citoyens de s'y livrer ; car les philosophes affirmaient que c'était chose vile[1].

Néanmoins ces principes n'eurent autorité dans ces républiques qu'après les victoires qui les enrichirent soudain. Les lois de Solon avaient chargé l'Aréopage de veiller sur les arts et les manufactures ; d'informer de la manière dont chaque citoyen gagnait sa vie, et de punir ceux
qui ne travailleraient point. La peine d'infamie fut portée
contre quiconque aurait dissipé son patrimoine[2]. Au beau
temps de la république romaine, les personnages consulaires eux-mêmes cultivaient leurs terres ; et les députés
du sénat, allant investir de ses terribles fonctions le dictateur, le trouvèrent quelquefois conduisant sa charrue...

Parce que les anciens moralistes regardaient le luxe
comme un grand mal, et tournaient leur admiration vers
les vertus civiles et militaires alors jugées incompatibles
avec le raffinement de la vie[3], les esprits élevés, les savants portèrent moins leur attention vers la manière dont
peut se former et se distribuer la richesse. Certains préjugés de l'antiquité conservèrent leur force dans le moyen-
âge, où les puissants de la terre songeaient plutôt à s'en-

[1] Cicer., de Off. pro Murena.
[2] Vie de Solon.
[3] Solon répétait sans cesse cette maxime : « Laissons en partage
au reste des mortels les richesses ; mais que la vertu soit le nôtre. »

richir par le pillage que par l'agriculture, l'industrie et le commerce.

On crut longtemps que la richesse consistait dans l'or et l'argent, de sorte que toute l'attention des gouvernements et des publicistes se porta vers les moyens d'interdire l'exportation de l'or et de l'argent, et d'encourager leur importation. On croyait ainsi augmenter la richesse nationale. Cependant la Compagnie anglaise des Indes orientales parvint, au commencement du xviie siècle, à atténuer ce préjugé, en prouvant que l'exportation des métaux précieux était avantageuse, lorsqu'ils servaient à importer des marchandises d'une valeur supérieure.

Colbert donna un grand essor à l'industrie française, en favorisant l'exportation des produits fabriqués dans le pays, et mettant des entraves à l'importation des objets fabriqués ailleurs. Mais il négligea les intérêts de l'agriculture, que Sully avait tâché d'encourager par tant d'efforts. Les disettes et les famines qui désolèrent la France depuis la fin du règne de Louis XIV excitèrent les méditations de quelques philosophes éclairés.

Le maréchal de Vauban et Boisguillebert furent les premiers écrivains français qui recherchèrent sérieusement les causes de la misère publique, et ses remèdes.

Le premier, dans la *Dixme royale*, écrite à la fin du xviie siècle, mais publiée en 1707, établit que les taxes indirectes nuisent à l'entretien du peuple, au commerce et à la consommation ; que les emprunts ont pour conséquence d'enrichir les traitants et de ruiner les nations ; que le luxe nuit à la production ; et qu'il y a un grand mal à mettre des entraves à la liberté du commerce et de l'industrie.

Boisguillebert, quoique lieutenant-général au bailliage de Rouen, publia *le Détail de la France en* 1697, *et le Factum de la France en* 1707 ; livres recommandables,

honorés des injures de Voltaire, qui avait aussi traité
d'*ignorant* l'illustre maréchal de Vauban. On voit dans *le
Détail de la France* une censure énergique des dépenses
de Louis XIV qui, par un énorme capital gaspillé improductivement, priva l'agriculture et l'industrie du développement qui leur était nécessaire. La gêne du monarque et
de la nation ne provenait pas tant du chiffre des impôts
que de leur mauvaise assiette, et des scandaleuses rapines
qui en accompagnaient la perception et la distribution.

Dans le *Factum*, il démontra aussi la nécessité de rendre la liberté à l'industrie et au commerce; et il proposa
des moyens praticables de payer toutes les dettes en dix
ans sans opprimer le peuple, par une meilleure assiette
de l'impôt et une plus équitable distribution des revenus
nationaux. Mais ce généreux et intelligent écrivain prêchait dans le désert.

Vers 1750, Quesnay, médecin de Louis XV, et profond
observateur, reconnut que la prohibition d'exporter le
blé et la préférence accordée à l'industrie et au commerce sur l'agriculture étaient le plus grand obstacle à
la production de la richesse; il proclama *que la terre est
la source unique de la richesse.* Il partagea la société en
trois classes : la première, ou la classe productive, qui se
compose des fermiers et laboureurs, vivant d'une portion
du produit de la terre, qui leur est réservé comme le salaire de leur travail et le profit de leur capital. La seconde
classe, celle des propriétaires, se compose de ceux qui
vivent du revenu de la terre, ou du produit net prélevé
par les cultivateurs du sol, après qu'ils ont déduit leurs
frais. La troisième classe, qu'il appelle improductive ou
stérile, est composée des fabricants, des marchands, des
serviteurs à gages, etc., qui vivent uniquement des salaires qui leur sont payés par les deux premières classes,

et dont le travail n'ajoute rien à la richesse nationale.

Il en concluait que les impôts ne doivent frapper que les propriétaires fonciers, car ils paralyseraient les efforts de la classe productive. Quant à la classe improductive, elle ne possède que ce qu'elle reçoit des deux autres, qui lui payent seulement le salaire indispensable pour la faire subsister, et pour qu'elle continue à leur rendre des services. Quesnay proposait donc d'abolir la multitude des impôts existants, pour les remplacer par un impôt unique qui ne porterait que sur le produit net de la terre. Du reste, il ne réclamait point pour l'agriculture de protection exclusive ; et soutenait que l'établissement d'un système de complète liberté servirait en même temps les intérêts des agriculteurs, et de toutes les autres classes de la société. « La police du commerce intérieur et extérieur « la plus sûre, la plus exacte, la plus profitable à la nation « et à l'État, consiste dans la pleine liberté de la concur- « rence [1]. »

Ce système libéral, mais erroné en quelques points, tendait à renverser tous les préjugés qui dominaient les lois et les usages. Il fut immédiatement développé par un grand nombre de bons esprits : Mercier de la Rivière, Dupont de Nemours, le marquis de Mirabeau [2], et surtout Turgot, qui prirent le titre de *physiocrates* ou d'*économistes* [3]. En proclamant ce grand principe : *Laissez faire, laissez passer*, cette école repoussait les combinaisons imaginées jusqu'alors par les gouvernements et les écrivains, dans le but d'enrichir artificiellement les nations.

Quand Louis XVI monta sur le trône, il confia les

[1] *Physiocratie*, 1re partie.
[2] Père du célèbre orateur de l'Assemblée constituante.
[3] *Physiocratie*, ordre naturel des sociétés.

finances à Turgot, qui avait administré avec sagesse le Limousin. Turgot, bien différent de tant d'autres ministres français, mit ses principes en pratique. Il entreprit une réforme radicale, mais possible et honnête... Il succomba sous les intrigues des courtisans et des financiers; et fut renvoyé par le roi, à qui il prédit alors la fin tragique de Charles Ier [1].

Les physiocrates étaient devenus populaires. Ils exercèrent une influence signalée sur la révolution française; contribuèrent beaucoup à l'abolition des corporations industrielles, des monopoles commerciaux, et au système d'impôt foncier qui frappa proportionnellement tous les citoyens, sans égard aux priviléges énormes qui, auparavant, en affranchissaient les plus riches. Mais cet impôt est devenu trop lourd et inique, et le capital mobilier a été trop favorisé aux dépens de l'agriculture; car l'impôt, quoiqu'établi sur le propriétaire, retombe indirectement sur le fermier et ses ouvriers.

En 1776, Adam Smith, profitant de toutes les découvertes, montra que le travail, lorsqu'il est appliqué à l'industrie et au commerce, produit la richesse, aussi bien que lorsqu'il l'est à la culture de la terre. Il analysa l'accroissement des forces productives du travail, par sa division entre les individus et les pays, et par l'application du capital aux entreprises industrielles. Il prouva péremptoirement que la richesse ne consiste pas seulement dans l'abondance de l'or et de l'argent, mais dans celle des choses nécessaires ou commodes. Il montra enfin, comme Quesnay, que la meilleure politique est

---

[1] Quand Turgot quitta le ministère, la joie des courtisans et des financiers fut immodérée. A cette occasion, Marmontel écrivait: *Je me représente l'image d'une troupe de brigands, rassemblés dans la forêt de Bondy, à qui l'on vient d'apprendre que le grand prévôt est renvoyé*

celle qui laisse les individus s'occuper de leurs intérêts de la manière qu'ils les comprennent; et que, s'ils s'adonnent à des industries qui leur sont avantageuses, le public en profite aussi. Le livre d'Adam Smith, fruit de dix années du travail assidu d'un homme déjà savant dans la philosophie et dans l'histoire, est le premier traité complet de la science économique; et, malgré son ancienneté et ses erreurs, il est encore, dans son ensemble, le plus instructif.

On lui a toujours reproché le défaut de méthode. Je conviens qu'il pouvait en avoir davantage; mais un ordre parfait est impossible dans un ouvrage de cette nature, où tant de questions doivent être examinées et résolues. Ce n'est donc point le défaut de méthode qu'on doit lui reprocher, mais plutôt une mauvaise composition et un style lourd, non point dans les détails qui sont pleins de netteté, mais dans l'ensemble de ses subdivisions. Ce défaut est malheureusement commun chez les économistes anglais, si remarquables, d'ailleurs, par l'élévation et la profondeur de leurs vues.

On a aussi reproché à Montesquieu d'avoir complétement manqué de méthode dans l'*Esprit des lois*, tandis qu'après examen attentif, l'on ne sait s'il pouvait, avec plus de méthode, dire tant de choses diverses. Mallebranche a pu, dans sa *Recherche de la vérité*, suivre une méthode parfaite. On le pourrait dans un seul des trois livres principaux de la science économique; mais dans un traité complet, un ordre parfait, au point de vue philosophique, laisserait en arrière nombre de points que l'infime situation des lumières publiques ne permet point d'omettre. Ne blâmons donc pas toujours un auteur de ce qu'il n'est point parfait; car la perfection est quelquefois, souvent même impossible.

§ IV. — Ce qu'est le socialisme. — Des reproches qu'il adresse à
l'économie politique. — Système conciliant de l'auteur.

Ce qu'on appelle *socialisme* est une nouvelle *économie
politique* ayant pour base l'association forcée, la solidarité,
au lieu de l'individualité ou liberté qui fait le fondement
de l'ancienne. Le socialisme prétend que l'ordre actuel
engendre le crime avec la misère; et n'est qu'une sophis-
tique hypothèse inventée au profit du petit nombre qui
exploite le grand. Il demande compte à ses adversaires,
les économistes, de l'inégalité des conditions et des ruines
engendrées par la monstrueuse réunion du monopole et
de la concurrence. En un mot, il adopte cette formule :
*A chacun son instrument de travail : la terre au paysan,
le métier à l'ouvrier.*

Les économistes mettent les socialistes au défi de pro-
mulguer un système qui ne soit pas basé sur la propriété
et la concurrence; et disent qu'au surplus, tous leurs
projets de réforme ne sont que des plagiats et des fragments incohérents du régime économique [1]. Ils opposent aux ouvriers qui se plaignent de l'insuffisance du
salaire la liberté de l'industrie; et aux citoyens qui veulent le bon ordre et la liberté, les lois d'une prétendue
représentation nationale, ou d'un monarque *légitime*. En
outre, feignant hypocritement une religion qu'ils n'ont
pas, ils abusent du mot de l'Évangile : *vous avez toujours
des pauvres parmi vous*, pour laisser leurs concitoyens
dans la misère, et leur opposer les impénétrables secrets
de la Providence.

Nous voyons donc encore, comme de tout temps, deux
partis ou principes en lutte : l'un traditionnel, qui prétend

---

[1] Proudhon, *Contradictions économiques*, ch. 1er.

que le sort des pauvres doit être réglé dans leur intérêt, mais non par eux-mêmes. On doit penser pour eux et les conduire comme le général conduit l'armée. On ne leur demanderait que la soumission et l'honnêteté; mais les riches, les grands seraient doux, affables, bienveillants... Cet idéal ne s'est jamais réalisé et se réaliserait moins que jamais.

La vérité ne se trouve ni dans l'un ni dans l'autre parti; elle n'est pas non plus dans l'exclusion de l'un ou de l'autre, mais dans leur mutuelle conciliation. La science démontre que tout antagonisme, dans les forces intellectuelles et physiques de la nature, se résout en définitive en une formule complexe qui le fait cesser. Le temps, pas plus que le génie ni la détermination des hommes et des puissances, ne fera cesser cet antagonisme qui ne pourra être qu'incessamment amorti, comme les lignes de la parabole se rapprochent sans cesse l'une de l'autre sans jamais se toucher. Mais avec du courage, de la bonne foi et quelque intelligence, l'on peut rechercher et trouver les moyens d'y parvenir en attribuant au socialisme et à l'économie politique le même but, savoir, l'ordre et le bien-être de la majorité [1].

Les efforts et les souffrances des hommes de bonne volonté n'ont point été absolument perdus. Notre nation d'abord, et les autres ensuite verront cesser le fatal antagonisme que je viens de signaler. C'est cet esprit qui me guide en ce livre. Arbitre amiable entre le monde ancien

---

[1] J'avais l'intention d'examiner ici à fond la question du *socialisme* en 1848, et de dire ses luttes curieuses contre les gouvernants d'alors et contre les ennemis de la Révolution. Ce passage était écrit ; mais des raisons de haute convenance me déterminent à le publier ultérieurement dans un autre ouvrage.

et le monde nouveau, je ne vais point proposer la table rase, mais les perfectionnéments. Je ne souffle point l'incendie universel, mais l'amendement possible. Je veux que les hommes de l'avenir, les malheureux soient satisfaits; et qu'en même temps, les possesseurs des biens du monde, les heureux du siècle s'écrient : *Voilà tout ce que l'on nous demande !* et qu'ils l'accordent, avec la joie d'être délivrés de mortelles inquiétudes.

Un cri s'est fait entendre : *marchons, ne craignons rien.* Le char est lancé dans l'espace : des mondes nouveaux dont on savait à peine les noms sont visités, exploités par nos compatriotes et nos alliés. Répétons à chaque instant ce cri des Américains du Nord : EN AVANT! A chaque échec, disons aussi : CELA NE FAIT RIEN [1]; et ne désespérons jamais du triomphe de l'équité. *J'ai aimé la justice avec ardeur, et je ne serai point confondu* [2].

[1] GO AHEAD! — NEVER MIND. — X. Eyma, *les Deux Amériques,* ch. v.

[2] Psaume.

LIVRE II.

DE LA PRODUCTION DE LA RICHESSE, ET DU CRÉDIT.

Triticum ergo et hordeum, et oleum et vinum,
quæ pollicitus es, Domine mi, mitte servis
tuis.

(Paral. liv. II, ch. II, 15.)

CHAPITRE PREMIER.

DU TRAVAIL ET DU CAPITAL.

I. — Des principales causes naturelles de la plus grande
productivité.

Le travail s'applique soit à la production de l'objet
même, soit à des opérations préliminaires qui y sont nécessaires. S'il s'agit de fabriquer un habit, le tailleur fait
le travail direct; mais le fabricant de drap, l'éleveur de
moutons et le fabricant d'aiguilles se chargent des opérations préliminaires.

Les causes de la plus grande productivité du travail
sont naturelles ou sociales.

Les principales causes naturelles sont :

1° La fertilité du sol, et surtout un climat favorable.

Ainsi, les Lapons ne peuvent vivre que de la chair et du lait des rennes qu'ils apprivoisent, parce que leur climat repousse les travaux et les produits de l'agriculture. Dans les climats chauds ou tempérés, les producteurs vivent avec une moindre dépense de travaux que dans les pays froids ; ils n'ont pas besoin d'autant de vêtements, de combustibles et d'aliments[1].

2° Une vaste étendue de côtes maritimes avec des ports et des rivières navigables. Cet avantage a souvent remplacé et même primé celui de la fertilité du sol ; témoins Carthage, Venise, Marseille, Amsterdam, etc., établies sur des sols arides ou malsains, et parvenues au plus haut degré de l'opulence.

3° L'énergie de la nation qui est mieux entretenue par les difficultés que par les facilités. Dans les contrées fertiles et au doux climat, l'homme, vivant de peu, se laisse aller au plaisir de l'indolence et de la rêverie, comme dans le Midi et l'Orient. Quand, au contraire, il est forcé de lutter sans cesse contre le climat par un travail assidu, et sous peine de mort, comme en Hollande et en Angleterre, l'habitude du travail l'enrichit.

L'indolence naturelle des premiers n'est domptée que par la discipline militaire. Tant que les républiques grecques et Rome y furent soumises, elles trouvèrent chez elles les avantages des pays septentrionaux avec ceux des doux climats ; mais, dès qu'elles n'eurent plus la crainte d'être conquises par les barbares ou par leurs voisins, ces nations dégénérèrent. « Plus les causes physiques portent les hommes au repos, plus les causes morales « les en doivent éloigner, dit excellemment Montes- « quieu. Ainsi, pour vaincre la paresse du climat en

---

[1] Voir *Esprit des lois ;* et Bodin.

« Asie et dans le midi de l'Europe, il faudrait que les
« lois cherchassent à ôter tous les moyens de vivre sans
« travail; mais elles font tout le contraire... [1]. »

§ II. — Des causes sociales ou positives de la plus grande produzti-
vité. — De la division du travail. — Des cinq avantages qu'elle
procure. — Objections et réponses. — Mot de Buffon.

Les causes sociales ou positives qui influent sur la puissance productive du travail sont :

1° La sécurité ou protection que la société procure à
ses membres. Le citoyen doit être protégé par le gouvernement et contre le gouvernement [2]. Lorsqu'un pouvoir
avide et inique peut dépouiller le producteur des fruits de
son travail, celui-ci ne s'efforce pas de s'enrichir. Ainsi,
des contrées asiatiques, autrefois les plus opulentes de l'u-
nivers, languissent aujourd'hui dans la misère. En France,
avant 89, le citoyen ne pouvant obtenir justice des seigneurs, des traitants, des agents de la cour, n'avait ni les
moyens ni le courage de s'enrichir; mais, après la révolution, malgré les pertes sèches causées par la guerre et les
invasions, l'industrie et le commerce prirent tout à coup
un immense développement, et la population augmenta
d'un tiers en un demi-siècle, quoiqu'elle ait perdu deux
millions d'hommes en la fleur de leur âge.

---

[1] *Esprit des lois*, XIV, 6, 7. — Toutefois il faut prendre garde
d'exagérer la valeur individuelle des causes naturelles que je viens
d'énumérer. C'est le plus souvent de leur combinaison avec les causes sociales que provient la grande productivité. Montesquieu attacha trop d'importance à la théorie des climats qu'il rencontra dans
Bodin.

[2] J. S. Mill., I, p. 131.

2° La science, qui invente les machines. Sans navires, on ne pourrait traverser la mer; sans les pompes à vapeur, on ne pourrait se débarrasser des eaux qui encombrent les mines, etc. Dans l'agriculture, ce ne sont pas les machines qui ont fait le plus de progrès, mais les procédés agricoles, produit de la science, tels que les amendements, qui renouvellent la fertilité du sol épuisé par la culture, etc. [1].

3° La coopération surtout augmente la puissance productive. Elle a lieu 1° quand plusieurs personnes s'entr'aident dans la production d'un objet tel que le déplacement d'un lourd fardeau. C'est la coopération simple; 2° quand plusieurs s'entr'aident dans la production d'objets différents [2], qui tous concourent à une production plus parfaite; par exemple, ceux qui travaillent chacun isolément à la confection d'un habit, font une coopération complexe. C'est la division du travail. Ainsi le cultivateur produit la laine, le fabricant produit le drap, le tailleur confectionne le vêtement. De plus, chez chacun d'eux, un ouvrier a une besogne spéciale : ainsi, chez le tailleur, l'un coupe l'étoffe, un autre la coud; etc.

Les anciens avaient déjà compris que, sans la division du travail, il n'y a pas de progrès à espérer. Nous lisons dans Xénophon : « Qu'un homme, dont le tra« vail est borné à une seule espèce d'ouvrage, y excel« lera. »

Aristote dans sa *Politique*, liv. ii, chap. 9, dit : « Que « l'individu qui n'a qu'une fonction à remplir fait mieux « et plus vite. »

« Chaque homme, ne contribuant d'ordinaire que d'une

[1] Babbage, *Écon. des machines et des manufactures*,
Wakefield, *Notes sur A. Smith*.

seule chose au bien public, il en retire des utilités sans
nombre, dit le père Léon [1]. »

Diderot écrivait dans l'article *Art* de l'Encyclopédie :
« Pour la célérité du travail et la perfection de l'ouvrage,
« elles dépendent entièrement de la multitude des ou-
« vriers rassemblés. Lorsqu'une manufacture est nom-
« breuse, chaque opération occupe un homme différent.
« Tel ouvrier fait et ne fera de sa vie qu'une seule et
« unique chose; tel autre une autre chose : d'où il arrive
« que chacune s'exécute bien et promptement, et que
« l'ouvrage le mieux fait est encore celui que l'on a à
« meilleur marché. »

Ad. Smith a vivement attiré l'attention sur ce sujet, en
énumérant tous les avantages de la division du travail, à
qui les peuples civilisés doivent en partie leur supériorité
sur les sauvages. Voici quelques exemples :

Une carte à jouer subit soixante-dix opérations. En un
seul jour, trente ouvriers ne faisant chacun que deux ou
trois opérations, produisent quinze mille cinq cents cartes;
ce qui fait plus de cinq cents par ouvrier. Or, un seul ouvrier employé à cette fabrication ne pourrait pas faire
plus de deux cartes par jour.

Dix ouvriers se livrant à dix-huit opérations fabriquaient, du temps de Smith, quarante-huit mille épingles
en un jour, c'est-à-dire près de cinq mille chacun. Si un
seul ouvrier y avait travaillé, il n'en aurait pas produit
vingt.

La fabrication d'une montre se divise en cent deux
branches distinctes, dont chacune forme un art complet;
et c'est l'ouvrier qui réunit toutes ces pièces ensemble
qui, seul de ces cent deux personnes, connaît autre chose

---

[1] *Portrait de la sagesse universelle*, 1655.

que sa spécialité. Or, l'homme qui seul voudrait produire
une montre y consacrerait un an, et une dépense de deux
mille francs peut-être, tandis que cent deux personnes
y travaillant conjointement en fabriquent chacune cent
en un an et les vendent vingt francs.

La division du travail présente cinq avantages :

1° Les ouvriers ne perdent pas de temps à changer de
positions et d'outils; et leur attention n'a pas à se préoc-
cuper d'objets nouveaux.

2° Le corps et l'esprit acquièrent plus d'habileté, quand
ils se livrent à une opération simple et sans cesse répétée.
Ce que l'on faisait d'abord lentement et mal finit par être
fait vite et bien. La rapidité du compositeur d'imprimerie,
la promptitude du musicien à lire trois ou quatre lignes
de musique à la fois, sont des exemples de la facilité qu'on
acquiert par un exercice sans cesse répété.

3° L'ouvrier qui n'a qu'une tâche s'efforce de trouver
les moyens de l'alléger; ainsi sont survenues un grand
nombre de découvertes ingénieuses qui ont rendu un
homme capable de faire l'ouvrage de plusieurs. Il est évident que celui qui ne se livre qu'à une seule opération,
trouve plutôt les moyens de l'abréger que celui qui se
livre à plusieurs.

4° La division permet de classer les ouvriers selon
leurs capacités; car les diverses parties du travail n'exigent
pas toutes la même intelligence, ni la même force, ni
la même dextérité [1]. Ainsi, l'un n'est propre qu'à apporter
les matériaux; un autre est capable de les rassembler.
Dans la fabrication des épingles, en Angleterre, le salaire
des ouvriers varie de quarante-cinq centimes à sept francs
par jour, tant la différence est grande entre les capacités

_____
[1] Babbage.

exigées de ceux qui concourent au même produit. Chez le bijoutier de Paris, l'ouvrier qui coupe l'or gagne deux francs, le sertisseur en gagne vingt.

5° La division permet de tirer le plus grand avantage possible des outils et machines, et de n'en laisser aucun inoccupé. Si un ouvrier était chargé seul de faire un produit, il devrait posséder tous les outils nécessaires; plus des quatre cinquièmes chômeraient pendant qu'il emploie les autres, de sorte que ce capital dormirait au préjudice de la société, comme de l'entrepreneur [1].

Dans les sciences mêmes, ce n'est qu'au moyen de la division du travail que l'on fait de grands progrès. Les naturalistes se classent en physiciens, en chimistes, en géologues, en botanistes, en zoologues, etc.; et chacune de ces classes se subdivise encore : ainsi les physiciens se divisent en opticiens, en magnétiseurs, etc. Dans la science médicale, les docteurs ont étudié une spécialité : l'un s'occupe surtout des maladies des yeux, l'autre des accouchements, etc.

C'est encore ce principe qui accroît l'aisance d'un ménage. On a reconnu que le pain pris chez le boulanger est moins cher et meilleur, parce que le boulanger, n'étant occupé qu'à en faire, réussit toujours et use moins de bois, etc.

La division du travail s'est introduite successivement, selon les besoins des peuples. L'homme, sachant produire d'une seule chose au delà de ce qu'il lui en faut pour sa consommation, échange l'excédant contre d'autres produits qui lui sont nécessaires ou utiles. L'échange est donc l'origine de la division du travail. Mais, de même

[1] John Rae.

que l'échange dépend de l'étendue du marché [1], de même la division y est subordonnée. Si l'écoulement des produits est difficile dans une place, l'ouvrier est forcé, pour vivre, de se livrer à plusieurs travaux différents. Dans les petites localités, il n'y a qu'un médecin pour toutes les opérations. Le même marchand est épicier, pharmacien, liquoriste, banquier, etc., tandis que dans une grande ville, il y a des médecins, des chirurgiens, des dentistes, des accoucheurs, des marchands de thé, des épiciers, etc.; de sorte que ces hommes, ne se livrant qu'à une seule chose, s'y connaissent beaucoup mieux.

Les pays maritimes, ayant des débouchés faciles, parce que le transport par mer est moins dispendieux, sont ceux où la division du travail est le plus facile. L'industrie agricole est celle qui la comporte le moins, car elle suit le changement des saisons : le même homme ne peut pas semer ou récolter toute l'année, parce que les saisons le forceraient à rester inactif dix mois sur douze. C'est un obstacle à ce que l'agriculteur s'enrichisse aussi promptement qu'on le peut dans les autres industries. Cette branche n'exige donc en général que la coopération simple, ou l'aide que plusieurs ouvriers se donnent mutuellement et simultanément dans la même opération.

La division du travail est encore limitée quand les capitaux manquent. Ainsi, pour qu'elle soit suffisante, il faut un grand nombre de travailleurs, un vaste logement et beaucoup de machines et d'outils, toutes choses qui exigent des avances considérables.

Objection. — Par la division du travail, un homme n'est plus qu'une manivelle. Il perd son intelligence en ne

---

[1] On appelle *marché* tout pays ou place où l'on peut trouver l'écoulement des produits fabriqués.

sachant faire que la vingtième ou la centième partie d'un produit ; et sa moralité, parce qu'il n'a plus le temps de songer à ses devoirs. C'est le rabaisser au-dessous du sauvage qui, étant obligé de subsister de sa chasse et de sa pêche, exerce au moins toutes ses forces physiques et son imagination.

Réponse. — Je conviens que l'homme, ne faisant qu'une seule chose, n'a pas besoin de grands efforts d'imagination. Mais il ne s'ensuit pas de là qu'il s'abrutisse ; car on ne doit pas confondre la division du travail avec l'excès du travail. Dans les campagnes, où la division du travail est bien moindre que dans les villes, il n'y a pas supériorité morale ni intellectuelle de l'ouvrier. On a même constaté que le progrès intellectuel et moral des ouvriers croît en proportion de la division du travail [1]. Chacun peut comparer les ouvriers des grandes villes aux paysans ; et s'assurer que les premiers l'emportent en général par l'intelligence et la moralité.

D'ailleurs, l'attention du travailleur se concentrant sur une opération, il en résulte que cette opération, si simple qu'elle soit, puisse se diviser encore. C'est dans la nature des choses : moins le champ est vaste, plus les recherches sont profondes. Une personne, demandant à Newton comment il avait pu découvrir son principe de l'attraction : — *En y songeant sans cesse*, répondit le savant. Hérault-Séchelles, interrogeant Buffon sur ce que c'était que le génie : — *Le génie, c'est la patience*, répondit le grand écrivain ; *je corrige et recorrige sans cesse le moindre de mes écrits : j'ai passé cinquante ans de ma vie à mon bureau* [2]. Pascal recommença jusqu'à quinze fois

[1] Droz.
[2] *Voyage à Montbard*, par Hérault-Séchelles.

chacune de ses *Provinciales*. Montesquieu passa vingt ans de l'âge mûr à écrire l'*Esprit des lois*. J.-J. Rousseau méditait quelquefois une seule page durant trois jours et trois nuits [1] ; mais ils se sont immortalisés par leurs ouvrages.

§ III. — De la liberté du travail. — Objection tirée de l'utilité des anciennes corporations. — Réponse.

La liberté est la quatrième cause sociale de la productivité du travail. Ce principe a été proclamé par les économistes français du dix - huitième siècle, et inauguré par la révolution. Néanmoins, il est encore controversé avec fureur, et n'a point pénétré assez avant dans la direction générale des affaires. On pourrait s'en étonner en considérant que le principe de liberté est le principe moderne ; mais quand nos politiques avouent un principe en théorie, ils se dédommagent dans l'application. L'expérience prouve que les hommes savent bien mieux ce qui est avantageux à leurs intérêts, que ne pourrait le faire un seul homme ou une administration ; il est donc sage et juste de laisser chaque individu se livrer au travail que lui conseillent ses goûts, ses facultés et ses besoins.

Les partisans de la tyrannie prétendent que le travailleur doit subir un apprentissage forcé, pour développer toutes ses facultés, et une surveillance active, pour qu'on ait des produits meilleurs ; que d'ailleurs ce n'est qu'en limitant la concurrence, que le taux des salaires peut être maintenu. Et comme preuve, ils invoquent l'exemple des corporations ouvrières d'avant 1789.

Préface de l'*Esprit des lois*. — *Confessions* de J.-J. Rousseau. — Wendrock (pseudonyme de Nicole).

Ces corporations se formaient des serfs affranchis contre les barons. À mesure que les travailleurs des communes s'émancipèrent, ils sentirent la nécessité de se grouper, de s'associer pour être plus forts contre les brigandages et les exactions des seigneurs et des hommes d'armes. C'était une organisation politique et non industrielle; car l'apprentissage n'était qu'une épreuve, une initiation. Quand saint Louis organisa les corporations, on ne comptait qu'environ cent cinquante professions qu'il réglementa. Pour devenir maître, il fallait justifier d'un apprentissage. Des règlements assuraient la loyale confection des produits, afin que le consommateur eût toute sécurité.

La limitation du nombre des maîtrises avait établi un véritable monopole pour chaque profession. Les producteurs bornaient la production, afin d'avoir plus de bénéfice par la rareté des produits. Il y eut immobilité. La population croissant, le monopole augmentait sans cesse le nombre des hommes exclus de toute corporation qui ne trouvaient point de travail. Enfin, la manie d'autorité avait accumulé sans nécessité les règlements, les contrôleurs, vérificateurs et toute la canaille parasite. Les corporations devinrent tyranniques, routinières et envieuses : les inventeurs éprouvèrent des ennuis sans nombre; et ceux qui n'eurent pas le courage ou les moyens de persister, virent étouffer leurs inventions. Ami Argant, pour faire prévaloir la lampe à double courant d'air, eut à soutenir des luttes violentes contre les lampistes, les potiers, les chaudronniers, les serruriers, dont ses procédés utilisaient pourtant les outils. Quand Réveillon eut inventé les papiers peints, il fut accusé de vol et d'usurpation de priviléges ; et quoiqu'il fût le père de l'ouvrier, les calomnies avaient laissé tant de traces, qu'au mois d'avril 1789, les agents de la cour, ayant besoin d'une émeute, purent faire saccager sa fabrique par les ouvriers trompés du faubourg Saint-Antoine où elle était située.

Les anciens règlements des corporations nous montrent combien il y avait de niaiseries et de petites tyrannies, que le défaut de liberté ramènerait en partie de notre temps. Ainsi, le savetier qui faisait des souliers neufs était sévèrement puni. Il fallait plusieurs années pour devenir maître dans l'art du rôtisseur, mais le boulanger ne faisait pas d'apprentissage. Les femmes étaient exclues des broderies, etc.

En outre, 1° la division officielle des professions est impossible à marquer. Aujourd'hui que les procédés changent tous les jours à cause des inventions, il y a décomposition et recomposition constante des moyens que nous offre la nature; il faudrait recommencer à chaque instant le classement des professions, et souvent avant qu'il fût terminé. Du reste, le nombre des professions est pour ainsi dire incalculable : avant qu'on les ait comptées, il en surgit d'autres.

2° L'apprentissage obligatoire est aussi impuissant que tyrannique; car tel saura son métier en trois mois, tel autre ne le saura jamais : c'est donc au public, au consommateur, qu'il appartient d'en juger, et d'accorder ou de refuser sa confiance suivant qu'il le juge à propos.

On dit que la difficulté d'aborder un métier rendrait plus prévoyantes les classes pauvres. Rien ne prouve que le travailleur serait plus prévoyant s'il était enrégimenté. Du reste, il faudrait encore que le nombre des travailleurs fût fixé dans chaque profession; ce qui n'est pas possible, puisque le classement même des professions ne l'est point. D'ailleurs, les bras surabondent, et, dès qu'une profession en aurait assez, que ferait-on des nouveaux qui se présenteraient?

§ IV. — Utilité de la concurrence. — Réfutation des déclamateurs qui ne tiennent pas compte des circonstances. — Du prix des grains dans les moments critiques. — Des brevets d'invention. — Des abus de la concurrence.

En ces derniers temps, on a déclamé contre la concurrence, quoiqu'en général elle profite à la classe la plus nombreuse, parce qu'elle abaisse le prix des objets de sa consommation. En outre, au lieu de faire baisser les salaires, elle les élève, en augmentant la demande de bras.

La concurrence est une conséquence naturelle de la liberté. Lorsque chaque entrepreneur agit avec indépendance et pour son compte personnel, il s'ingénie pour faire mieux que ses rivaux, et invente des procédés nouveaux. Ce stimulant supprimé, l'activité s'éteindrait, et la décadence succéderait au progrès.

Puisqu'il y a dans le monde un échange constant de produits et de services, il est nécessaire que ces produits et ces services se mesurent les uns aux autres, afin que l'on sache à quelles conditions l'échange doit s'effectuer entre eux. Cette mesure est impossible à toute puissance humaine, à cause de l'innombrable quantité d'objets de fabrication, de producteurs et de consommateurs. Les prix n'ont donc jamais pu être déterminés par une autorité quelconque, si ce n'est au temps de la terreur révolutionnaire ; et encore le législateur n'osa pas déterminer les prix de tous les objets, mais seulement le *maximum* des objets de première nécessité aux prix que la concurrence elle-même avait fixés précédemment.

On a qualifié d'insensée, de spoliatrice, de criminelle la

loi du *maximum*, qui n'était que transitoire et nécessitée
par des circonstances exceptionnelles et douloureuses. Il
fallait, d'une part, calmer les classes pauvres, que les
accapareurs avaient rendues furieuses, et leur assurer l'indispensable; d'autre part, relever la valeur des assignats,
que l'aristocratie avait décriés de mauvaise foi. Comme
mesure exceptionnelle, le maximum était donc utile,
comme la dictature elle-même dans les circonstances critiques, comme la guerre est nécessaire quelquefois... Ce
n'est pas à dire pour cela que le despotisme soit un bon
régime habituel, ni la guerre un bon régime administra-
tif, ni le maximum un bon régime économique. Il est
même contraire à tous les principes.

Il me semble entendre ces déclamateurs contre les
assignats et le maximum courir à l'Hôtel-Dieu et dire
à notre célèbre chirurgien Jobert (de Lamballe) : « Mon-
« sieur, vous ne connaissez nullement la constitution
« du corps humain : vous venez d'ordonner le jeûne
« aux cent malades que vous avez visités, et vous allez
« leur couper à l'un un bras, à l'autre une jambe... Ne
« savez-vous pas qu'il faut que l'homme mange et boive
« bien pour vivre longuement et que tous ses membres
« lui sont nécessaires? Docteur, vous êtes un envoyé de
« Satan : vous êtes un affreux conspirateur contre l'hu-
« manité !... »

L'on blâme généralement aujourd'hui l'intervention
du gouvernement à l'effet de faire baisser le prix des
grains. Comme leur prix moyen se règle sur les frais de
production augmentés du profit ordinaire, le cultivateur
ne voudra plus produire s'il ne retire pas ce prix. Le
législateur ne peut faire baisser les prix qu'en forçant à
produire ou en levant un impôt pour payer une prime au
producteur ou à l'importateur; et par ce moyen, il ferait

un don à ceux qui ne payent point d'impôt, aux dépens de ceux qui en payent. Tout ce qu'un gouvernement peut faire dans la disette, c'est d'interdire les consommations qui ne sont pas de première nécessité, et de faire venir du dehors des grains aux frais de l'État ; mais seulement lorsque les particuliers ne pourraient, ou ne voudraient pas faire utilement ces importations.

Dans la disette, il n'y a que la réduction de consommation des riches qui puisse soulager les pauvres ; et cette réduction leur est facile au moyen du riz, des légumes et de la viande qu'ils ont le loisir de consommer en plus grande quantité. S'ils consomment autant de blé qu'à l'ordinaire, et se contentent de donner de l'argent, ils font moins de bien [1] ; car le prix s'élève jusqu'à ce que les plus pauvres ne peuvent plus soutenir la concurrence ; la quantité offerte étant insuffisante, les secours pécuniaires accordés par les riches ne servent qu'à augmenter les prix et à enrichir les marchands.

C'est surtout le monopole qui produit une cherté artificielle ; car il accorde à un fabricant ou à un marchand un impôt aux dépens du public ; en outre, il entrave le progrès. Dès que le monopoleur n'est pas aiguillonné par la concurrence, il préfère sa routine, qui lui donne des profits assurés, à l'espérance d'un profit plus grand, mais incertain. Ainsi la fabrication des soieries anglaises est restée en arrière du mouvement industriel de la nation tant que l'importation des soieries étrangères a été prohibée.

L'on ne saurait blâmer le monopole au profit de l'inventeur, qui souvent a usé sa vie et sa fortune à la recherche d'un procédé nouveau. Cet homme a évidemment

---

[1] J.-S. Mill, II, 534.

droit à une récompense, qui est son privilége exclusif durant un certain temps. D'ailleurs son brevet ne fait point enchérir la marchandise, puisqu'elle n'existait pas avant lui. Il ajourne seulement pour le public la jouissance de la réduction de prix qui résulte de l'invention.

La loi française a fixé à quinze années la durée du brevet. Dans beaucoup de cas, ce laps de temps ne suffit pas, surtout quand l'invention est de nature à ne pouvoir être appliquée qu'en grand, par des compagnies puissantes qui peuvent traîner en longueur jusqu'à l'expiration du brevet. Je voudrais que le brevet pût être pris pour dix ans, quinze ans, vingt ans ou vingt-cinq ans, par l'inventeur, qui, en le prenant, en fixerait la durée, sans pouvoir la prolonger. Il aurait intérêt, du reste, à ne pas le prendre pour un trop long temps, puisqu'il serait obligé de payer une annuité de 100 francs [1].

La concurrence a néanmoins engendré des abus quand elle s'est trouvée excessive. Le producteur n'a que trois moyens de vendre avec bénéfice :

1° En perfectionnant la production, seul moyen légitime ;

2° En abaissant les salaires des ouvriers ;

3° En trompant le consommateur sur la qualité et la quantité des marchandises.

Ce dernier moyen est malheureusement trop employé depuis longtemps. Notre commerce extérieur est discrédité, parce que nos marchands falsifient leurs denrées. Notre

---

[1] Quelquefois le gouvernement français a récompensé des inventeurs par une pension, afin que le public jouisse immédiatement de leurs découvertes. Il n'emploie pas assez souvent ce mode, lorsque l'invention est évidemment utile.

commerce intérieur est plus frauduleux encore. Les denrées alimentaires sont altérées et souvent fabriquées avec des matières insalubres. On vend souvent à faux poids : chaque jour nos tribunaux condamnent des marchands pour ce délit, et l'on peut affirmer qu'il n'y a pas un délit sur dix qui soit poursuivi, malgré les efforts que l'on fait depuis quelque temps. Les peines, d'ailleurs, ne sont point assez rigoureuses.

L'accaparement et le jeu donnent aussi des bénéfices sans production et même sans vente. On achète ou l'on vend à terme toutes les marchandises, surtout celles de première nécessité; et, dans l'intervalle, on s'efforce de faire baisser ou hausser leur prix, pour profiter de la différence. Les consommateurs et les producteurs supportent toutes les variations que les fausses nouvelles produisent et le contre-coup de tous les désastres qu'entraîne l'imprudence des spéculateurs. L'agiotage qui a commencé par les effets publics, les rentes, les actions industrielles, s'exerce aujourd'hui publiquement, sur les blés, le savon, les huiles, le coton, la laine et toutes autres matières premières indispensables.

Mais ces excès ne sont point un motif pour abolir la concurrence, quoiqu'on l'ait souvent proposé. Il suffit de faire cesser les abus, et l'on y parviendra par une surveillance plus sévère, et une législation qui ruine et déshonore tout falsificateur de denrées, tout vendeur à faux poids et tout agioteur. Alors quand le marchand se verra menacé de peines si équitables, il n'aura plus intérêt à les braver.

§ V. — De l'esclavage et du servage. — Qu'ils nuisent à la production.
— Que la liberté du citoyen des États-Unis d'Amérique est la cause
réelle de leur étonnante prospérité.

Dans l'origine, le droit des gens autorisait l'extermination des vaincus; car les guerres n'avaient, en général,
pour cause que la faim, et pour but que le pillage des
vivres et des richesses d'une peuplade voisine. Le vain-
queur imagina de se faire servir par le vaincu, au lieu de
le tuer; de sorte que celui-ci fut appelé esclave, *servus*,
c'est-à-dire conservé. Le vaincu préférait la dure condition d'esclave à la mort; de sorte que, quelle que soit
l'horreur qu'inspire l'esclavage, aujourd'hui, à tout
homme juste et raisonnable, il n'en faut pas moins
constater ce progrès qui fut la transition entre la barbarie et la liberté. Voilà pourquoi les plus grands philosophes de l'antiquité sanctionnent l'hérilité ou droit de
propriété du maître sur l'esclave. Mais il ne peut plus
être aujourd'hui question de sa légitimité.

L'homme est né libre; et, en supposant des restrictions
dans l'intérêt d'une société, aucun argument sérieux ne
justifie l'esclavage des malheureux nègres, qui sont des
hommes, et que l'on traite comme des brutes [1]. Cette
proposition a été si amplement démontrée à la fin du
dernier siècle par les écrits ou les discours de Montesquieu, de Turgot, de Brissot, de Grégoire, etc., qu'il serait superflu de m'y arrêter. Je ne veux examiner la
question de l'esclavage que sous le rapport de la produc-

---

[1] Dans les colonies anglaises, les nègres esclaves mouraient dans
la proportion de un sur six. Les nègres libres, dans la proportion
de un sur trente-quatre. C'est-à-dire qu'il mourait six fois plus d'esclaves.

tion ; car les considérations d'humanité suffisent à elles seules pour la résoudre.

Le travail arraché par la crainte du châtiment est peu productif, parce qu'il est opéré sans intelligence comme sans moralité [1]. Dans certaines contrées, les propriétaires d'esclaves considèrent même comme un danger le développement de l'intelligence de ceux-ci ; parce qu'à la fin, l'esclave, sachant qu'il est homme, veut être traité en homme. Apprendre à lire à un esclave est un délit sévèrement puni.

Montesquieu indique très-bien le danger de l'esclavage : « Rien ne met plus près de la condition des bêtes que de « voir toujours des hommes libres et de ne l'être pas. De « telles gens sont des ennemis naturels de la société, et leur « nombre serait dangereux [2]. » En effet, un jour les nègres de nos colonies arborent un étendard formé d'un enfant blanc empalé sur une pique, brûlent quatorze cents caféteries et sucreries, et massacrent leurs maîtres [3].

Le serf lui-même, quoique loin de la condition de l'esclave, produit beaucoup moins que l'ouvrier libre. Le professeur Jones affirme que deux faucheurs anglais font autant d'ouvrage en un jour que six faucheurs russes ; et que malgré la cherté des vivres en Angleterre et leur bon marché en Russie, le travail coûte moins cher dans le premier pays [4]. M. Jacob a démontré par d'autres calculs, qui l'ont conduit à la même conclusion, que le travail du

[1] « Les esclaves, dit Turgot (formation et distribution de la richesse, § 25), n'ont aucun motif pour s'acquitter des travaux auxquels on les contraint, avec l'intelligence et les soins qui pourraient en assurer le succès ; d'où suit que ces travaux produisent très-peu. »

[2] Voy. *Esprit des lois*, liv. XV.

[3] Voyez mon *Hist. de la révol. de 89*, liv. IX.

[4] *Essai sur la distrib. de la rich.*, p. 50.

serf coûte en réalité plus du double en Russie que celui de l'ouvrier en Angleterre.

En Prusse et en Autriche, selon M. Schmalz, le travail des serfs est si peu productif qu'il n'équivaut qu'au tiers du travail d'un ouvrier libre salarié. Aussi le gouvernement révolutionnaire de la Hongrie a, dernièrement, affranchi les paysans du servage et de la corvée, en décrétant une indemnité aux propriétaires du sol, aux frais de l'État, et non aux frais des affranchis. L'on aurait pu discuter préalablement si cette indemnité était due, puisqu'en abolissant l'esclavage ou le servage, le législateur ne fait que supprimer un odieux monopole.

Je ne dirai rien de la contrainte que des gouvernements prétendent exercer dans les temps ordinaires sur les opinions ou sur leur manifestation. L'expérience de tous les temps et de tous les pays a prouvé que, quand la loi a empêché l'homme d'exercer son esprit et de publier ses idées, la population est tombée dans une torpeur et une imbécillité qui ont singulièrement diminué son aisance matérielle. Si l'on compare l'Italie du moyen âge avec ce qu'elle est depuis deux siècles, l'Espagne et le Portugal depuis la réforme jusqu'à ces derniers temps, on verra que la principale cause de leur décadence a été l'Inquisition et le système de servitude intellectuelle qu'elle exige.

Justinien disait à ses peuples : « Non-seulement vos « corps, mais vos esprits sont à moi, héritier des dieux. « Vos actes ne me suffisent pas; je veux vos consciences! « *Si quis sensit, anathema sit !* Soit anathème quiconque « ose penser! » Ce discours résume assez bien le système de la plus odieuse des tyrannies qui ne s'attaque pas seulement au corps, mais à l'âme qu'elle veut avilir par un ignoble esclavage. C'est ainsi que des générations entières ont été courbées sous la misère. Mais les

peuples qui « se sont laissé emporter doucement au flot
« de leur propre nature; qui n'ont pas permis à autrui de
« penser à leur place [1] » ont étonné le monde par leur
prospérité.

La Hollande, l'Angleterre et la France, depuis les révolutions qui ont consacré chez elles le principe de liberté
publique, sont parvenues à un degré de richesse nationale
extraordinairement supérieure à celle des trois pays cités
plus haut, quoiqu'elles fussent moins favorisées par la nature. Les États-Unis de l'Amérique du Nord ont fait de
bien plus rapides progrès encore. Les récits de leurs entreprises gigantesques et de leur prospérité matérielle
confondent l'Europe; et les observateurs les plus judi-
cieux n'attribuent qu'à la liberté leur développement
rapide.

« Toutes les cités, dit Machiavel [2], tous les États qui
vivent sous l'égide de la liberté, en quelque lieu qu'ils
existent, obtiennent toujours les plus grands succès... On
y voit les richesses multipliées de toutes parts, et celles que
produit l'agriculture, et celles qui naissent de l'industrie;
chacun cherche avec empressement à augmenter et à posséder les biens dont il croit pouvoir jouir après les avoir
acquis. Il en résulte que les citoyens se livrent à l'envi à
tout ce qui peut tourner à l'avantage de chacun en particulier, et de tous en général; et que la prospérité publique
s'accroît de jour en jour d'une manière merveilleuse. Le
contraire arrive aux pays qui vivent dans l'esclavage. »

« La Sicile, la Grèce et l'Égypte, dit Mirabeau, sont les
preuves éternelles et incontestables de cette importante
vérité, que le despotisme est le plus faible et le plus des-

---

[1] Thomas Browne.
[2] *Disc. sur Tite-Live*, liv. II, ch. II.

tructeur de tous les pouvoirs. Les pays les plus féconds de l'univers sont devenus, sous la verge de la tyrannie, les plus misérables [1]. »

§ VI. — Le capital est le résultat de l'épargne. — Du capital public et du capital national. — Que le gouvernement ne peut créer l'industrie. — Que l'épargne est nécessaire pour enrichir la société et l'individu.

Le capital est l'épargne et l'accumulation faite sur les produits d'un travail antérieur. Il procure l'abri, les matières, les outils et l'entretien des travailleurs pendant qu'ils se livrent à la confection des produits. Ainsi, un maître de forges a une partie de son capital en bâtiments, une autre en outils, une troisième en minerai, une quatrième en numéraire pour payer ses ouvriers.

L'on a souvent confondu l'argent, le numéraire avec le capital ; c'est la cause d'erreurs souvent commises par certains auteurs. Le numéraire est bien un capital, mais la somme de toutes les valeurs ayant pour destination spéciale le payement des travailleurs, est le capital d'un pays, et réciproquement tout le capital d'un pays est destiné à la production. Le capital *public* est la chose de tous les citoyens, comme les routes et les églises. Le capital *national* est la somme du capital public et des capitaux particuliers. Tout fonds dont le propriétaire peut retirer un revenu, sans que le fonds diminue, est l'équivalent d'un capital.

A. Smith et M. J.-S. Mill ensuite ont dit que l'industrie de la société ne peut augmenter qu'autant que son capital augmente. C'est une exagération d'un bon principe ; car une heureuse invention, une plus grande activité dans la

[1] *Essai sur le despotisme*, p. 95.

pratique, donnant à certains produits plus de perfection, en augmentent le prix, et les fait rechercher sur les marchés étrangers. Le producteur a pourtant augmenté son industrie sans avoir eu besoin d'un plus gros capital [1]. C'est en vain que pour justifier l'axiome, *l'industrie est limitée par le capital*, M. J.-S. Mill dit qu'il n'y a « ni travail, ni industrie là où manquent les matériaux sur lesquels elle veut s'exercer, et par conséquent la subsistance qu'elle consommera. Une population est entretenue du travail passé et non du travail actuel; on ne peut consommer que ce qui a été produit, mais non ce qui le sera. Comme on ne consomme pas le tout, il ne peut y avoir de travail productif qu'en raison directe de la portion qui lui est destinée. » Il a bien fallu que l'homme commençât à travailler sans capital, et ce n'est qu'à la longue qu'il a pu épargner.

Le capital est inactif quand on ne trouve pas un emploi productif pour des fonds, ou quand ces fonds consistent en valeurs non-vendues ou non-vendables à un moment donné. Quand le gouvernement impose la production, dans une de ses opérations premières, telle que les matériaux, comme il faut payer l'impôt avant de commencer à produire, le capital doit être augmenté du montant de cet impôt. Par conséquent le gouvernement met un obstacle au développement de l'industrie, en détournant de sa destination naturelle une partie du capital de production.

L'on a cru que le gouvernement peut créer l'industrie, sans forcer à travailler les oisifs, ni s'inquiéter de l'habileté des travailleurs. Par conséquent, des lois prohibent l'importation d'un objet manufacturé. Le pays est forcé de fabriquer des objets similaires; et le gouvernement

---

[1] Christian, *Des impositions.*

se vante de l'avoir enrichi d'une nouvelle branche d'industrie; en étalant le chiffre de la production nouvelle
et celui du travail qu'elle a nécessité. Mais tout ce qui a
été appliqué à la nouvelle industrie a été retiré de quelque
autre emploi [1].

Si tous les producteurs et ceux qui tirent leur revenu
du produit des autres dépensaient tout ce qu'ils reçoivent,
le capital ne pourrait croître; donc tout le capital est le
résultat de l'épargne. Et comme, dans une société barbare,
le possesseur du capital n'est pas celui qui l'a épargné, il
ne le possède que par le pillage ou la fraude.

· L'épargne enrichit, et la dépense appauvrit la société
aussi bien que l'individu. Le capital ne se maintient que
par la reproduction perpétuelle, et non par la conservation; car la plus grande partie en est détruite aussitôt que
produite; et ceux qui la consomment le font pour produire plus encore. Les seules choses qui durent sont des
monuments de pierres destinés à un usage improductif;
et encore le temps les détruit-il à la longue.

On explique par là la rapidité avec laquelle un pays
répare si promptement les désastres des inondations, de la
guerre, etc. Ce qu'ils ont détruit était destiné à la destruction. Le seul changement consiste en ce que, lors de la
reproduction, le pays n'a pas l'avantage coutumier de
consommer ce qu'il a produit · auparavant. Mais si la
population a résisté aux premières angoisses de la faim,
ses terres qui n'ont pu perdre leur fertilité et ses bâtiments qui n'ont pu être tous détruits, lui procurent ce qui
est nécessaire pour réparer promptement ses pertes par
la reproduction. Il lui suffit d'avoir de quoi se nourrir la
première année [2]. Aussi le capital le plus durable pour un

---

[1] J.-S. Mill, *Principes.*
[2] Docteur Chalmers.

peuple est l'amélioration du sol. La Lombardie, le Palatinat, la Flandre et la Lorraine, pour avoir été bien cultivés autrefois, comptent encore parmi les plus riches contrées de l'Europe, malgré les guerres meurtrières dont elles
ont été le théâtre, tandis qu'il ne reste rien de Carthage [1].

Du principe que tout capital est le produit de l'épargne,
il suit que son accroissement dépend : 1° de la somme du
fonds sur lequel l'épargne peut s'opérer ; 2° de la puissance des motifs qui porte à cette épargne.

Le fonds sur lequel on peut réaliser l'épargne est l'excédant du produit du travail, après qu'on a pourvu au remplacement des matières premières, au renouvellement du
capital fixe et à l'entretien de tous ceux qui ont participé
à la production. On ne peut épargner davantage, mais on
épargne souvent moins. C'est sur ce fonds que subsistent
ceux qui ne sont pas engagés dans la production ; c'est le
produit net du pays, unique mesure de sa puissance réelle
et de sa richesse.

C'est donc en vue d'augmenter ce produit net que l'on
épargne. Mais le désir d'épargner varie non-seulement
selon le caractère personnel des individus, mais selon
l'état général ou la civilisation du pays. Toute accumulation nécessite le sacrifice de la jouissance présente, en vue
d'une plus grande jouissance future. On est porté à ce
sacrifice par l'espoir d'une longue vie, parce qu'on habite
un climat salubre et qu'on se livre à des travaux non
périlleux. Ainsi les habitants des Indes-Orientales pratiquent un faste proverbial ; les marins sont prodigues [2]. Le
sentiment d'affection pour la famille, quand on est assuré
que la loi lui laissera le fruit de ses épargnes, porte aussi

---

[1] J.-B. Say.
[2] Rae, *Nouv. principes d'Écon. polit.*

puissamment à en faire. Mais quand on est privé de sécurité, quand des attentats du gouvernement ou de l'étranger peuvent ruiner les citoyens, ceux-ci tiennent peu à
épargner pour l'avenir, et préfèrent jouir immédiatement
plutôt que de se voir dépouiller.

§ VII. — Du capital circulant et du capital fixe. — Des outils et des
machines. — Objections et réponses. — Du penchant naturel des
hommes vers le bon marché, qui, en définitive, profite à tous.

Le capital engagé dans une production quelconque est
partagé :

1° En une partie qui s'immobilise, ou s'absorbe dans
la production, et qui disparaît comme capital, telle que les
matériaux. Ainsi la betterave qui fait le sucre est détruite
comme betterave. Il en est de même de la portion du
capital ou de la monnaie dépensée en salaire pour les travailleurs. Cette portion du capital s'appelle CIRCULANT,
parce qu'elle doit être constamment renouvelée par la
vente de l'objet fabriqué, pour être employée de nouveau
en opérations semblables.

2° En instruments de production qui ne s'absorbent
point dans celle-ci. Ce sont les bâtiments, les machines,
les outils, les améliorations foncières, les canaux, les
routes, etc. On lui donne le nom de capital FIXE.

Smith, qui le premier a fait cette classification, remarque avec raison que les diverses professions exigent des
proportions différentes entre le capital fixe et le capital
circulant.

Les outils sont les instruments inventés par l'homme
pour agir sur la matière. Les machines sont des outils
compliqués. Elles augmentent la puissance de l'homme
dans la production, tout en suppléant à son travail. Elles

sont la conséquence de la division du travail et de l'accumulation des capitaux : elles sont elles-mêmes des capitaux.

Un ouvrier, fileur de coton, produit aujourd'hui trois
cent-vingt fois plus de fil qu'au milieu du siècle dernier ;
c'est-à-dire qu'un homme, à l'aide des machines, produit
autant que trois cent-vingt.

Sur un chemin de fer, aux États-Unis, un homme
transporte autant de produits qu'une armée de Mexicains
au temps de la découverte.

Néanmoins, des personnes blâment l'emploi des machines, comme rendant inutiles un grand nombre d'ouvriers ;
et prétendent que c'est un plus grand inconvénient que
de faire payer plus cher au consommateur. Say répond
qu'en supposant que les produits ne coûtent aucune peine
et qu'on les obtienne gratuitement, si les ouvriers n'ont
pas d'ouvrage, il est évident aussi qu'ils n'auront pas besoin de travailler. Ce but, auquel on tend, et dont on
approchera sans cesse sans l'atteindre, amènera progressivement la baisse des produits au profit de tous. Ainsi un
moulin à eau peut procurer par jour trente-six hectolitres
de farine. Il faut cent soixante-huit hommes pour faire le
même travail, avec des moulins à bras. Cent-cinquante
ouvriers, à 2 francs de salaire, coûtent 300 francs ; l'u-
sage du cours d'eau 3,000 francs. Or, 3,000 francs, répartis sur trois cents jours de travail, donnent une dépense
de 10 francs par jour au lieu de 300 francs que coûterait
le travail des hommes ; et ces hommes ne sont pas fati-
gués comme des esclaves. On a épargné 290 francs sur
trente-six hectolitres de blé, c'est-à-dire 8 francs par
hectolitre, ce qui est la moitié du prix du blé.

Montesquieu, Sismondi et d'autres objectent que cet
avantage n'est obtenu qu'aux dépens des tourneurs de

meules qui ne travaillent plus. Mais s'ils reçoivent 290 fr.
de moins, ils peuvent employer leur temps qui est libre à
autre chose ; et les produits de ce nouvel emploi sont
achetés par ceux qui ont épargné 290 francs sur l'acquisition de la farine.

Sismondi prétend aussi que, tant que la consommation
dépasse les moyens de production, toute découverte nouvelle est un bienfait pour la société ; mais que quand la
consommation suffit à la production, toute découverte est
une calamité.

Cet auteur part d'un principe faux, car il croit que les
besoins des nations sont une quantité fixe ; tandis qu'ils
sont essentiellement variables. D'ailleurs les produits
créés par un homme lui donnent le moyen d'acheter les
produits créés par un autre ; de sorte qu'à la suite de
cette double production, ils sont mieux pourvus tous
deux [1].

L'on fait une objection plus sérieuse en disant que les
machines forcent les hommes à changer d'occupation.
Or, un nouvel apprentissage est pénible ; et avant que
l'on ait trouvé du travail ou que l'on sache son nouveau
métier, il y a des souffrances auxquelles on n'a pas encore
su remédier d'une façon efficace.

Mais les inconvénients momentanés de l'introduction
des machines sont atténués, parce qu'en général on ne
commence que graduellement à s'en servir, par la crainte
que l'on a d'exposer les capitaux considérables dont elles
exigent l'avance.

Au surplus, la privation d'ouvrage est aussi commune
et plus funeste dans les pays privés de machines ; ainsi, les
ouvriers manquent plus souvent du nécessaire en Polo-

[1] J.-B. Say.

gne, en Irlande et en Chine, où les machines n'ont pas été
introduites, qu'en France, en Angleterre et aux États-
Unis, où elles abondent. Avec les machines, on peut
même employer et nourrir un plus grand nombre de
personnes. En Angleterre, avant leur invention, il n'y
avait que sept mille neuf cents hommes ou femmes, filant
et tissant le coton; dix ans après, avec les machines,
trois cent cinquante-deux mille personnes y étaient employées. Quand la vapeur est arrivée, on a occupé au fi-
lage et au tissage quatre cent quatre-vingt-sept mille
personnes. En outre, en comptant les personnes livrées
aux travaux qui en dépendent, tels que l'impression sur
étoffes, la broderie, etc., l'on arrive au chiffre de deux
millions de personnes vivant de l'invention de ces machines. En outre, les voituriers, les matelots, les com-
missionnaires vivent aussi du commerce qu'ils font sur
ces produits [1].

On dit que les machines font baisser les salaires.

C'est impossible, puisque la demande du travail augmente. En Angleterre, avant les machines à filer le coton,
une femme gagnait 1 franc par jour et un homme 2 francs.
Dans les dix premières années de l'invention, la femme
gagna 2 francs 50 cent., et l'homme 5 francs. Il en fut
de même pour les chemins de fer. On craignait qu'ils ne
fissent supprimer les charretiers et les chevaux. Au contraire, en multipliant les voyageurs et les échanges, ils
ont rendu les routes latérales beaucoup plus fréquentées,
et ont augmenté le travail des charretiers.

Ceux qui ont songé à proscrire les machines n'ont pas
réfléchi que leur emploi est inévitable; parce que le
pays qui les repousserait n'en aggraverait que davantage

---

[1] Baines, *Hist. des manuf. de coton.*

les inconvénients. Si la France n'avait pas accepté les machines à filer le coton, les cotonnades eussent été fabriquées ailleurs, et nos ouvriers n'eussent pas eu cette occupation. Si l'on prohibe les machines, on proscrira la charrue, la poulie qui sont des machines; ou il faudra faire une distinction; et quel homme sera assez hardi pour dire : *celle-ci est nécessaire; celle-là ne l'est point!*... Dans le premier cas, l'on ferait preuve de démence; dans le second, de présomption outrée. La question moderne n'est pas de faire remonter le fleuve vers sa source, mais de prévoir ses ravages, et surtout de profiter du bienfait que ses eaux peuvent procurer. Une révolution est un bienfait par ses suites, mais non par elle-même. Tout bien est précédé de douleur dans l'enfantement.

On a proposé, pour remédier aux embarras momentanés des ouvriers, de les faire indemniser par les inventeurs, ou par les entrepreneurs qui appliquent les machines nouvelles.

Ce serait violer le droit de l'inventeur. En outre, croit-on qu'il y ait toujours profit pour lui, et pour le premier qui applique ses découvertes? N'est-il pas notoire qu'ils auraient droit aussi à être indemnisés, à cause des déboires et des pertes que la plupart éprouvent[1]? Et une fois ce système admis, où pourrait-on s'arrêter? Y a-t-il eu, depuis le commencement du monde, une amélioration qui n'ait fait du tort à personne? Qu'importe! ces accidents passagers sont largement compensés par les avantages sociaux que procure l'invention. A la longue,

---

[1] Chacun connaît l'histoire de Jacquard de Lyon, et de plusieurs autres inventeurs célèbres, dont les machines furent brisées par les ouvriers.

les ouvriers mêmes qu'ils déplacent comprennent ces avantages, parce qu'ils trouvent une occupation plus lucrative.

En résumé, le droit d'invention et d'application est inattaquable; au surplus, les entraves qu'on voudrait y mettre ne seraient que des actes de violence.

CHAPITRE II.

DE LA TERRE.

§ I. — Que les meilleurs terrains ont été cultivés les premiers. — Quelle est la limite des améliorations agricoles. — La prospérité des campagnes est en raison directe de celle de leur Capitale.

Le sol est le principal des agents naturels classés en économie sous le nom de *terre* [1]. Il est presque stérile quand l'homme ne lui prodigue pas son travail et son capital, lequel y est immobilisé par des bâtiments, des plantations, etc.

Le sol n'existe à l'état de propriété individuelle que dans les sociétés civilisées ; même dans les systèmes communistes, il est approprié collectivement, au lieu de l'être individuellement. L'appropriation du sol se nomme propriété foncière, et a toujours été considérée comme une valeur, dès la plus haute antiquité [2]. Chez les Israélites, chez les Athéniens, chez les Romains, les bornes indiquant les limites des héritages étaient sacrées.

On a soutenu récemment que les meilleurs terrains auraient été exploités les derniers. Cette erreur est réfutée

---

[1] Je n'ai pas à traiter, si ce n'est incidemment, les autres parties de la terre. Ainsi, dans tout ce chapitre, le mot terre est synonyme de sol.

[2] *Genèse*, 23, 17. — 47, 19 ; *Deuter.*, ch. xix, v, 14 ; ch. xxvii, v. 17.

par les plus anciennes relations, qui nous représentent les hommes comme choisissant d'abord les terrains riants et fertiles [1]. Elle provient de ce que l'on a été souvent forcé de cultiver des terrains ingrats, parce qu'on avait besoin de les occuper, tels que les environs des places susceptibles de fortifications redoutables et les ports de mer. L'avantage de la proximité avait d'autant plus d'importance que les voies de communication étaient lentes et difficiles. Si l'excédant des frais de culture était encore moindre que les frais de transport, l'on devait s'attacher d'abord aux terrains les plus proches.

Le sol diffère des autres dons de la nature, parce qu'il a des limites. L'acquéreur d'un fonds de terre en profite suivant les forces naturelles qui y sont inhérentes, et les frais et peines qu'il y consacre. Néanmoins, le produit parvenu à une certaine limite n'est plus proportionnel au capital et au travail. Si une terre inculte donne 1 ; un peu cultivée, elle donnera 3 ; avec une agriculture intelligente, 6 ; bien cultivée à la bêche, 12. Mais il n'est plus permis d'espérer qu'on doublera, ou triplera le produit, quel que soit le capital et le travail qu'on y consacre. On pourrait même n'y plus retrouver ses avances ni ses frais.

Il en est autrement de l'industrie qui n'a point de limites naturelles, ni pour la production, ni pour la consommation. L'industriel a ordinairement intérêt à adopter les améliorations dont la dépense est considérable, puisque, d'une part, la production peut être illimitée ; et que, d'autre part, il suffit qu'il puisse abaisser ses prix de fabrication, pour que le débit augmente presque aus-

[1] (*Genèse*, ch. xiii, v. 10; *Deutéronome*, 8, v. 7 et 9; *Juges*, 1, v. 14, 15). Homère et les autres auteurs profanes les plus anciens en parlent dans le même sens.

sitôt; car les besoins qu'il satisfait sont pour ainsi dire
infinis. Il voit donc en peu de temps le résultat de ses
efforts; tandis que l'agriculteur trouve des limites dans
le sol et dans la constitution de l'homme, qui ne peut consommer subitement des produits agricoles au delà d'une
certaine quantité.

Moins il y a d'habitants dans un pays, moins l'agriculture a de frais à faire pour fournir à leurs besoins; et
moins grande est la valeur des récoltes. Par conséquent,
dans les pays peu peuplés, on ne cultive que les meilleurs
terrains; et, pour n'avoir pas la peine de les amender,
on les laisse reposer, après en avoir tiré une ou deux récoltes. Telle est l'origine des jachères qui existent encore
dans la plus grande partie de la France. En Amérique,
en Russie, en Valachie, en Algérie, à la Nouvelle-Hol-
lande, en Espagne, les peuples possédant plus de terres
qu'il ne leur en faut, ne cultivent que celles d'une
fertilité supérieure.

Mais quand les populations s'accroissent, les terres ordinairement cultivées cessent de suffire à la consommation. On est forcé d'en exploiter qui exigent plus d'efforts; et de réparer, par des engrais, la déperdition de
fécondité causée par une culture non interrompue. Alors
les frais de production s'élèvent d'autant plus que l'extension des besoins contraint de livrer à la culture une
plus grande quantité de terres médiocres ou mauvaises;
parce qu'il faut suppléer à force de capitaux et de travail
à la détérioration du fonds exploité.

Si la demande croissante ne permettait pas aux cultivateurs de vendre leurs produits plus cher, ils n'auraient
nul intérêt à des améliorations coûteuses; et ne pourraient convertir leurs épargnes en capitaux reproductifs.
L'on ne recourt à des procédés plus pénibles et plus dis-

pendieux qu'en proportion du prix auquel on vend ses produits. En Angleterre, par exemple, la population croissante a été forcée de mettre en culture toutes les terres productives. Le blé y valant, en moyenne, 21 fr. l'hectolitre, il suffit, pour y rendre fructueuse une innovation qui coûtera 200 fr., qu'elle fasse produire à un champ un ou deux hectolitres de plus. Dans les pays où le blé ne se vend que 7 fr., la même innovation est impraticable [1].

C'est par l'ignorance de ce principe que les agronomes ont dépopularisé leur science en France. Ils reprochaient aux paysans de localités peu peuplées de laisser en jachères plus de terrain qu'on ne le fait en Angleterre; mais les cultivateurs, examinant les prix du marché, comprenaient que les bénéfices de ces innovations n'en couvriraient pas les frais.

Lorsque les populations urbaines se sont enrichies, celles des campagnes ont apporté à leurs travaux une activité plus grande, parce qu'elles ont pu vendre plus cher leurs produits, dont la demande augmentait incessamment. C'est ce qui fut remarqué notamment aux environs de Milan, de Florence, etc., enrichies par les bénéfices énormes du commerce maritime et de l'industrie manufacturière. Il en fut de même en Belgique, en Hollande et en Angleterre, où les paysans grossiers déployèrent tout à coup une intelligence remarquable.

Par la raison inverse, des campagnes fertiles ont dégénéré après que l'industrie et la richesse eurent abandonné leur centre : Rome et la Toscane en sont des exemples mémorables [2].

---

[1] Passy, *Dict. de l'Écon. pol.*
[2] Il y a dix-huit ans, vingt-deux familles suisses, protestantes,

§ II. —Nécessité de la sécurité et de la liberté des transmissions. —
Avantage de mettre la propriété foncière aux mains de tous les citoyens qui veulent et peuvent l'acquérir. — Exemples et autorités
conformes.

Nul ne voudra défricher et bâtir s'il craint de perdre
ses avances par la spoliation. Et quand la loi s'oppose à
à la liberté de transmission, le sol ne peut aller aux mains
les plus aptes à le féconder.

Les institutions féodales conservaient aux classes privilégiées les domaines dont elles étaient en possession de
temps immémorial, et presque toujours sans droit. Les héritages, frappés de substitution, descendaient de mâle en
mâle, sans que les titulaires pussent les aliéner; ce qui
causait souvent l'appauvrissement de ceux mêmes en faveur desquels existait la substitution. La plupart des pères
attribuaient des dots aux filles et des pensions aux gar-
çons puînés; de sorte que les immeubles arrivaient à l'héritier privilégié, grevés de charges qui en affaiblissaient
singulièrement le revenu. Le sol, exploité par des hommes
qui ne pouvaient le vendre, et n'avaient pas les moyens
de l'amender, n'allait pas aux acheteurs disposés à en
tirer un parti meilleur.

Il en était de même des biens de *main-morte* possédés
par les couvents. Tous les publicistes comprirent en 1790
la nécessité de les diviser pour les mettre en un grand
nombre de mains [1]. En effet, les propriétaires, qui font

louèrent à Velletri, près de Rome, six cents hectares des plus fertiles du monde, mais quasi improductifs par la torpeur des habitants.
Bientôt ces laborieux colons obtinrent des récoltes abondantes; les
habitants du pays, excités par des gens jaloux, qui leur firent croire
que le diable était l'auteur de cette prospérité, incendièrent les blés
et les habitations des colons qu'ils forcèrent à abandonner le pays.

[1] Comme on objectait à Mirabeau que l'on n'achèterait pas ces

valoir eux-mêmes leurs terres, y apportent des capitaux, avec une ardeur et une prévoyance dont les simples fermiers sont incapables.

Depuis que la révolution a dégagé les immeubles des entraves qui en empêchaient la circulation, et a livré aux paysans la propriété d'une grande partie des domaines nationaux, il s'est accompli en France, en soixante cinq ans, plus de progrès que sous l'ancien régime en quatre siècles, malgré les longues guerres qui ont moissonné la fleur de la population et absorbé des capitaux incalculables.

Avant la révolution, dans les contrées où par exception les paysans étaient propriétaires, leur sort était bien meilleur que dans les autres. Arthur Young, entre autres, l'a constaté dans ses voyages de 1787, 88 et 89.

« En quittant Sauve, dit-il [1], je fus frappé de la vue d'une vaste étendue de terrain, composée uniquement en apparence d'énormes rochers; cependant la plus grande

biens, il répondit : *Eh bien ! on les donnera.* Mot profond qui indique bien l'utilité de mettre la terre en un grand nombre de mains pour la féconder.

Avant l'impulsion donnée à l'agriculture par l'école de Quesnay et la révolution, le prix du blé était beaucoup plus élevé qu'aujourd'hui, relativement à la valeur réelle de l'argent. Le prix moyen du setier de blé à Paris fut, de 1674 à 1683 inclusivement, de 26 livres 6 sols 3 deniers ; somme qui représente environ 70 fr. de nos jours. Or, pour 70 fr. on aurait eu, dans les dix années qui ont précédé 1850, près de 4 hectolitres de blé, environ 2 setiers et demi : la diminution réelle est donc de plus de moitié. En Angleterre, dans la même période du dix-septième siècle, le prix moyen du blé fut de 2 liv. st. un quart le quarter ; ce qui fait 57 fr. les deux hect. 88 lit , ou environ 20 fr. l'hectolitre. De 1840 à 1849 inclusivement, le prix fut de 2 liv. st. un tiers, à peu près 59 fr. les 2 hect. 88 lit. Soit 21 fr. l'hect.

[1] *Voyage en France*, t. 1, p. 50.

partie de ce terrain était enclose et plantée avec le soin le
plus industrieux. Chaque individu possède un olivier, un
mûrier, un amandier ou un pêcher et des vignes éparses
au milieu de ces arbres ; de telle sorte que toute la terre
est couverte du mélange le plus bizarre qui puisse se concevoir de ces végétaux. Les habitants de ce village transfor-
meraient bientôt en jardins tous les déserts qui les envi-
ronnent. Une semblable réunion de cultivateurs actifs
qui changent leurs rochers en paysages fertiles, parce que
ces rochers, je le suppose, sont leur propriété, agiraient
de même sur des terres en friche, s'ils étaient animés par
le même principe tout-puissant. »

« C'est surtout la Suisse, dit M. de Sismondi, qu'il
faut parcourir, qu'il faut étudier, pour juger du bonheur
des paysans propriétaires. C'est la Suisse qu'il faut apprendre à connaître pour se convaincre que l'agriculture,
pratiquée par ceux-là même qui en recueillent les fruits,
suffit pour procurer une grande aisance à une population
très-nombreuse ; une grande indépendance de caractère,
fruit de l'indépendance des situations ; un grand commerce de consommation, conséquence du bien-être de
tous les habitants, même dans un pays dont le climat est
rude, dont le sol est médiocrement fertile, et où les gelées
tardives et l'inconstance des saisons détruisent souvent
l'espoir du laboureur..... Partout où l'on retrouve les
paysans propriétaires, on retrouve aussi cette aisance,
cette sécurité, cette confiance dans l'avenir, cette indépendance qui assurent en même temps le bonheur et la
vertu... »

Les paysans du Palatinat, étant propriétaires de la plus
grande partie du sol, sont les hommes les plus industrieux de l'univers. Chaque chef de famille a sa maison,
son verger, sa chènevière et son champ de blé. Il faut

admirer surtout leur culture de la vigne. Je les ai vus
souvent porter une hottée de terre sur un cran de montagne ; et y planter ces ceps qui produisent le vin du Rhin
si renommé [1].

En Saxe, depuis trente ans que les paysans sont devenus propriétaires du sol, il s'est opéré une amélioration
extraordinaire dans les habitations, la manière de vivre,
les vêtements et la culture [2].

Niebuhr écrivait de Tivoli : « Partout où vous rencon-
trez des petits propriétaires, vous trouvez l'industrie et
l'honnêteté. Je pense qu'un homme qui emploierait une
grande fortune à établir de petites propriétés libres ferait
cesser le brigandage dans les districts des montagnes. »

William Thornten affirme que, dans les îles de Guerne-
sey et de Jersey, malgré le peu d'étendue du sol, le peuple
est très-heureux, parce que le paysan est propriétaire des
terres qu'il cultive. Quoique la population y soit deux ou
trois fois plus compacte qu'en Angleterre, elle ne ren-
ferme point de mendiants. En 1837, le rendement moyen
du blé dans les fermes de l'Angleterre ne fut que de trente
boisseaux. A Jersey, le rendement fut de quarante boisseaux, quoique les exploitations n'aient qu'une étendue
moyenne de seize acres.

Le sol de la Belgique, originairement l'un des plus
stériles de l'Europe, est devenu l'un des plus fertiles, dès
que la plus grande partie devint la propriété des paysans.

Plusieurs économistes ont dit que la population tend
à s'accroître excessivement quand la propriété est aux
mains des paysans. La France, la Norwége, la Prusse, la
Flandre et le Danemark démontrent le contraire.

---

[1] M. Rau, et M. Howit rendent un semblable témoignage de ce
pays.

[2] Voyez les écrits de M. Kay et de M. Thaer,

La population de la France est de trente-cinq millions, quatre cent deux mille habitants, outre trois cent quatre-vingt mille étrangers qui y ont fixé leur résidence. Le nombre des propriétaires fonciers est de cinq millions et demi; ce qui, d'après la moyenne des membres de chaque famille, indique que le sol est possédé par les deux tiers des habitants. Mais la plupart des parcelles étant trop exiguës, quatre millions de propriétaires sont forcés de chercher le supplément de leur entretien dans le salariat, ou dans la culture de petites fermes, ou dans le métayage, quoique l'on puisse les considérer comme propriétaires. L'accroissement de la population française est la moins rapide de l'Europe. Les bienfaits de notre révolution ayant fait subitement passer la plupart des habitants de la misère à un état supportable, il y eut dans une seule génération un grand accroissement de population [1]. Les générations suivantes, plus heureuses ont été plus prévoyantes; de sorte que le doublement de la population, dans la mesure actuelle, ne peut avoir lieu qu'en deux cents ans.

§ III. — Avantages de la grande culture. — Note sur la statistique du sol de la France. — Calculs d'A. Young. — Observation d'Herrenschwand.

L'on a souvent discuté la question de savoir si la grande propriété est plus favorable que la petite à la production. Cette question, ayant presque toujours été posée

---

[1] Cet accroissement fut alors d'un sixième, quoique deux millions d'hommes aient péri dans les guerres de la République et de l'Empire. — Le chiffre des naissances qui fut de neuf cent soixante-seize mille annuellement, de 1840 à 1848, n'est plus depuis cette époque que de neuf cent cinquante mille environ.

d'une façon absolue, n'a pu recevoir de solution satisfaisante. L'on peut dire qu'en France, en certains cantons, la
propriété foncière est trop divisée; et que, dans d'autres,
elle ne l'est point assez [1].

La puissance du travail et du capital ne se développe
tout entière que lorsque ces deux instruments sont appliqués à de vastes entreprises; on pourrait donc en conclure
qu'il faut des exploitations d'une vaste étendue; mais la
mesure varie selon le degré d'activité personnelle que le
genre de la production exige de ceux qui exploitent. Les
maraîchers, par exemple, ne peuvent travailler en grand,
car les produits qu'ils recherchent sont trop délicats pour
ne pas exiger les soins personnels du maître; de sorte que
ce dernier doit concentrer ses efforts sur un très-petit
espace [2]. Les cultivateurs qui produisent des grains, des
fourrages et du jardinage, ayant moins d'ouvrage à diriger, à surface égale, que les maraîchers, peuvent occuper
une surface plus étendue. Les cultivateurs qui ne produisent que des grains et des fourrages peuvent occuper une

---

[1] Le 1er janvier 1851, le territoire était divisé en 126 millions de
parcelles.

Sur 52 millions d'hectares formant sa superficie totale, 3 millions représentent les voies publiques et les domaines improductifs;
près de 7 millions sont composés de landes, pâtis, bruyères et terrains vagues; 25 millions et demi sont en terres labourables; 5 millions en prés; 2 millions en vignes; plus de un million en vergers,
pépinières, jardins, etc., et plus de 7 millions en bois; le surplus
est représenté par des cultures diverses, par les propriétés bâ-
ties, etc. Le nombre des maisons est de 7,584,789; le nombre des
ménages de 9,022,921. Par ménage l'on entend le nombre des individus, chefs de famille, mariés ou non, qui habitent un local sé-
paré.

[2] Un maraîcher ou jardinier ne peut bien cultiver qu'un hectare
et demi.

surface encore plus étendue. Enfin ceux qui s'occupent surtout de l'élève des bestiaux, c'est-à-dire qui n'ont guère besoin que de prés, en occupent facilement une surface immense.

Arthur Young divise les fermes d'une nation en petites, en moyennes, et en grandes. Les petites sont celles qui ne sont cultivées qu'avec une charrue. Les moyennes fermes sont cultivées avec deux, et les grandes avec trois ou un plus grand nombre.

Selon ses observations faites en Angleterre, une ferme de trente acres [1] cultivés avec une charrue, occupe toute l'année trois chevaux avec le fermier et un domestique; une ferme de cinquante-cinq acres cultivés avec deux charrues, occupe cinq chevaux avec le fermier et deux domestiques; une ferme de quatre-vingt-huit acres culti-vés avec trois charrues, occupe six chevaux avec le fer-mier et trois domestiques. Les terres de ces trois classes de fermes sont suppposées des terres arables, cultivées de la même façon, et du même produit annuel par acre [2]. Les petites fermes maintiennent un cultivateur fixe sur quinze acres et un cheval sur dix; les moyennes fermes, un cul-tivateur fixe sur dix-huit acres et un cheval sur onze; les grandes fermes, un cultivateur sur vingt-deux acres et un cheval sur quatorze.

Herrenschwand, adoptant les calculs d'Arthur Young, suppose un territoire propre à fournir trente millions d'acres en terres arables. Le pays aurait, dans le premier système, un million de fermes de trente acres chacune, deux millions de cultivateurs fixes et trois millions de che-vaux. Dans le second système, il aurait cinq cent quarante-

[1] L'acre vaut environ quarante ares.

[2] Certes Arthur Young n'entend parler que des terres de première qualité.

cinq mille fermes de cinquante-cinq acres chacune, un million six cent trente-cinq mille de cultivateurs fixes, et deux millions sept cent vingt-cinq mille de chevaux. Dans le système des grandes fermes, il aurait trois cent quarante-un mille fermes de quatre-vingt-huit acres chacune, un million trois cent soixante-quatre mille de cultivateurs fixes, et deux millions quarante-six mille de chevaux. Les produits de la terre, qu'un cheval consomme pour sa nourriture, pouvant être considérées comme égales en valeur à ceux que consomme un laboureur, le pays posséderait cinq millions de cultivateurs fixes, avec le système des petites fermes; quatre millions trois cent soixante mille avec le système des moyennes fermes; et trois millions quatre cent-dix mille avec le système des grandes fermes.

Dans ce dernier système, le pays aurait donc neuf cent cinquante mille cultivateurs fixes de moins qu'avec le système des moyennes fermes; avec le système des moyennes fermes six cent quarante mille cultivateurs fixes de moins qu'avec le système des petites fermes. Par conséquent, avec le système des grandes fermes, la nation pourrait nourrir neuf cent cinquante mille manufacturiers de plus qu'avec le système des moyennes fermes; avec le système des moyennes fermes six cent quarante mille manufacturiers de plus qu'avec le système des petites fermes [1].

D'ailleurs, les petites et les moyennes fermes exigent aussi un plus grand nombre de chevaux pour la culture que les grandes fermes; chaque cheval enlevant la nourriture d'un homme, il est évident qu'avec le système des grandes fermes, l'agriculture peut nourrir plus

---

[1] *Discours fondamental sur la population.* Londres, 1786.

d'hommes qu'avec le système des moyennes et des petites fermes.

Non-seulement A. Young a trouvé les petites fermes plus mal cultivées que les moyennes, et les moyennes plus mal que les grandes, mais il a prouvé qu'il en devait être ainsi : « Que les terres employées à la culture soient réunies, autant qu'il est possible, en grandes fermes, exploitées par de riches laboureurs, dit aussi Quesnay; car il y a moins de dépenses pour l'entretien et la réparation des bâtiments; et à proportion beaucoup moins de frais, et beaucoup plus de produit net dans les grandes entreprises d'agriculture que dans les petites [1]. »

« Quant aux fermes qui ne peuvent être cultivées
« qu'avec six charrues [1], dit Herrenschwand, leur trop
« grande étendue oppose nécessairement des obstacles à
« leur bonne culture. L'œil du fermier devient incapable
« d'embrasser l'ensemble des terres de sa ferme; la mul-
« tiplicité des détails ne lui permet pas de donner à tous
« la même attention; les laboureurs, mal dirigés et mal
« surveillés dans leurs travaux, les exécutent imparfaite-
« ment; le moment important pour chaque opération peut
« rarement être bien saisi; et la conséquence de tous ces
« inconvénients doit naturellement être une culture in-
« complète; et, par conséquent, un produit annuel infé-
« rieur à celui des fermes cultivées à trois, à quatre, ou
« à cinq charrues. »

Je suis tout à fait de cet avis, et je connais des cultivateurs qui ne se sont ruinés que pour avoir voulu, par orgueil, cultiver trois cents ou quatre cents hectares. Si donc le fractionnement excessif du sol augmente les frais de son exploitation et s'oppose à la reproduction du bétail, la

---

[1] *Max. génér.*, XV.

trop grande étendue des fermes est un autre inconvénient qu'il faut éviter.

§ IV. — Du bail à ferme et du métayage. — Des moyens d'utiliser complétement le bail à ferme. — Des inconvénients du métayage. — De sa raison d'être dans le Midi. — Comment il disparaît peu à peu.

L'exploitation de la terre est indépendante de la propriété ; ainsi l'on voit souvent une vaste propriété appartenant à un seul, divisée en un grand nombre de petites cultures indépendantes les unes des autres, comme en Irlande. Il peut arriver aussi qu'un seul cultivateur exploite le bien qui appartient à plusieurs propriétaires.

Quel est le meilleur système de l'amodiation du sol au point de vue de la production ? La solution de ce problème dépend souvent des circonstances, comme celle du précédent. Il n'y a que cinq modes de faire valoir la propriété territoriale.

1° Le produit du travail et de la terre peut appartenir en totalité au travailleur, qui est en même temps propriétaire et capitaliste.

2° Le travailleur, possédant la terre, peut la louer à un tenancier, et travailler à gages sous sa direction.

3° Le propriétaire travaillant lui-même à sa terre emprunte le capital nécessaire.

4° Le propriétaire loue sa terre à un fermier, moyennant une redevance fixe en argent et quelquefois en denrées, dont la quotité est fixée par un bail de plusieurs années.

5° Le paysan ou travailleur paye au propriétaire, non une rente fixe, mais une certaine portion du produit, après qu'on en a déduit ce qui est nécessaire à l'entretien du fonds. La proportion qu'il paye est ordinairement de moitié.

Il serait superflu de parler des trois premiers modes ; je n'ai à m'occuper que des deux derniers.

Le bail à ferme est la cession faite par le propriétaire du sol, à prix d'argent ou pour une quotité fixe de denrées, et pour un temps déterminé, du droit d'exploiter les terres qui lui appartiennent. Les pays les plus avancés tels que l'Angleterre, la Belgique, le Nord et l'Est de la France le pratiquent généralement. Le fermier est libre dans le choix de la culture ; il lui suffit de payer son prix régulièrement, et de ne pas dégrader l'immeuble. Ce système est donc préférable ; car il est conforme au principe de liberté. Néanmoins on lui adresse les trois reproches suivants :

1° Il n'intéresse pas assez le propriétaire aux améliorations dont les frais exigent son concours.

2° Il ne permet au fermier que les améliorations dont il peut récolter en peu de temps le fruit.

3° Il l'excite à négliger et même à épuiser les terres qu'il doit prochainement quitter.

Plus les baux sont longs, plus les preneurs ont intérêt à amender le sol ; car, comment un fermier ferait-il des dépenses considérables, s'il ne devait de longtemps en recueillir le fruit ? Mais quand les propriétaires s'opposent à un bail d'une longue durée, c'est parce qu'ils craignent de ne pas obtenir assez tôt leur part des progrès de la culture. Voici un moyen qui peut faire cesser cette appréhension : c'est de laisser au preneur le droit, lorsque le bail expire, d'en obtenir le renouvellement, moyennant une augmentation fixée d'avance du prix originaire ; et au propriétaire, celui de rentrer dans sa possession, moyennant une indemnité qu'il payera au preneur. Ce dernier aura donc la certitude de ne pas faire en vain des avances.

Le fermage est fixé soit en argent, soit en une quantité fixée de produits, soit en prestations de services ; quelquefois même il est payable tout à la fois en argent, en produits et en services.

Quand le fermage est payable en argent ou en denrées, si la période est de dix-huit ou vingt-un ans, terme le plus convenable pour les baux, il peut arriver, dans cet intervalle, un changement dans la valeur de la monnaie, comme une diminution des frais de production. En outre, dans les années de disette, le fermier paye plus qu'il ne retire ; et dans les bonnes, le propriétaire n'a pas une part assez large. On a imaginé, en Angleterre, de fixer un maximum et un minimum de prix, de sorte que le fermage est réglé chaque année d'après les prix courants des denrées. L'expérience a démontré que ce système garantissait les droits réciproques, et favorisait les progrès de l'agriculture.

Le système des prestations de services ou corvées n'est qu'un reste du système féodal ; il est presque partout aboli ; parce qu'il empêchait toute amélioration, et avilissait le fermier.

Il est très-mauvais que le fermage soit fixé trop bas, car le cultivateur n'est plus assez actif ni économe. *Il est rare,* dit Arthur Young, *de voir une terre, affermée très-cher, mal cultivée.* Les fermiers comprennent que, lorsqu'ils payent un fermage élevé, ils doivent ou mourir de faim, ou travailler beaucoup ; mais il ne faut pas que le fermage soit trop lourd, car il découragerait et ruinerait le preneur, tout en déshonorant la ferme.

Le mot *métayage* signifie *moitié.* Le cultivateur paye au propriétaire non une rente fixe en argent ou en nature, mais la moitié du produit, déduction faite de ce qui

I.   9

est nécessaire à l'entretien du fonds. Dans quelques cantons de l'Italie, le cultivateur paye les deux tiers. C'est aussi la coutume qui fixe la quotité du capital fourni par le propriétaire ; ici il le fournit en entier ; là il en fournit la moitié ; ailleurs il fournit les bestiaux et les semences, et le fermier les instruments de travail.

Le métayage est pratiqué surtout dans le midi de l'Europe ; et, en France, dans les départements de l'Ouest, du Centre et du Midi. Quel en est l'effet sur la condition des paysans et sur la puissance productive du travail ?

Le paysan n'a pas le même intérêt à faire des efforts que s'il était propriétaire, puisqu'il ne peut obtenir que la moitié des fruits ; mais il a plus de cœur au travail que le journalier, puisque son bénéfice ne dépend que de son labeur ; et il ne peut être renvoyé que dans le cas où il viole son contrat. Le métayer a des idées de propriétaire, et doit en avoir la prudence, en ce qui concerne la population. Bastiat, qui connaissait bien les pays de métayage, assure « que ce système n'a pas de tendance à une multiplication désordonnée, laquelle ne se manifeste qu'au sein de la classe d'hommes qui vit de salaire. La prévoyance, qui retarde les mariages, a sur celle-ci peu d'empire, parce que les maux qui résultent de l'excès de concurrence ne lui apparaissent que très-confusément et dans un lointain en apparence peu redoutable ; c'est donc la circonstance la plus favorable pour ces pays d'être organisés de manière à exclure le salariat. »

Smith démontre que le métayage présente d'autres inconvénients, parce que le métayer a un intérêt évident à ce que le produit brut ou total soit le plus considérable possible , et il ajoute : « Il ne pourrait jamais être de l'intérêt de cette espèce de cultivateurs de débourser, en vue d'une nouvelle amélioration de la terre, une part quel-

conque du petit capital qu'ils peuvent épargner sur leur
part personnelle des produits, par la raison que le propriétaire, qui n'aurait rien avancé, devrait recueillir la
moitié de ce qui aurait été produit. On a vu que la dîme,
qui n'est que le dixième du produit, est un très-grand
obstacle aux améliorations agricoles. Conséquemment,
une taxe qui s'élève à la moitié des produits doit être un
puissant empêchement à ces mêmes améliorations. Il
pourrait être de l'intérêt du métayer de faire produire à
la terre autant qu'elle le pourrait, au moyen du capital
fourni par le propriétaire ; mais il ne pourrait jamais être
de son intérêt de joindre à ce capital une partie quelconque du sien propre. En France, où les cinq sixièmes de
l'étendue du royaume sont encore, dit-on, occupés par
cette espèce de cultivateurs, les propriétaires se plaignent
que leurs métayers saisissent toutes les occasions d'employer les bêtes de somme du maître plutôt à faire des
charrois qu'à la culture ; parce que, dans le premier cas,
ils recueillent tout le profit pour eux-mêmes, et que,
dans le second, ils partagent avec le propriétaire[1]. »

Cette observation est juste. Le métayage, attribuant au
propriétaire une proportion fixe du produit brut, comme
prix du loyer, décide le métayer à ne point cultiver les
végétaux qui exigent les plus grands frais de production,
et arrête tout progrès. En effet, le signe de la richesse
agricole est la somme du revenu net de la terre ; et les
meilleures cultures sont celles qui élèvent le plus le produit net, relativement à l'étendue du terrain qu'elles
occupent.

Arthur Young condamne absolument le métayage et
dit que l'on ne peut invoquer en sa faveur que la dure

---

[1] *Richesse des nations*, liv. III, ch. II.

loi de la nécessité ; dans les cas où les fermiers sont tellement pauvres que le propriétaire, pour ne pas voir sa terre inculte, est forcé de la pourvoir de bétail, et de courir ainsi tous les risques de l'exploitation. Ce propriétaire ne reçoit qu'un chétif revenu, tandis que le tenancier est réduit à la pauvreté la plus abjecte ; de sorte que toute la nation souffre de ce système. Le même auteur, comparant les contrées de l'Italie d'une égale fertilité, a remarqué que celles occupées par le métayage donnent des récoltes bien inférieures à celles où le bail à ferme est usité [1].

M. Mac Culloch pense que le métayage a toujours réduit les cultivateurs à une pauvreté dégradante [2]. Jones et Turgot sont du même avis. Le dernier fondait son opinion sur ce que, dans la province du Limousin qu'il administrait, la noblesse étant exemptée de l'impôt, comme dans le reste de la France, toute la charge, qui était excessive, en retombait sur les métayers ; de sorte que ces malheureux n'avaient souvent qu'une valeur de 25 à 30 francs par tête pour leur consommation annuelle.

On voit néanmoins des écrivains approuver le métayage. Châteauvieux dit qu'en Lombardie et en Piémont toutes les fermes qui, la plupart, ont de cinq à vingt-cinq hectares d'étendue, sont occupées par des métayers, et « qu'aucun pays ne pourrait amener sur le marché une quantité de produits aussi considérable. » Sismondi présente aussi un tableau lyrique de la prospérité et des avantages du métayage, dans les environs de Florence qu'il habitait.

Il est vrai que ce système fixe le sort des cultivateurs

[1] *Voyages,* I, 404. — II, 151, 217.
[2] *Principes,* p. 471, 3ᵉ édition.

en écartant la concurrence qui ruine souvent les fermiers à bail ; et qu'il engage les propriétaires à faire tous les sacrifices possibles en améliorations. Dans le midi de l'Europe, il a une raison d'être, plutôt que dans le centre et l'ouest de la France [1]. En effet, dans le Midi, une portion considérable des récoltes est en vins, en fruits, en huiles, en cocons de soie ; les cultivateurs ne seraient guère disposés à faire des plantations dont il leur faudrait attendre plusieurs années le produit. En outre, beaucoup de terrains exigent des travaux d'irrigation qui ne se font qu'au moyen de constructions très-coûteuses, à la portée du seul propriétaire. Mais au Centre et au Nord, où il n'y a ni oliviers ni mûriers, et dont les récoltes consistent surtout en grains, en herbes et en bestiaux, le métayage est plus nuisible qu'utile.

Comme la dîme a fait bannir la culture de la garance des pays catholiques pour la concentrer dans les pays protestants, de même le métayage abandonne les produits coûteux à obtenir aux localités où le bail à ferme laisse au cultivateur le choix des travaux. Il est d'autant plus important d'accorder aux cultivateurs une grande liberté, que la culture ne croît en fécondité qu'à la condition de multiplier de plus en plus les avances dont le sol a besoin. A mesure qu'elle prospère, les charges de la production deviennent plus considérables sur la même étendue du terrain. En France, dans les départements les plus arriérés, les frais de production ne dépassent pas, en moyenne, 30 francs par hectare, pour 70 francs de revenu brut. Dans les départements avancés, la dépense est de 200 francs par hectare, pour un produit brut de 320 francs ; c'est-à-dire triple de ce qu'il est dans les

---

[1] Passy, *Dict. de l'Écon. pol.*, de Guillaumin. V° *Agriculture,*

autres. Donc les contrées de la France, qui sont en retard, ne se rapprocheront des plus riches qu'en portant sur les terres plus de capitaux et de travail.

Du reste, le métayage diminue graduellement en France; ce qu'il ne faut attribuer qu'aux progrès généraux. Il est certain que la majorité des écrivains, parmi lesquels on compte les plus accrédités, le condamnent en général. Mais il serait imprudent de l'abolir brusquement pour y substituer le bail à ferme, sous le prétexte d'améliorations agricoles. L'agrandissement des fermes diminue ordinairement le nombre des travailleurs employés sur la terre; la plupart des métayers, réduits à l'état de simples journaliers, n'auraient plus qu'un si faible salaire, par l'effet de la concurrence, qu'ils seraient plus malheureux encore, à moins qu'il n'y ait ou un grand développement dans le commerce ou l'industrie, ou des terrains en friche, sur lesquels on les établirait.

CHAPITRE III.

DE L'ÉCHANGE ET DES DÉBOUCHÉS.

§ I. — L'échange est éminemment social. — Pourquoi l'on a inventé la monnaie. — Des qualités requises dans les métaux qui en servent. — Des rois faux-monnayeurs. — Emprisonnement du jésuite Mariana. — De l'offre et de la demande de la monnaie.

Par l'effet de la division du travail, le travailleur ne peut jouir de ses produits qu'après les avoir échangés contre les choses nécessaires à sa consommation. « L'échange est éminemment social : il implique deux gains, dit Condillac, puisque chacune des parties contractantes estime plus ce qu'elle reçoit que ce qu'elle donne. »

Il y a donc accroissement de valeur par le seul fait de l'échange ; et le commerçant ou le marchand n'est pas un travailleur improductif. « Le double intérêt, dit Turgot, qu'ont le producteur et le consommateur, le premier, de trouver à vendre, et l'autre, de trouver à acheter, et cependant de ne pas perdre un temps précieux à attendre l'acheteur ou à chercher le vendeur, a dû faire imaginer à des tiers de s'entremettre entre l'un et l'autre. C'est l'objet de la profession des marchands qui achètent la denrée de la main du producteur, pour en faire des magasins, dans lesquels le consommateur vient se pourvoir. Par ce moyen, l'entrepreneur, assuré de la vente et de la rentrée de ses fonds, s'occupe sans inquiétude et sans relâche à de nouvelles productions; et le consommateur trouve à sa portée, et dans tous les moments, les choses dont il a besoin [1]. »

L'échange fut inconnu à la société primitive, concentrée dans la famille vivant en communauté. Mais quand la société s'agrandit, on se dispersa, on partagea les choses utiles, et l'on fut forcé d'échanger respectivement les objets de consommation dont on avait besoin. Plus les hommes s'éloignèrent les uns des autres, plus il leur devint difficile d'importer le nécessaire et d'exporter le superflu, car les objets de première nécessité sont en général d'un transport incommode; le besoin fit donc inventer un instrument pour faciliter les échanges, ou denrée servant à évaluer les richesses, comme ayant une valeur fixe. On convint de donner et de recevoir dans les transactions une matière d'une circulation facile qu'on appela *monnaie*. Dès lors, au lieu de se borner à l'échange, les hommes purent se livrer au trafic, c'est-à-dire à l'achat et à la vente qui sont des échanges contre la monnaie.

Dans les premiers temps, les bœufs servaient de monnaie en Grèce; Homère nous dit que l'armure de Glaucus en avait coûté cent. Les Romains faisaient leurs payements avec des moutons. Dans certaines contrées de l'Inde et de l'Afrique, on y employait les coquillages; en Écosse, les clous; au Mexique, le cacao.

Enfin, l'on remarqua que l'or et l'argent étant plus rares, plus durables, et généralement estimés, on les substitua peu à peu aux premiers objets d'échange [2]. On les employa d'abord en barres ou en poudre : les barres

[1] *Sur la form. et la dist. de la rich.*

[2] Lycurgue, voulant maintenir, autant que possible, l'égalité dans la république de Sparte, et rendre l'avarice impossible, prescrivit une monnaie en fer de peu de valeur et incommode.

ou lingots ne portaient ni coins ni empreintes; la poudre était contenue dans de petits sacs; l'acheteur était obligé de porter une balance pour la peser. Les Lydiens, ayant remarqué qu'ils perdaient ainsi beaucoup de temps pour compter les sommes, imaginèrent l'empreinte [1] que la plupart des peuples adoptèrent.

L'or et l'argent n'ont été généralement adoptés comme monnaie que parce qu'ils comportent les propriétés suivantes : 1° une utilité qui leur donne une valeur naturelle et stable appréciée par tous, depuis l'instant où on la reçoit en vendant, jusqu'à ce qu'on la rende en achetant. 2° Une divisibilité telle que chaque fragment ait une valeur égale à la quotité qu'il représente dans le tout. 3° Une grande valeur sous un petit volume, afin d'être aisement transportable. 4° La faculté de recevoir une marque pour indiquer cette valeur. Si le rubis et le diamant sont plus précieux, ils ne peuvent recevoir d'empreinte, ni être divisés sans perdre une grande partie de leur valeur.

De toutes les marchandises, c'est l'or et l'argent dont la valeur est la moins variable; et ses variations ne se font qu'à la longue, après des découvertes de mines importantes. Ainsi, la découverte de l'Amérique fit de beaucoup baisser leur valeur par une importation extraordinaire; mais pas assez vite pour qu'une génération en ait éprouvé des secousses [2].

En outre, il n'y a qu'une seule qualité d'or et d'argent; tandis qu'il y a plusieurs qualités de pierres précieuses,

---

[1] Hérodote.

[2] Les meilleurs calculs portent au sextuple la diminution de valeur de l'or et de l'argent depuis le quinzième siècle. On peut consulter sur ce point J.-B. Say (*Cours compl.*, t. I, p. 590, 440).

de fer, de cuivre ; de sorte que les deux métaux précieux ne peuvent donner lieu à aucune contestation sur leur valeur.

L'on emploie encore dans tous les pays une monnaie de cuivre qui est seulement le signe représentant les fractions de l'unité monétaire trop exiguë pour être faite en argent. Elle n'a point la valeur intrinsèque de son signe, à laquelle on ne prend pas garde, puisqu'en Angleterre, par exemple, on n'est pas tenu de recevoir en cuivre au delà d'un schelling (1 fr. 25 c.), et en France au delà de 5 francs. Montesquieu a commis une erreur en disant que la monnaie est le signe des valeurs ; car elle comporte bien une valeur intrinsèque virtuelle, indépendante de son empreinte, comme toute marchandise.

La différence entre l'or et l'argent a presque toujours été, dans les derniers temps, de quinze à seize. Dans l'antiquité et le moyen âge, elle n'a jamais été moindre de huit, ni au-dessus de seize. On a décrété en France, où l'argent sert d'étalon, que le gramme d'or vaut quinze grammes et demi d'argent.

On appelle indifféremment les pièces de monnaie métallique, *numéraire*, *espèces*, *argent*.

Les gouvernements se sont toujours attribué le droit de battre monnaie, parce que leur garantie est celle dans laquelle on peut avoir le plus de confiance ; et que d'ailleurs, ils y ont toujours trouvé leur avantage. Les rois dilapidateurs ont souvent volé leurs créanciers, soit en altérant le titre des monnaies, soit en diminuant le poids du métal d'une pièce à laquelle ils laissaient le même nom [1]. Jean II ayant altéré le titre des monnaies, pour payer plus aisément ses dettes, enjoignit à ses officiers

---

[1] Ducange. — Jacob. — Lord Liverpool.

d'en garder le secret. Philippe le Bel mérita et conserva dans l'histoire le surnom de *faux-monnayeur*. C'est par des rognures successives que la livre de France, qui ne valait pas 1 franc à la fin du dix-huitième siècle, avait conservé le nom qu'elle portait au temps de Charlemagne, où elle valait 100 francs; c'est-à-dire une livre ou demi-kilogramme d'argent.

À la fin du règne de Charles VI, et au commencement de celui de Charles VII, on pratiquait l'altération des monnaies avec une impudence dont il n'y avait jamais eu d'exemple. En 1422, des monnaies étaient tombées, par l'altération du poids et du titre, au quarantième de leur valeur nominale [1]. A cette époque, Charles VII tirait 360 livres du marc d'argent, qui, quatre ans auparavant, ne valait que 9 livres. Les particuliers se voyaient forcés, pour se soustraire aux perturbations causées par le faux-monnayage, de ne contracter entre eux qu'en comptant par marc d'or ou d'argent, dont la valeur était immuable, et non point par livre, dont la valeur changeait pour ainsi dire chaque jour. Jacques Cœur, nommé argentier du roi, reporta immédiatement la livre au neuvième du marc.

Philippe II et Philippe III, rois d'Espagne, ayant aussi altéré les monnaies, le jésuite Mariana, célèbre par son histoire d'Espagne et par son traité *du Roi et de la Royauté* [2], publia un livre courageux qui dévoilait les déprédations de leurs ministres, et prédisait qu'un pareil système finirait par ruiner l'Espagne [3]. Il fut jeté en prison

---

[1] Henri Martin, *Hist. de France*, t. VI, p. 375.

[2] Dans lequel il faisait l'apologie du meurtrier d'Henri III, roi de France.

[3] *Traité du changement des monnaies*, imprimé à Cologne en 1609.

où on le retint une année; mais ses prévisions furent
bientôt justifiées par l'événement [1].

Les monarques ont fini par comprendre qu'ils jetaient
le trouble dans les transactions, sans aucune utilité réelle,
et ont renoncé à ces sortes de fraudes. « La monnaie, di-
« sait Law [2], ne reçoit point sa valeur de l'autorité pu-
« blique; l'empreinte marque son poids et son titre, mais
« elle ne donne point la valeur. C'est la matière qui en
« fait la valeur, qui est aussi plus ou moins forte, selon
« que la quantité est proportionnée à la demande. » La
valeur des monnaies n'est donc que le résultat de l'accord
amiable qui a lieu entre le vendeur et l'acheteur : elle
est sujette, comme toutes les autres, aux oscillations de
l'offre et de la demande : si un gouvernement forçait à
recevoir une monnaie pour plus qu'elle ne vaut, l'on ca-
cherait sa marchandise, ou les parties feraient des conventions secrètes déguisant une partie du prix.

C'est par la monnaie que chacun estime la valeur de ce
qu'il possède. Voilà pourquoi l'on s'est longtemps habitué à la considérer comme la seule valeur réelle, quoiqu'elle ne change en rien le caractère des transactions.
Les pièces de cinq francs que chacun reçoit pour sa rente
ou son travail ne sont que des ordres de payer telle marchandise qu'il plaira au porteur de choisir. Ainsi, quand
tu reçois de ton fermier mille francs, c'est comme s'il te
donnait cinquante hectolitres de blé à vingt francs. L'ex-
tracteur de métaux précieux lui-même n'a cet argent
qu'en échange du travail qu'il fait pour se le procurer, et
de la mine qu'il a achetée ou louée. Les objets se vendent
au même prix que s'ils s'étaient échangés l'un contre l'au-

---

[1] Bernardo Giraldus, *Arcana societatis Jesu*, Genève, 1635.
[2] *Consid. sur le num.*

tre par le simple troc ; de sorte que les rapports de valeur qui existent entre les deux marchandises ne sont point altérés.

La valeur de la monnaie dépend de l'offre et de la demande qui elles-mêmes dépendent du coût de production, et de l'abondance des métaux précieux ; et quoique l'on ne dise pas *mise en vente de la monnaie*, elle n'en est pas moins vendue et achetée comme les autres objets qui sont achetés et vendus avec de la monnaie. Celui qui vend ou achète du pain achète ou vend de la monnaie. Ainsi, l'offre de monnaie représente la quantité qu'on a besoin de dépenser ; et la demande de la monnaie constitue la marchandise mise en vente. Toutes les marchandises du marché constituent la demande de la monnaie, et toute la monnaie constitue la demande des marchandises. « La « valeur d'une chose, dit M. J.-S. Mill, est celle des objets « contre lesquels elle s'échange ; la valeur de la monnaie « est sa puissance d'acquisition. Si les prix sont bas, la « monnaie achète beaucoup d'autres objets et sa valeur « est grande ; si les prix sont élevés, la monnaie achète peu « des autres objets et sa valeur est médiocre. La valeur « des monnaies est en raison inverse de l'ensemble des « prix : elle s'élève lorsqu'ils descendent et s'abaisse quand « ils montent [1]. »

§ II. — De la somme du numéraire en France et en Europe. — Des périodes d'accroissement des métaux précieux. — L'or devenant beaucoup plus abondant, ses rapports commerciaux avec l'argent sont changés, et ce dernier métal est exporté de France. — Urgence d'y pourvoir. — Nécessité d'un congrès international. — Crise redoutable qui a éclaté. — Ses causes principales.

Il est nécessaire, pour qu'un pays subvienne facilement

[1] *Principes,* II, 66.

à ses échanges, qu'il possède une certaine quantité de nu
méraire. Genovesi et Smith disent *que c'est l'huile qui
graisse l'essieu du char du commerce*. Néanmoins, la proportion est difficile à indiquer, parce que la même quantité de numéraire s'échange plus ou moins selon la consommation. Un million qui se renouvelle cent fois produit
le même effet que cent millions qui ne se renouvelleraient
qu'une fois.

On ne peut savoir quelle est la quantité précise de numéraire circulant ou dormant qui existe en France [1].
M. Moreau de Jonnès l'évaluait, sous Louis-Philippe, à
deux milliards huit cent soixante millions, dont un tiers
en or, deux tiers en argent et cinquante-deux millions en
cuivre. Necker et Arthur Young, en 1784, l'estimaient à
deux milliards deux cents millions.

Avant 1848, on pensait que tout le numéraire de l'Europe se montait à sept ou huit milliards, dont plus du tiers
séjournait habituellement en France. Depuis quelques années, l'exploitation des mines de la Californie et de l'Australie a augmenté extraordinairement la quantité de l'or
monnayé. Voici un tableau de la production des métaux
précieux depuis la découverte de l'Amérique, jusqu'en
1854 inclusivement.

[1] On croit que les avares cachent près d'un quart du numéraire
national. Quand éclatent les révolutions, les peureux en gardent
aussi beaucoup dans leurs caisses.

ÉPOQUES.	OR.	ARGENT.	VALEUR TOTALE.
	FR.	FR.	FR.
1492....................	»	»	1,750,000
1500....................	»	»	4,000,000
1550....................	»	»	15,000,000
1600....................	»	»	55,000,000
1650....................	»	»	88,000,000
1700....................	»	»	115,000,000
1750....................	»	»	183,000,000
1800....................	82,000,000	190,000,000	272,000,000
1842....................	171,000,000	196,000,000	367,000,000
1848....................	231,000,000	202,000,000	433,000,000
1849 { Anciens pays de production............	240,000,000	210,000,000	575,000000
Commencement de la Californie..........	125,000,000	»	
1850 { Anciens pays........	246,000,000	212,000,000	738,000,000
Californie...........	280,000,000	»	
1851 { Anciens pays.........	250,000,000	216,000,000	854,000,000
Californie...........	300,000,000	»	
Australie (derniers mois)	88,000,000	»	
1852 { Anciens pays........	297,000,000	220,000,000	1,220,000,000
Californie.............	323,000,000	»	
Australie............	380,000,000	»	
1853 { Anciens pays........	300,000,000	226,000,000	1,291,000,000
Californie...........	353,000,000	»	
Australie...........	412,000,000	»	
Totaux.........	3,594,000,000	1,084,000,000	4,678,000,000

La production aurifère de 1854 a été de 1,000,000,000.

Du temps de Charlemagne, l'Europe possédait en or
et en argent une valeur de 800 millions de francs; à la
fin du quinzième siècle, il y avait 200 millions de plus.
Vers l'an 1600, il circulait environ 5 milliards dans le commerce européen et les colonies du Nouveau-Monde [1]. En
1700, la somme dépassa 13 milliards. Selon M. Michel
Chevalier, les mines d'argent exploitées dans le monde

[1] Dans l'Inde, dans la Chine, dans la Perse, il y a toujours eu
beaucoup d'or; mais il a été impossible jusqu'alors d'en avoir des
statistiques.

depuis la découverte de l'Amérique jusqu'en 1848 ont produit cent quarante-deux millions et demi de kilogrammes, valant **29** milliards **452** millions de francs. Les mines d'or ont procuré, durant la même période, quatre millions cent un mille deux cent sept kilogrammes, valant **14** milliards **126** millions ; ce qui porta la valeur des métaux monétaires à **43** milliards **578** millions, avant l'exploitation de la Californie. En ajoutant à ce résultat celui des six dernières années, on arrive à un chiffre d'environ **50** milliards, employés tant en numéraire qu'en objets mobiliers et en ornements.

Selon M. Ostreschkoff, l'or et l'argent sont les métaux les plus abondants, après le fer ; leur rareté et leur prix n'ont pas d'autre cause que le vice des méthodes d'exploitation des mines.

Cet écrivain calcule qu'il existait en nature, du temps de Jésus-Christ, dans toutes les parties du monde connu, deux millions deux cent quarante-cinq mille cinq cent soixante-deux kilogrammes d'or, soit une valeur de **7,491,333,332** francs ; et soixante-trois millions six cent trente mille cent vingt-trois kilogrammes d'argent, soit **13,148,666,668** francs ; en tout une valeur de **21,640,000,000** francs.

De Jésus-Christ à 1492, il a été exploité pour une valeur de **23,458,974,944** francs [1].

---

[1] Il est probable que cet écrivain exagère singulièrement, et l'on en peut juger par la puissance d'acquisition de la monnaie dans l'antiquité. Plutarque nous apprend, dans la vie de Solon, qu'un bœuf, du temps de ce législateur, se vendait 5 drachmes, c'est-à-dire 2 fr. 50 c.; un bœuf vaut aujourd'hui 4 ou 500 fr. Du temps d'Aristophane, un cochon qui vaut aujourd'hui 70 ou 80 fr. se vendait 3 drachmes, soit 1 fr. 50 c. (Voyez la comédie intitulée *la Paix*. Voyez aussi les notes du P. de Jouvency sur les *Philippiques* de Démosthènes.)

De 1492 à 1810, une valeur de 40,523,110,500 francs.

De 1810 à 1825, une valeur de 2,287,624,168 francs.

De 1825 à 1848, une valeur de 6,597,600,676 francs.

De 1848 à 1851, une valeur de 1,803,077,300 francs.

De 1851 à 1855, une valeur de 6,374,526,604 francs.

En résumé, depuis l'antiquité la plus reculée jusqu'en 1855, l'on aurait tiré des entrailles de la terre quinze millions de kilogrammes, valant 51 milliards de francs, et deux cent quarante-cinq millions de kilogrammes d'argent valant 52 milliards de francs. Total 103 milliards acquis par tant de larmes et de sang. Outre l'arbitraire des chiffres de M. Ostreschkoff, il faut remarquer qu'une partie notable de ces 103 milliards ont disparu dans les naufrages, les enfouissements, et le frai ou l'usure.

La surabondance des métaux précieux a naturellement été suivie d'un accroissement de monnayage. L'Angleterre frappe maintenant beaucoup plus d'or qu'autrefois, et trois fois moins d'argent. L'argent y était monnayé, de 1841 à 1847, dans la proportion de 8 p. 0/0 ; il ne l'est maintenant que dans celle de 2 p. 0/0.

Avant 1848, les États-Unis frappaient en argent une somme trois fois plus forte que celle en or. Depuis la découverte des mines de la Californie, ils ont frappé quatre-vingts fois plus d'or que d'argent.

La France, dont le système monétaire a plus qu'aucun autre l'argent pour base, n'avait monnayé que 1,217 millions en or sur une somme de 5 milliards 312 millions, depuis 1795 jusqu'en 1848 inclusivement. Durant les sept années qui ont précédé la découverte des mines de la Californie, elle a monnayé dix-sept fois moins d'or que d'argent. La perfection de nos pièces décimales les ayant fait rechercher dans tout l'univers, l'or donnait lieu à une exportation continue à cause de la petite prime dont il bénéficiait ; et il nous restait à peine en 1848 le dixième des pièces de 20 francs frappées depuis 1795. Nous n'avions donc environ que 3 milliards, dont 150 millions au plus en pièces d'or [1].

Depuis six ans, 1,250 millions en or ont été frappés [2]. l'argent faisant maintenant prime, c'est sur ce dernier métal que l'exportation s'exerce. Notre circulation se composant donc d'environ 3 milliards doit être de près de moitié en or [3].

La disparition de l'argent se manifeste surtout dans les bilans des banques. Ainsi, il y a huit ans, la banque d'Angleterre avait 17 francs en argent sur 100 francs d'espèces. A 'jourd'hui l'argent n'y figure plus que pour les petits appoints, et dans la proportion de 33 centimes par 100 francs.

L'emploi simultané de l'or et de l'argent fait que leurs proportions relatives sont incessamment modifiées en raison de leur abondance réciproque,

Jusqu'à la découverte de l'Amérique, on échangeait communément une livre d'or contre dix à onze livres d'argent. Ce dernier métal a perdu de sa valeur à mesure que le coût de production en a baissé. Depuis soixante ans, l'or a une valeur commerciale quinze ou seize fois plus forte que celle de l'argent. Lorsque cette proportion fut réglée en Europe, on recueillait annuellement trente-

---

[1] D'autres pensent que nous n'avions que 100 millions en or, c'est-à-dire un trentième seulement, et le reste en argent. (Fichot, Étud. monét.)

[2] En 1853, l'on a frappé pour 515 millions en or, et seulement pour 71 millions en argent. En 1854, l'on a frappé pour 527 millions en or.

[3] J'ai pris ces chiffres dans un travail consciencieux de M. André Cochut, inséré dans la Revue des Deux-Mondes (15 février 1854).

six kilogrammes d'argent contre un kilogramme d'or.
Mais à présent l'on n'en produit plus qu'environ trois d'argent pour un d'or. Voilà pourquoi des spéculateurs enlèvent
l'argent de France et d'Angleterre pour le porter en Hollande, où l'or est déjà démonétisé, et dans les nouvelles
contrées aurifères, où l'on a besoin de petite monnaie
blanche.

Les banques des États-Unis ont profité de l'abondance
de l'or pour prévenir les dangers auxquels les exposait
l'usage immodéré du papier, et se sont procuré un encaisse considérable. Les exportations d'or officiellement
constatées aux États-Unis depuis cinq ans n'ont pas dé-
passé la somme de 398,056,586 francs. Ce pays a pru-
demment affaibli d'environ 7 p. 0/0 le poids des pièces
d'argent. Si un négociant français achetait à New-York
des farines pour 5,000,000 francs, et pouvait retirer de
la circulation française assez de pièces d'argent pour
faire son payement, il gagnerait sur le change seulement
500,000 francs, outre son bénéfice commercial.

Comme, en France, on est trop habitué aux deux métaux, si on les conserve, il faudra deux modifications au
système actuel. D'abord, on sera forcé de réduire le poids
des pièces d'argent, sans quoi elles seront bientôt ex-
portées jusqu'à la dernière; en second lieu, il faudra
prendre l'unité monétaire dans le métal prédominant,
c'est-à-dire décider que le *franc* sera un certain poids
d'or.

Néanmoins, d'autres États ayant démonétisé l'or, et
les relations commerciales s'étant étendues prodigieusement depuis 1848 entre tous les peuples d'Europe, je
pense qu'il est urgent qu'un congrès international avise
à décider les questions suivantes : 1° quel métal formera l'unité monétaire; 2° quel sera son titre et son poids.

L'autre métal précieux sera démonétisé partout et subira les variations de toute marchandise.

Nous sommes menacés d'un phénomène pareil à celui qui a causé tant de troubles au seizième siècle ; c'est-à-dire de l'avilissement du numéraire, manifesté par un enchérissement de toutes les marchandises? L'invasion de l'or, depuis six ans, est une cause aussi réelle de la cherté des vivres, des logements, des combustibles et du fer, que les démolitions, les mauvaises récoltes, la maladie de la vigne, la multiplication des machines et la guerre elle-même, etc.

Mais malheureusement la surabondance de l'or coïncide avec de grands faits qui ont troublé l'Europe par une crise monétaire. L'extension donnée à l'industrie et au commerce en Angleterre, en France et aux États-Unis a nécessité un besoin de matières premières qui proviennent surtout des pays orientaux peu civilisés. Cet excédant d'importations n'a pu être payé qu'en or ou en argent à des peuples qui ne sont point encore en état de recevoir en échange nos produits manufacturés.

Les peuples musulmans, chinois, indiens, vivant dans la crainte du despotisme, et ne pouvant compter sur les lois pour conserver leurs propriétés, ont encore, comme dans l'antiquité, l'habitude d'enfouir leurs trésors. Ils ne rendent donc point à la circulation l'or et l'argent qu'ils reçoivent. On pense que l'Égypte enfouit par an près de 100 millions d'or provenant de France et d'Angleterre. L'empereur du Maroc met son honneur à remplir le plus de chambres qu'il peut d'or et d'argent. Celui qui en a rempli le plus grand nombre durant son règne est le plus vanté. L'empereur actuel en est, dit-on, à sa dix-huitième.

. D'autres faits qui ont contribué à la crise seront signa-

lés en leur lieu dans le cours de cet ouvrage, Ce sont
notamment les excès du jeu et de l'agiotage, et le développement du faste.

§ III. — Des débouchés. — Les produits s'achètent avec des produits.
— Erreur de Rossi. — Avantages du commerce étranger.

On appelle débouchés les moyens d'effectuer l'échange
de ses propres produits contre ceux que l'on ne peut
fabriquer, ou dont la production directe serait trop dispendieuse.

La demande en serait presque infinie si les produits ne
coûtaient rien ; ce n'est donc jamais la volonté, mais le
moyen d'acquérir qui manque à l'homme ; et les débouchés ne sont limités que par la nécessité pour les consommateurs de payer ce qu'ils veulent acquérir. Say a formulé en ces termes sa doctrine sur cette question, qu'il a
éclaircie le premier : *les produits s'achètent avec des pro-*
duits. Le propriétaire, le rentier eux-mêmes n'achètent
qu'avec des produits ; le pensionnaire de l'État n'achète
qu'avec la monnaie qu'on lui donne en échange de ses
services antérieurs. En conséquence, chaque produit
trouve d'autant plus d'acheteurs que tous les autres produits se multiplient ; et la valeur créée par chacun aura
d'autant plus de prix que le marché sera plus abondam-
ment pourvu de produits offerts en échange.

On vend et on achète aujourd'hui en France huit ou
dix fois plus de choses qu'il y a cinq cents ans. C'est
parce que l'on y produit davantage, et non parce que l'on
a découvert les mines abondantes d'or et d'argent du nouveau monde. En effet, quand l'argent par sa rareté vaudrait six fois plus, il s'ensuivrait seulement qu'avec un
kilogramme d'argent on achèterait autant qu'avec six

kilogrammes[1]. Une mauvaise récolte fait languir la vente de tous les objets; ainsi, quoique la grêle qui détruit les blés n'attaque pas les chanvres, la vente des toiles diminue, parce que les cultivateurs, vendant moins de blé, achètent moins de toiles.

Si un produit ne peut se vendre que s'il vaut ses frais de production, il faut aussi que les acheteurs n'en soient point encombrés. Car il peut arriver que le producteur, en offrant son produit, rencontre une offre au lieu d'une demande. Rossi est dans l'erreur en disant « que les « désirs n'ayant point de bornes, il n'y en a point pour la « production et les débouchés. » L'on ne serait fondé à tirer cette conséquence que si chacun pouvait offrir une valeur égale au produit que l'on a fabriqué pour le lui offrir. Et comme la plupart des hommes n'ont que le travail de leurs bras à donner en échange contre les produits, cette valeur est si faible, qu'elle suffit seulement à l'acquisition des objets indispensables. Donc les débouchés exigent une production équivalente de part et d'autre.

Il y a des objets que l'on fait venir de très-loin, parce que leur transport coûte encore moins cher que l'excédant des frais de fabrication sur les lieux où on les consomme. D'ailleurs il en est que l'on ne peut, à aucun prix, se procurer dans certains pays, soit par la contrariété du climat, soit par d'autres causes péremptoires.

Ainsi non-seulement l'échange international procure à un pays des marchandises qu'il lui est impossible de produire lui-même; mais il donne un emploi plus utile de toutes les forces productives, et augmente la division du travail. La somme des richesses du monde serait plus

---

[1] J.-B. Say, *Cours complet*, I, 341.

grande si chaque objet était produit au lieu où sa production est le plus facile.

En outre, l'ouverture d'un commerce étranger tire le peuple de l'indolence en le familiarisant avec de nouveaux objets ; ou en lui fournissant le moyen d'acquérir des choses auxquelles il ne songeait point. Ceux qui d'abord se contentaient de peu et travaillaient peu se mettent à travailler davantage pour satisfaire leurs goûts nouveaux.

Suivant la remarque de saint Augustin, Dieu, par une merveilleuse providence, n'a pas donné à chaque région toutes les commodités nécessaires à la vie humaine, afin de les lier par le commerce, qui porte à l'une ce que les autres ont en surabondance. De même les services que nous recevons et que nous nous rendons mutuellement forment cette société publique, entretenue par la diversité des sexes, des conditions, des âges, des inclinations, des métiers et des charges.

Jadis c'était la guerre qui élargissait les vues des peuples ; aujourd'hui c'est le commerce, à cause du contact avec des hommes vivant dans une autre sphère de sentiments et d'idées. Ce sont les aventuriers qui ont été les premiers civilisateurs des barbares. « Le commerce détruit des préjugés destructeurs, dit Montesquieu. » C'est grâce au commerce que les nations voient aujourd'hui sans envie la prospérité des autres. Naguère le patriote désirait que les pays étrangers au sien fussent pauvres et faibles [1] ; aujourd'hui il ne voit dans leur richesse et leur puissance qu'une source d'avantages pour sa patrie.

---

[1] Montaigne disait : *Que le dommage de l'un est le profit de l'autre.* Voltaire, dans son *Dict. philos.*, faisait consister le patriotisme à souhaiter du mal aux voisins.

§ IV. — De la balance du commerce. — Réfutation de ce préjugé.

Avant le seizième siècle, les gouvernements ne s'inquiétaient de la quantité des importations ou des exportations qu'en vue des impôts. Mais quand les Espagnols s'enrichirent par l'exploitation des mines de l'Amérique, Botero et plusieurs autres écrivains italiens, partant d'un principe faux, enseignèrent qu'il fallait tirer de l'étranger plus de métaux précieux que l'on n'y en envoyait. Des publicistes français et espagnols publièrent la même maxime. « L'or et « l'argent étant devenus la commune mesure de toutes les « choses commerciales, dit Vatel, le commerce qui rapporte « dans l'État une plus grande quantité de ces métaux qu'il « n'en fait sortir est un commerce avantageux. Et, au con- « traire, celui-là est ruineux qui fait sortir plus d'or et d'ar- « gent qu'il n'en rapporte. L'habileté de ceux qui le diri- « gent consiste à faire pencher cette balance en faveur « de la nation. »

On appela *balance du commerce* ou *théorie mercantile* la différence entre les importations et les exportations. On croyait que la balance n'est favorable à une nation que lorsque ses exportations sont supérieures à ses importations; parce que les excès d'exportations étant soldées en espèces par les autres nations, ces espèces augmentaient la masse du numéraire circulant, qu'on tenait pour la richesse par excellence. On vantait donc le commerce extérieur comme le travail le plus productif.

A. Smith prouva qu'il importe peu à une nation de recevoir en payement un objet plutôt qu'un autre; qu'il est impossible qu'un pays qui ne possède point de mines paye en métaux précieux; et que les efforts que l'on fait pour y parvenir ne peuvent que restreindre ou détruire des relations de commerce utiles à tout le monde, et à renchérir les objets que chacun veut consommer. Ces arguments parurent si évidents que tous les économistes éclairés les adoptèrent.

Les pays qui produisent les métaux précieux, étant forcés de les exporter et d'avoir la balance contre eux, il y a circulation continue de numéraire, comme des autres marchandises entre toutes les nations. La masse du numéraire national ne doit pas dépasser une certaine proportion, parce qu'au dessous, la difficulté de s'en procurer arrêterait les transactions; et qu'au dessus l'avilissement de la valeur monétaire porterait ses possesseurs à en faire un autre emploi. Les nations ne gagneraient à l'excès de numéraire que la hausse nominale du taux des valeurs. Le numéraire trouve donc son niveau en s'écoulant des pays où il est surabondant, pour venir dans ceux où il est rare. Chaque fois qu'un pays en manque, l'or et l'argent s'y précipitent malgré toutes les mesures prohibitives. L'Espagne et le Portugal ont été impuissants, malgré leurs lois sanguinaires, à retenir l'or et l'argent : les importations du Pérou et du Brésil excédant la demande, le prix des métaux baissait dans ces pays, et leurs propriétaires trouvaient bien les moyens de les exporter, afin de leur rendre leur valeur naturelle.

On dit que la Turquie, qui a besoin de numéraire, n'en reçoit pas, malgré la liberté de l'importer. C'est parce que le numéraire ne trouve pas de produits à y acheter. Si l'on prouvait que la balance du commerce est d'autant plus favorable que le pays reçoit plus de *richesses* en échange de ses exportations, on aurait raison; mais on veut entendre que c'est en recevant plus de *numéraire*; et voilà où est le sophisme.

Objectera-t-on que l'individu qui a le plus d'argent est celui qui peut acheter le plus d'objets de consommation?

S'il a de l'argent, c'est parce qu'il l'a gagné par son travail ou par le travail de ses auteurs. Or, c'est la circulation, c'est l'activité du commerce, et non les prohibitions qui lui ont fait gagner cet argent. Tant que l'Espagne, par sa puissance, a eu le monopole de l'exploitation des mines d'Amérique, elle a été riche; mais dès qu'elle a perdu son numéraire, le travail manquant, elle est devenue la plus misérable des nations civilisées. Elle a eu du numéraire par l'effet de sa puissance politique; mais elle n'a pas été puissante parce qu'elle avait du numéraire. En d'autres termes, la possession d'un numéraire abondant a été l'effet et non pas la cause de sa splendeur.

§ V. — Du système protecteur. — Qu'il est contraire aux principes économiques. — Que néanmoins Colbert avait raison pour son temps. — Réfutation des principales objections. — Extrait de Fox.

La théorie mercantile a engendré la protection de l'industrie nationale, qui est la prohibition d'importer, ou l'établissement de droits onéreux à l'importation des marchandises étrangères. On a pensé ainsi décourager l'importation et encourager l'exportation pour faire entrer plus de monnaie dans le pays.

En partant du principe que la propriété est la base de toute société, et que l'échange en est le lien, Turgot a tiré la conséquence que la liberté des échanges ou du commerce est un corollaire du droit de propriété. La révolution, suivant cette idée, a renversé les barrières qui se trouvaient entre chaque province. On sait qu'une pièce d'étoffe, fabriquée dans le Cambrésis, payait sept fois des droits pour arriver en Provence. Les États indépendants de l'Allemagne ont formé entre eux une union qui

supprime les droits de douane sur la lisière de chaque
État, et les reporte sur la frontière générale. Chaque nation a compris les inconvénients des douanes intérieures ;
mais il s'agit aujourd'hui de supprimer les douanes qui
existent encore entre chaque nation.

Sully voulait déjà la liberté absolue du commerce. Colbert, interrogeant un fameux négociant sur les mesures
à prendre : *Laissez-nous faire*, répondit celui-ci. Quesnay
disait aussi : « Qu'on maintienne l'entière liberté du com-
« merce, car la police du commerce intérieur et exté-
« rieur la plus sûre, la plus exacte, la plus profitable à
« la nation et à l'État, consiste dans la pleine liberté de
« la concurrence. »

Notre droit public exige 1° que chacun choisisse sa
profession et l'exerce comme il l'entend, pourvu que la
liberté d'autrui n'en soit point froissée ; 2° que chacun
s'approvisionne où il le veut de matières premières et
d'outils ; 3° que chacun dispose à son gré des produits ou
de la rémunération de son travail.

Or, dans l'état actuel de la législation, le travailleur
français, quoique libre de choisir sa profession, est sans
cesse contrarié dans le choix du lieu où il veut acheter
ses matières premières et ses outils ; et en outre, dans la
satisfaction de ses légitimes désirs, lorsqu'il s'agit de disposer du fruit de ses labeurs. « Qu'il fasse un voyage autour de sa chambre, dit M. Michel Chevalier [1], les neuf
dixièmes des objets usuels sur lesquels il mettra succes-
vement la main, il est forcé, matériellement forcé de les
acheter en France, quand bien même son goût et l'attrait
du bon marché le porteraient à s'en pourvoir au dehors,

---

[1] Examen du système commercial connu sous le nom de système
protecteur.

quand même les ateliers français ne les produiraient qu'en
qualité détestable, ou ne les produiraient pas sous la
forme qu'il lui faut. Le drap dont sont faits son habit ou
sa veste, l'étoffe de laine ou le piqué de coton qui forment son gilet, le calicot ou le madapolam dont est faite
sa chemise, tout cela est prohibé; les souliers, prohibés;
les bas de coton ou de laine, prohibés. Il ne peut tenter
d'en faire venir du dehors sans être rebelle aux lois. Le
chapeau de feutre, ou de soie imitant le feutre, passe à la
frontière moyennant un droit de 1 fr. 65 cent.; le chapeau de cuir que porte le marinier est prohibé.

« Quant à l'ameublement, c'est à peu près de même.
La marmite en fonte, dans laquelle le pauvre prépare ses
aliments, est prohibée; les ustensiles en cuivre, en zinc,
en fonte, en fer, en tôle, en fer-blanc, prohibés; la cou-
tellerie, prohibée; la serrurerie, prohibée. Les couvertures de lits payent sur le pied de 220 francs les 100 kilogrammes; c'est l'équivalent de la prohibition; les tapis
payent sur le pied de 275 francs à 550 francs les 100 kilogrammes; encore du prohibitif. Les objets en plaqué,
prohibés. Les tissus de soie, dont on recouvre les meubles
les plus simples, prohibés; de même les innombrables
tissus de laine. Le savon, article essentiel à la propreté
du ménage et de la personne, prohibé. La liberté du consommateur français ressemble prodigieusement à la liberté d'écrire dont jouissait Figaro.

« Les beaux-arts n'échappent pas à cette tyrannie. Le
peintre paye pour ses couleurs; le sculpteur plus encore
pour ses marbres. On a eu l'idée d'obliger nos statuaires
à se servir de marbres français, quoiqu'il n'en existe aucun qui soit d'un beau grain, ou dont on puisse faire une
statue qui résiste à l'exposition en plein air. En conséquence, le marbre étranger est frappé d'un droit qui,

pour une statue de deux mètres, comme celles du musée de Versailles, n'est pas de moins de 742 fr. 50 cent. »

On dit qu'il est juste de compenser par des droits protecteurs les impôts établis sur l'industrie nationale. Par exemple, si les agriculteurs anglais supportent des impôts plus lourds que les russes, il faut bien les en indemniser, en imposant des droits à l'entrée des céréales de Russie.

Si les agriculteurs anglais payent plus d'impôts, ils jouissent de la sécurité, ce qui établit déjà la compensation. En second lieu, si l'on protége l'agriculture nationale sous le prétexte qu'elle est plus grevée d'impôts que celle des pays concurrents, on donnera, à la vérité, une compensation aux agriculteurs, en leur permettant d'augmenter le prix de leurs denrées ; mais le fardeau retombera sur les autres branches de la production, qui payeront plus cher les matières premières et leur subsistance. Ce qui sera gagné d'un côté sera perdu de l'autre. Quand la protection porte sur un produit agricole, le pays perd autant que le consommateur lui-même. La perte de travail n'étant éprouvée que sur la perte des derniers terrains mis en culture, le prix supplémentaire ne sert qu'en partie à indemniser le producteur ; le reste constitue un impôt au profit du propriétaire.

Le système protecteur est inique, puisqu'il favorise quelques industries, ou plutôt quelques maisons, aux dépens des autres. Voulût-on protéger toutes les industries matérielles, on ne peut pas protéger les industries immatérielles : celles des avocats, des médecins, des auteurs, des artistes, etc. Il est même des professions matérielles dont les produits, se consommant sur place, ne peuvent pas être protégées. Ainsi, les tailleurs, les cordonniers, les maçons, les jardiniers fabriquent des produits qui ne peu-

vent redouter la concurrence étrangère ; tandis que les
vins, les soieries, les articles de Paris payent tribut au
monopole, sans rien recevoir en compensation.

Objection. — Il peut se faire qu'un sacrifice de quelques années établisse en France une industrie utile. Le
système prohibitif est un aiguillon pour un peuple qui
n'est pas accoutumé au travail et donne aux industriels le
désir de travailler, dans l'espoir d'un bénéfice assuré.

Réponse. —Cette objection est sérieuse; mais les droits
protecteurs ne sont conformes aux principes que quand
on les établit temporairement pour naturaliser une industrie étrangère.

Si le gouvernement veut venir en aide à une industrie,
il n'a que deux moyens : s'associer à l'entreprise et faire
payer par l'impôt des profits aux entrepreneurs ; ou bien,
mettre simplement des droits sur les denrées semblables
à celles dont il veut activer la production. Mais le gouvernement, en ces deux cas qui ne diffèrent que dans la
forme, doit limiter d'avance la durée de la protection.
Colbert, en fondant le système protecteur, disait qu'*il ne
durerait que quelques années* ; et voici près de deux siècles
qu'il reste en vigueur. Néanmoins, lorsqu'on déclame
contre ce ministre et qu'on parle de *sa profonde ignorance de l'économie politique*, on a tort : ses conceptions,
en ce qui touche la prohibition, ont été bonnes pour son
temps, alors qu'il fallait donner à la France les industries
et les arts dont l'Italie et l'Angleterre se trouvaient seules
en possession. « La première des erreurs auxquelles la
science est sujette, dit Bacon [1], est un certain engouement
pour ces deux extrêmes : l'antiquité et la nouveauté; en
quoi ces deux filles du temps ne ressemblent pas mal à leur

---

[1] *Dig. et Ac. des scienc.*, liv. Ier.

père : car, de même que le temps dévore ses enfants, les deux sœurs se dévorent aussi réciproquement, attendu que l'antiquité envie les nouvelles découvertes, et que la nouveauté, peu contente d'ajouter ce qu'elle a pu découvrir, veut encore exclure et rejeter tout ce qui l'a précédée. Certes le conseil du prophète est la véritable règle à suivre en ceci : « *Tenez-vous d'abord sur les voies antiques; puis considérez quel est le chemin le plus droit et le meilleur, et suivez-le...* » Telle doit être la mesure de notre respect pour l'antiquité. Il est bon de s'y arrêter un peu et d'y faire quelque séjour ; mais ensuite il faut regarder de tous côtés autour de soi pour trouver le meilleur chemin ; cette route une fois bien reconnue, il ne faut pas s'amuser en chemin, mais avancer à grands pas. »

Objection. — Une nation ne doit pas se mettre sous la dépendance de l'étranger, surtout pour les objets de première nécessité, tels que les armes et les subsistances. Si ses ennemis réussissaient à lui couper les vivres, elle serait forcée de se rendre à discrétion.

Réponse. — Sans doute il faut faire en sorte qu'une rupture avec les peuples étrangers ne nous prive pas de pain ni d'armes ; et l'on ne doit pas reculer devant une dépense plus considérable pour s'assurer ces choses nécessaires. Ainsi, à l'époque où les actes de navigation furent décrétés en Angleterre, quoique les Hollandais pussent alors faire les transports à meilleur marché que cette nation, celle-ci pourvut à tout prix à cet inconvénient ; préférant justement une bonne mesure politique à une bonne mesure économique. Mais, grâce à l'acte de navigation, l'Angleterre naviguant à aussi bon marché qu'aucune puissance, il n'y a plus de raison pour maintenir ce système prohibitif qui, utile il y a deux siècles, n'est que nuisible aujourd'hui.

Il y a donc quelquefois des exceptions politiques, puisque avant la question de richesse passe celle d'existence. Il faut bien qu'un pays produise lui-même et à tout prix les armes, les munitions et les chevaux. Quant aux choses d'agrément telles que le sucre, le café, les mousselines, ce n'est pas la guerre qui empêchera l'ennemi de nous les procurer, puisqu'il a trop d'intérêt à nous les vendre, sachant que leur privation ne peut attiédir notre défense. D'ailleurs nous pouvons nous en priver quelque temps.

« Il faut bien que nous soyons constamment protégés, disent les maîtres de forges, car si nous avions une guerre, nous manquerions de fer. »

Je réponds d'abord que le fer neuf n'est pas nécessaire pour forger des armes; que l'on ne manquait pas de fer vieux sous la Convention, alors qu'on avait plus grand besoin d'armes qu'il n'en faudra jamais; que d'ailleurs les arsenaux de France sont approvisionnés pour longtemps; qu'enfin le fer n'a été largement protégé en France qu'après 1814, lorsque toutes les guerres avaient cessé. Vouloir continuer cette protection dans la crainte d'une guerre, c'est mettre un homme à une diète continuelle, pour y être accoutumé lorsqu'il sera malade [1].

Quant aux subsistances, je dis que le pays qui les tire du plus grand nombre de contrées est le plus régulièrement approvisionné. Une guerre contre toutes les puissances à la fois n'est pas probable; et l'on ne peut raisonnablement supposer que toutes seraient intéressées à perdre notre marché.

D'ailleurs, nous ne sommes plus au temps de ces haines nationales qui cherchent, par tous les moyens possibles,

---

[1] J. Garnier, *Éléments*.

l'extermination d'un peuple ennemi. Une loi d'Espagne, publiée à Cadix en 1740, punissait de mort ceux qui introduiraient dans les États espagnols des marchandises d'Angleterre contre laquelle l'Espagne guerroyait alors. Elle infligeait la même peine à ceux qui introduiraient en Angleterre des marchandises espagnoles. Cet acte, qui fut justement blâmé dès cette époque, en ce qu'il faisait un crime d'État de ce qui n'était qu'une contravention, est plus blâmable encore au point de vue économique ; il est le dernier reste, en Europe, de la barbarie en matière commerciale. Admirons au contraire la grande charte des Anglais qui prohibèrent la confiscation, en cas de guerre, des marchandises des négociants étrangers, à moins que ce ne fût par représailles.

Je sais bien que, dans la disette, plusieurs pays prohibent l'exportation des grains, de peur de s'affamer. On doit désirer que l'exportation soit libre, de façon qu'il n'y ait entre le prix des grains d'un pays à un autre que la différence des frais de transport et des bénéfices du commerçant. Le pays qui exporte peut sans doute en éprouver un préjudice passager, mais quand la disette sera chez lui, il s'estimera heureux de n'avoir point suivi les errements de l'égoïsme. Si l'Angleterre dépend aujourd'hui, pour sa subsistance, de la Russie, de la France et des États-Unis, ces trois pays dépendent à leur tour de l'Angleterre, pour leur consommation de fer, de houilles, de cotonnades, etc. En supposant même une guerre de l'Angleterre contre les pays qui l'approvisionnent de blé, elle pourrait, moyennant un prix un peu plus élevé, combler son déficit ailleurs.

« Être indépendant de l'étranger, disait W.-J. Fox,
« c'est le thème favori de l'aristocratie. Mais qu'est-il
« donc ce grand seigneur, cet avocat de l'indépendance

« nationale, cet ennemi de toute dépendance étrangère?
« Examinons sa vie. Voilà un cuisinier français qui pré-
« pare le diner pour le maître, et un valet suisse qui
« apprête le maître pour le dîner. Milady, qui accepte sa
« main, est toute resplendissante de perles, qu'on ne
« trouve jamais dans les huîtres britanniques, et la plume
« qui flotte sur sa tête ne fit jamais partie de la queue
« d'un dindon anglais. Les viandes de sa table viennent
« de la Belgique, ses vins du Rhin ou du Rhône. Il repose
« sa vue sur des fleurs venues de l'Amérique du Sud, et il ·
« gratifie son odorat de la fumée d'une feuille venue de
« l'Amérique du Nord. Son cheval favori est d'origine
« arabe, et son chien de la race de Saint-Bernard. Sa ga-
« lerie est riche de tableaux flamands et de statues grec-
« ques. Veut-il se distraire? Il va entendre des chanteurs
« italiens, vociférant de la musique allemande, le tout suivi
« d'un ballet français. S'élève-t-il aux honneurs judiciaires?
« l'hermine qui décore ses épaules n'avait jamais figuré
« jusque-là sur le dos d'une bête britannique. Son esprit
« même est une bigarrure de contributions exotiques, sa
« philosophie et sa poésie viennent de la Grèce et de
« Rome ; sa géométrie d'Alexandrie ; son arithmétique
« d'Arabie, et sa religion de Palestine. Dès son berceau,
« il pressa ses dents naissantes sur du corail de l'Océan
« indien ; et lorsqu'il mourra, le marbre de Carrare sur-
« montera sa tombe... Et voilà l'homme qui dit : *soyons*
« *indépendants de l'étranger !* »

§ VI. — Bienfaits que procure le libre échange. — Des ménagements à garder en abolissant la protection. — Des deux exceptions admises temporairement par l'auteur.

Les propriétaires fonciers redoutent la liberté, parce que la culture, avec le système prohibitif, se porte sur des terres inférieures, et qu'il en résulte une hausse dans la rente des bonnes. En France, la loi protectrice du sucre a fait hausser les baux dans les localités où se cultive la betterave. En conséquence, par l'abolition des tarifs, plusieurs propriétaires fonciers verraient baisser leur rente territoriale.

Quant aux maîtres de forges, ils ont assez gagné depuis quarante ans. Il en est de même des gros filateurs, qui aujourd'hui forment une féodalité industrielle. En Alsace, par exemple, tel filateur propriétaire de 15 ou 20 millions est entouré de deux ou trois mille habitants qui dépendent absolument de lui. Le salaire est fixé par le maître, et non débattu. L'ouvrier qui ne peut expatrier sa femme et ses enfants voit sa liberté enchaînée. « Le « commerce, dit A. Smith, qui, pour les nations comme « pour les individus, devrait être un lien d'union et « d'amitié, est devenu la source la plus féconde des animosités et de la discorde. L'ambition capricieuse des « rois et des ministres n'a pas été plus fatale au repos « de l'Europe que l'impertinente jalousie des commer- « çants et des manufacturiers. La violence et l'injus- « tice de ceux qui gouvernent le monde sont un mal qui « date de loin, et contre lequel la nature des affaires « humaines laisse peu espérer de remède assuré. Mais la « basse rapacité, le génie monopoleur des négociants et « des manufacturiers, qui ne sont ni ne doivent être les

« maîtres du monde, sont des vices incorrigibles peut-
« être, mais qu'on peut très-aisément empêcher de trou-
« bler le repos de tout autre que de ceux qui s'y livrent.»

En arrivant à la liberté, le capital circulant se dépla-
cera presque sans perte, et les profits ne seront pas compromis; mais le capital fixe sera en partie atteint. Si la
rente de certains propriétaires et les bénéfices de certains
industriels sont amoindris, ce qu'ils perdront sera épargné par les consommateurs. Le revenu général restera le
même, et la distribution en sera plus conforme à l'équité.
Qu'est-ce donc que la dépréciation du capital fixe en comparaison des pertes incessantes causées à la nation par le
système prohibitif? D'ailleurs, la production s'accrois-
sant, il est probable que les capitaux retrouveront un
emploi qui compensera plus tard ce qu'ils perdront à l'a-
bolition du monopole. « La liberté, dit Rossi, fait promp-
« tement oublier par ses bienfaits, et par la vive impul-
« sion qu'elle donne à la puissance humaine, tout ce
« qu'elle nous a coûté d'efforts et de sacrifices. La liberté
« commerciale cicatrise plus vite peut-être que la liberté
« politique les blessures qu'elle a dû porter aux impru-
« dents qui avaient méconnu ses droits. »

Parce que le système prohibitif est mauvais, comme je
viens de le prouver, ce n'est pas une raison pour l'abolir
immédiatement et sans précautions. Say compare les
vieilles relations commerciales entre les nations à ces
arbres qui ont pris leur croissance au milieu des anfrac-
tuosités d'un mur, et qui ont vieilli avec leurs difformités.
On les ferait mourir en voulant les redresser. Si l'on veut
revenir aux principes, ce ne doit être que graduellement. L'occasion arrive toujours où l'on peut changer
quelque chose, tant par la diminution que par la suppression de certains tarifs.

Il suffit d'avoir indiqué les inconvénients de la protection en général, sans se laisser entraîner par certains économistes qui ont présenté, à l'appui d'une cause bonne au fond, presque autant de sophismes que les *protectionnistes*. Si une nation se met à négliger certains travaux parce qu'elle peut en obtenir d'une autre les produits à meilleur marché, l'indolence s'emparera d'elle; et plusieurs catégories de citoyens finiront par se ruiner. Le législateur doit donc peser tous les intérêts généraux, et faire en sorte qu'aucun ne soit lésé.

Voilà ce que trop d'économistes n'ont pas voulu comprendre en demandant l'abolition absolue et immédiate de la protection. En exagérant la liberté économique, ils me semblent vouloir faire oublier leur servilisme politique. Mais c'est un sophisme que de chercher les contraires, surtout dans les sciences morales et politiques; ce n'est que dans la combinaison et l'organisation synthétique des deux idées extrêmes que réside ordinairement la vérité. Toutefois cette organisation ne doit pas être un compromis ambigu, mais un certain juste milieu qui se place, non pas à la remorque des systèmes, mais au-dessus d'eux, et en absorbe les bons éléments en repoussant les mauvais. « Malthus, dit M. Charles Comte, avait la conviction profonde qu'il existe en économie politique des principes qui ne sont vrais qu'autant qu'ils sont renfermés dans certaines limites; il voyait les principales difficultés de la science dans la combinaison fréquente de causes compliquées, dans l'action et la réaction des causes les unes sur les autres, et dans la nécessité de mettre des bornes ou de faire des exceptions à un grand nombre de propositions importantes. »

En résumé, j'admets avec Cromwell et Colbert les deux exceptions essentiellement temporaires qui ont pour but

de fonder une industrie ; ou de pourvoir en tout temps à
la défense et à l'alimentation nationales. Ces exceptions
impliquent cette proposition importante : qu'il ne faut
point laisser tomber les industries agricoles et manufac-
turières que le sol et l'aptitude nationales permettent de
cultiver avec avantage, quand même cet avantage serait
inférieur à celui d'une nation étrangère.

CHAPITRE IV.

DU CRÉDIT ET DES BANQUES EN GÉNÉRAL.

§ I. — Définition du crédit. — Son objet et ses conditions. — Il est réel ou personnel, public ou privé, mobilier ou foncier.

Ce mot crédit a diverses acceptions : dans la pratique du commerce, il indique ce qui est dû par la maison ; il signifie autoriser une personne à se constituer débiteur pour une somme dont on répond ; il signifie encore accorder un délai, inspirer de la confiance, etc. Dans le langage du monde et de la politique, *avoir du crédit* signifie avoir de l'autorité, de l'influence.

La plupart des économistes en ont donné des définitions inexactes : la première, qui est la plus ancienne, c'est la *facilité d'emprunter*, due à la confiance qu'on inspire ; la deuxième, c'est l'*anticipation de l'avenir*. La troisième a été inventée ou formulée par M. Czieskowski : « S'il y avait, dit-il, un moyen de dégager les vrais ca- « pitaux engagés sans leur faire perdre le caractère de « fixité et de production stable ; en d'autres termes, si les « capitaux fixes pouvaient en même temps servir de ca- « pitaux roulants, et se dédoubler ainsi pour faire face à « ces deux fonctions, ce moyen serait le plus grand mo- « teur de l'accumulation des richesses. Or, ce moyen ,

« c'est le crédit dans son acception normale et géné-
« rale [1]. »

Je ne vois pas l'avantage que la société retirerait de
cette transformation ou du dégagement de la propriété
foncière, si ce n'est un simple changement de rapport dans
le chiffre de valeurs. Les capitaux immobilisés de la
France valant 70 milliards, si l'on fabrique des valeurs
de crédit et de circulation pour une somme égale, on
doublera le prix relatif de chaque chose, on décrétera
que les capitaux immobilisés valent 140 milliards, sans
augmenter la somme de la richesse nationale. Une circulation qui ne produit point n'est qu'une agitation
stérile.

On commet une erreur en prétendant que le crédit n'a
d'autre objet que de mobiliser le capital existant ou pré-
existant. Il n'y a pas là crédit, mais simple mutation. Le
crédit n'existe point sans qu'il y ait échange d'un capital
déjà possédé contre un capital non disponible encore au
moment de l'opération. L'objet du crédit est d'abréger
le temps; ce n'est donc qu'une avance, laquelle n'a de
valeur qu'alimentée par la production, et balancée par
des produits nouveaux.

Si le crédit ne représentait que les valeurs créées, il
ne pourrait profiter qu'aux propriétaires du capital. Les
prolétaires n'y auraient aucun droit ; car, que pourraient-
ils donner à mobiliser? et s'ils n'avaient rien à offrir en
gage, sur quoi leur ferait-on crédit ? En définissant le crédit : L'AVANCE FAITE PAR LE CAPITAL PRÉSENT AU CAPITAL
FUTUR [2], on rend indispensable l'intervention du travailleur ; on base le crédit, non plus sur le capital, mais sur
le travail, ce qui est son véritable objet.

[1] *De la circ. et du crédit.*
[2] *Org. com.*, p. 250.

Le crédit peut donc faciliter l'émancipation des pauvres et l'abolition de la misère. Toutefois, il ne faut pas s'abuser sur sa puissance, et croire que de rien il fait quelque chose, car le travail seul peut produire. Le crédit accélère et multiplie la production en fournissant des instruments qu'il est impuissant à créer directement et qu'il ne prend qu'où ils se trouvent, pour leur donner un emploi productif. Ce transport est ordinairement fait en des mains plus capables d'employer utilement le capital. Mais le crédit qu'un marchand accorde à un consommateur qui ne produit pas diminue les forces de la production, loin d'y ajouter; car le capital se trouve ainsi, pour un temps, au service de celui qui ne l'emploie pas. Si le marchand s'en indemnise en vendant plus cher, les classes laborieuses en souffrent, puisque ce marchand aurait pu, dans l'intervalle, employer peut-être plusieurs fois ce même capital à faire travailler.

Il est donc essentiel 1° que le capital dégagé ou emprunté serve à la production; 2° que l'intérêt payé pour ce dégagement, ou cet emprunt, n'absorbe pas les profits qu'il doit produire entre les mains de l'emprunteur.

On distingue le crédit privé du crédit public. Je parlerai de ce dernier dans le livre quatrième. Le crédit privé se divise en crédit *commercial* ou mobilier, qui se rapporte aux opérations de commerce ou d'industrie; et en crédit foncier qui concerne la mobilisation du sol et l'exploitation rurale.

Sous un autre aspect, le crédit est réel ou personnel. Le crédit réel est fondé sur la valeur de la chose, sans égard aux personnes. Il est mobilier quand on affecte à la sûreté du prêt des meubles, c'est-à dire *un gage;* immobilier ou foncier, quand on y affecte des immeubles, c'est-à-dire *une hypothèque.* Les prêts sur gages, sur dépôts de

titres, sur consignation de marchandises, sont des opérations de crédit réel mobilier. Ce dernier se subdivise lui-
même en crédit civil et en crédit commercial, selon qu'il
s'agit d'une opération civile ou commerciale.

Pour avoir part au crédit immobilier ou mobilier, il
faut absolument être propriétaire d'immeubles ou de valeurs mobilières. Le crédit personnel ou moral est, au
contraire, l'escompte d'un travail futur et non d'un travail accompli. Il n'est pas limité, comme le crédit réel,
par la valeur des objets que l'on engage ; mais il est ou
doit être proportionné à la probité et à l'intelligence du
débiteur. Le crédit moral est plus fructueux pour la société, car il met les travailleurs pauvres en état de tirer
parti de toute leur intelligence et de toute leur activité.

§ II. — Des diverses formes sous lesquelles se manifeste le crédit.
— De l'invention et de l'utilité de la lettre de change. — De la pros-
cription des Juifs dans le moyen âge.

Le crédit se manifeste sous plusieurs formes :

1° Lorsque l'affaire est complexe, une compensation
de droit s'établit entre elles jusqu'à due concurrence, et
l'on paye la balance seule en espèces. Ainsi Pierre et Paul
achètent à crédit l'un chez l'autre et ne règlent qu'à la
fin de l'année. Le solde seul se paye alors en espèces ;
il peut n'être que de 1,000 francs, quoiqu'ils aient fait
des affaires pour 500,000 francs.

2° Paul débiteur peut même ne pas débourser de
monnaie en cédant à Pierre une créance qu'il a sur Jacques ; à cet effet, il lui donne une lettre de change ou
papier portant l'ordre à Jacques de payer à son créancier,

Cet ordre même peut être facilement, et sans frais, transmis par Pierre à d'autres jusqu'à l'échéance.

Les lettres de change ont été imaginées comme le moyen le plus convenable d'acquitter des dettes d'un lieu à un autre, sans encourir les risques ni la dépense du transport de numéraire. On suppose généralement, mais sans preuves, qu'elles furent inventées par les Juifs, au douzième ou au treizième siècle, comme un moyen de se faire payer par des voyageurs des sommes qu'ils laissaient en dépôt, lorsqu'ils étaient chassés du pays où ils résidaient [1].

La troisième manière de faire les payements est le billet à ordre, promesse souscrite par le débiteur de payer la somme indiquée, soit à vue, soit à un délai déterminé. Ce billet se transporte aussi sans frais par l'endossement du porteur, créancier de la somme.

Le *chèque*, ou dépôt effectif ou en crédit que l'on a chez son banquier, est une quatrième façon de se passer de la monnaie par le moyen du crédit. Si un débiteur a le même banquier que le créancier, il paye celui-ci au moyen d'un transfert qu'il ordonne au banquier de faire sur ses livres. Mais comme ils n'ont pas tous le même banquier, il existe à Londres une chambre de liquidation où chaque banquier envoie, tous les jours, à quatre heures, les chèques tirés sur les autres banquiers, qui lui ont été remis dans

---

[1] L'on sait que les princes, pour les punir de leurs extorsions, et consoler les peuples tout en bénéficiant, les pillaient quelquefois et les chassaient de leurs États. L'Église avait excommunié les Juifs qui s'étaient rendus odieux par leurs fraudes et la pratique d'une usure dévorante. Le roi Jean d'Angleterre les fit emprisonner, et l'on creva les yeux au plus grand nombre. Un riche Juif de ce pays, refusant de payer une taxe, on se mit à lui arracher une dent chaque jour ; à la huitième, il paya dix mille marcs d'argent.

la journée ; là, ses effets sont échangés contre ceux qui lui ont été fournis, et l'on ne solde que les différences en monnaie. Toutes les affaires conclues à Londres, et beaucoup d'affaires de province, lesquelles roulent, en moyenne, sur 60 à 80 millions de francs par jour, sont liquidées avec 2 millions de monnaie ou billets de banque [1].

Il y a, en outre, à Londres, des docks ou entrepôts, formés de bassins propres à la manœuvre des navires et au déchargement des colis et des magasins où l'on reçoit et surveille la marchandise, sans que le propriétaire ait à s'en occuper. Celui-ci peut faire des affaires considérables dans un cabinet de la Cité. Lorsque les marchandises sont en magasin, la compagnie du dock remet à leur propriétaire un *warrant*, qui constate qu'elle a en magasin, à la disposition du porteur, telle marchandise de telle qualité, etc., et qui indique les numéros des colis et ceux des échantillons déposés dans un lieu de la cité, au centre des affaires. Le warrant est transmissible par endossement, et la marchandise est remise au dernier porteur qui la réclame. La compagnie fractionne le warrant au gré des porteurs. Ce procédé si simple fait échanger les marchandises avec la même facilité que les effets de commerce, et mobilise un capital immense. En outre, les frais de manutention et de magasin sont beaucoup moins considérables, parce qu'ils sont faits en communauté.

---

[1] Tooke, *Recherches sur le principe de la circulation.*

§ III. — Origine des banques. — Des templiers. — Des banques de dépôt et de virement.

L'on n'a des capitaux que lorsqu'on en demande aux capitalistes ; et ceux-ci n'en fournissent que lorsqu'on leur présente des bénéfices certains avec de bonnes garanties.

Comme le capitaliste ne connaît pas assez le travailleur pour savoir s'il mérite confiance ou crédit, il faut les rapprocher l'un de l'autre. L'intermédiaire est un *banquier* qui tient le marché où le capital est offert et le crédit demandé. Le banquier garantit le capital. Une banque ou association de capitalistes fait en grand et publiquement ce qu'un banquier fait en petit et privément. Ainsi l'on a donné le nom de Banques aux établissements qui servent spécialement à la circulation du capital et au crédit. Ce mot vient de *banco*, *banc*, parce que les premiers banquiers étaient de simples changeurs de monnaie établis sur des bancs en Grèce, en Orient et en Italie.

La civilisation seule a pu donner l'idée des banques. D'abord, simples lieux de dépôt, de prêts sur gages, et de change de monnaies, elles devinrent ce que nous les voyons. Dans l'antiquité, les temples servant aux dépôts furent souvent pillés. On croit même que le fameux Érostrate fut poussé à l'incendie du temple de Diane par des dépositaires infidèles qui voulurent ainsi se liquider. Le temple de Jérusalem ; depuis Salomon, servait aussi à la garde du trésor public, des dépôts particuliers et des gages livrés par les emprunteurs. Le grand-prêtre était collecteur des impôts.

L'on voyait à Athènes des banquiers particuliers qui

prêtaient des capitaux propres, ou reçus en dépôt, avec ou sans intérêt. Ces commerçants jouissaient d'une telle réputation de loyauté qu'ils ne donnaient jamais de reçus des sommes placées chez eux, quoiqu'ils en exigeassent des individus auxquels ils prêtaient. Les plaidoyers d'Iso-crate et de Démosthènes nous montrent qu'alors on avait des idées nettes et assez étendues du commerce de l'argent.

Il y a des banques de dépôt, des banques de virement, des banques d'escompte et des banques de circulation.

Les premières sont celles qui reçoivent en dépôt des monnaies ou des lingots, et donnent leurs reconnaissances en échange. Toutes, dès l'origine, furent en même temps banques de virement. Ainsi, Pierre possède en dépôt, à la Banque, la somme de 1,000 francs; mais il doit à Paul 500 francs. Au lieu de prendre à la Banque pour payer sa dette, il donne ordre à la Banque de les passer au cré-dit de Paul; et le sien est diminué de 500 francs, sans qu'aucun maniement de fonds ait lieu. Ces banques ont été imaginées dans les grandes villes qui commerçaient avec l'étranger, parce que les monnaies diverses trou-blaient les affaires. Elles adoptaient une pièce de mon-naie neuve et loyale comme type invariable de leur pa-pier, en échange duquel elles acceptaient toute espèce de monnaie ou de lingots. Ce papier acquérait bientôt une valeur supérieure à celle de la monnaie si souvent alors altérée par les princes. La différence s'appelait l'*agio* qui, joint à une faible commission, suffisait aux frais d'admi-nistration et aux profits de la banque.

Ainsi ces établissements pratiquaient : 1° le change des monnaies ; 2° l'acceptation des dépôts ; 3° les virements de comptes.

La plus ancienne banque de dépôt et de virement connue est celle de Venise. Cette république, épuisée en 1171 par la guerre qu'elle avait eue à soutenir contre l'empire d'Orient, en même temps qu'elle guerroyait contre l'Occident, leva un emprunt forcé sur les citoyens les plus riches, au remboursement duquel on engagea les revenus de l'État. Les certificats de l'emprunt portant intérêt à 4 p. 0/0 pouvaient être transmis de main en main ; la chambre où les porteurs se réunissaient donna naissance à la Banque de Venise, qui reçut en dépôt l'argent des citoyens et des étrangers, auxquels elle ouvrait un crédit jusqu'à due concurrence. Ses bons de crédit se transmettaient en payement, et évitaient ainsi les frais et les risques du transport du numéraire. Cette institution ne succomba qu'avec la république en 1797.

La Banque de Saint-Georges, à Gênes, fut fondée sur le modèle de celle de Venise en 1407 ; celle d'Amsterdam en 1609 ; et celle de Hambourg en 1619. Telles sont les premières et les plus célèbres banques de dépôt et de virement.

Notons toutefois qu'avant que la Banque de Venise fût fondée, neuf chevaliers, qui avaient institué [1] l'*Ordre du Temple de Jérusalem*, pour se vouer à l'escorte des pèlerins, à l'hospitalité, au commerce et aux négociations, avaient déjà donné au monde l'exemple des merveilles du crédit.

Cet ordre, qui devint si fameux par ses richesses, durant près de deux siècles, fit fructifier les immenses trésors qu'il avait pillés, ou dont on lui avait confié la garde, ou que les princes et les peuples lui avaient donnés en récompense de son protectorat. Ses commanderies, au nombre de neuf mille, qui couvraient l'Europe, l'Asie et une partie de l'Afrique, étaient dirigées par vingt-quatre

[1] En 1118.

maisons provinciales qui s'occupèrent du change, reçurent des dépôts, et prêtèrent sur immeubles et objets mobiliers. Les relations fréquentes et assurées des commanderies entre elles leur permirent de procurer, soit aux princes, soit aux marchands, des lettres de change et de crédit sur presque toutes les places du monde connu, du douzième au quatorzième siècle ; et ils peuvent, aussi bien que les Juifs, être les inventeurs de la lettre de change.

A cette époque où, à l'exception de la république de Venise, le trafic de l'argent était livré aux Juifs, qui excitaient des défiances et des haines universelles, l'ordre du Temple se montra scrupuleux dans ses engagements commerciaux. Henri Ier d'Angleterre, et Jean-sans-Terre lui confièrent le dépôt et la gestion du trésor de l'État. Le lord grand-juge, disgracié par Henri III, déposa toutes ses richesses à la commanderie de Londres. Le monarque ayant demandé quelle en était la somme, le commandeur répondit qu'*elle était renfermée dans une cassette dont il ne connaissait point le contenu ; mais qu'il devait d'autant mieux respecter, que le grand-juge n'en avait pas reçu de quittance.* Ce ne fut que sur l'autorisation du grand-juge lui-même que la cassette fut remise au roi[1].

Les payements entre princes étrangers se faisaient habituellement dans les maisons du Temple. C'étaient elles aussi qui percevaient habituellement les impôts et les dons destinés aux expéditions et aux établissements d'Orient. Quelquefois ils réparèrent la ruine des monarques chrétiens. La rançon de Louis VII fut acquittée par eux, de leurs propres deniers. Il est vrai que, peu après, ils sa-

[1] Hurter, *Tableau des institutions et des mœurs de l'Église au moyen âge*, t. III. — Villeneuve-Bargemont, *Monuments de l'ordre de Saint-Jean de Jérusalem*, t. Ier. — Math. *Paris*, p. 261. — Roger, *La noblesse aux croisades*, p. 145.

vaient extorquer à ces monarques et à leurs peuples de quoi s'indemniser avec usure des dons qu'ils avaient faits. Le Temple prêtait même à découvert sur la moralité de l'emprunteur ; de sorte que son influence politique s'étendit en proportion de ses richesses.

Le roi Philippe le Bel en prit ombrage ; et, comme il devait déjà beaucoup au Temple et n'en pouvait plus rien obtenir, il résolut, en 1310, de se débarrasser de ses obligations ; et en même temps d'acquérir un trésor en faisant mettre à mort les chefs de l'Ordre qu'il fit accuser de crimes invraisemblables, par de faux témoins [1]. Le concile général de Vienne décréta la destruction des Templiers dans toute la chrétienté au mois d'octobre 1311 ; et la bulle fut mise à exécution l'année suivante [2].

§ IV. — Des banques d'escompte et des banques de circulation. — Du billet de banque ou monnaie de papier. — Du caractère spécial des banques de circulation. — Du rapport de leurs émissions de billets à leur encaisse.

Une banque d'escompte est celle qui avance des espèces contre des titres de crédit, ou qui échange des titres de crédit contre d'autres titres. L'escompte est aujourd'hui la principale fonction des banquiers et des banques.

Tous ceux qui avaient reçu des certificats ou reconnaissances des banques de dépôt en avaient apprécié l'avantage, puis qu'ils les échangeaient à volonté contre espèces. Comme on s'aperçut que le remboursement n'était demandé que dans une certaine proportion, on ima-

[1] Moréri, édit. de Bâle, v° *Templiers.*
[2] Du Puy, *Hist. de la condamn. des Templiers.* — Gurtler. *Abrégé de l'hist. des Templiers.* — Mézeray, *Hist. de Philippe le Bel.*

gina d'émettre en circulation plus de billets que l'on n'avait de numéraire en caisse; surtout lorsqu'au lieu de billets on donnait des effets de commerce couverts d'autres signatures que la banque ne faisait que garantir. Telle est l'origine des banques de circulation, qui bénéficient des escomptes qu'elles font, comme si leur capital était triple ou quadruple. Elles empruntent ainsi la somme indiquée dans leurs billets à ceux qui les acceptent, et en usent comme d'un équivalent de la monnaie.

On appelle *billets de banque* les titres au porteur et à vue qu'une banque de circulation remet au déposant, et en échange desquels elle rend les espèces qui lui ont été confiées. Il n'existe aucune distinction générique entre eux et les autres titres de crédit représentatifs de la monnaie : tels que les billets à ordre, les lettres de change. Tout en rendant le même service que la monnaie, ils sont d'un usage plus commode et moins dispendieux. Ils ne tirent pas, comme elle, leur utilité d'une valeur qui leur soit propre; on ne leur en reconnaît une que parce qu'ils sont des titres assurant une richesse à ceux qui les possèdent.

L'émission des billets à vue et au porteur constitue un dépôt toujours exigible, mais dont les effets diffèrent du dépôt effectué dans les banques ordinaires. Dans celles-ci le dépôt dure tant que le déposant a confiance en son banquier et n'a pas besoin de son capital; tandis que le porteur du billet de banque n'a besoin du capital indiqué au billet que dans les trois circonstances suivantes :

1° Quand il lui faut de la monnaie de moindre coupure;

2° Quand il doit faire des payements dans une contrée où le billet de banque n'est pas accepté comme monnaie;

3° Quand il veut transformer la matière de la monnaie métallique, c'est-à-dire la fondre.

En conséquence, cette émission, tout en paraissant fournir à la Banque le dépôt qui paraît le plus mobile, lui procure au contraire le dépôt le moins variable. Dans les crises commerciales ordinaires, les dépôts devraient affluer en même temps que la circulation des billets augmente. Mais, presque toujours, le contraire de cette règle s'est manifesté. En effet, les crises commerciales, du moins en France, ont été accompagnées de demandes d'espèces pour l'exportation, et d'embarras politiques qui ont déjoué les combinaisons.

Il est plus facile aussi de prévoir les demandes de remboursement des billets de banque que les retraits des dépôts; parce que ces retraits sont le plus souvent causés par des circonstances particulières et inconnues, tandis que les présentations considérables de billets au change sont motivées par des faits éclatants qui ébranlent le crédit de la Banque.

L'on croit généralement qu'une banque peut livrer à la circulation autant de billets qu'elle le veut. C'est une grave erreur, car une émission de billets a pour limite la circulation monétaire qui varie suivant les contrées et les temps. Si une banque s'établit sur un marché qui n'en possédait point encore, examinons par aperçu quelle est la quantité de billets qu'elle pourra émettre.

Si avant son établissement on employait habituellement un million de numéraire pour le service des échanges, et que tout à coup un autre million de numéraire soit répandu sur ce marché, le prix des marchandises s'élevera; en d'autres termes, la valeur de la monnaie baissera. Les étrangers viendront vendre sur ce marché, et en emporteront tant de monnaie que les cours reprendront bientôt leur niveau.

Si, au lieu de répandre un million de monnaie, une

banque répand un million de billets, le même phénomène
se produira. Mais si, au lieu d'un million, elle en répand
pour 300 mille francs, cette monnaie de papier, plus commode que le numéraire, sera bien venue à cause de sa
commodité, et l'argent qu'elle représente devenant superflu ira en dépôt dans les caisses de la Banque.

Il n'appartient donc à aucune banque de circulation
d'excéder, par ses émissions, le chiffre fixé par les besoins
du commerce. Ce principe, qui peut être mis au nombre
des axiomes économiques, réfute ces auteurs nombreux
qui croient que l'émission de billets à vue et au porteur
n'est autre chose que le droit régalien de battre monnaie;
et que le gouvernement seul peut fixer le chiffre de la
circulation nécessaire au pays. Les gouvernements eux-
mêmes ne prétendent pas, en frappant monnaie, régler le
moins du monde la circulation. Ils ne font que garantir,
par leur coin, que telle pièce pèse tel poids et porte tel titre.
C'est une garantie donnée au public contre la fraude,
comme le contrôle apposé par l'autorité sur les produits
des orfévres [1].

De même, une banque de circulation ne fait que garantir
le payement à vue de ses billets. Elle ne pourrait porter
leur émission au delà des besoins du marché que si ses
billets cessaient d'être remboursables. En ce cas, ce ne serait plus une banque, mais une fabrique de papier-monnaie, des lois de laquelle je ne traite point en ce moment.

Une des plus graves questions relatives aux banques
est celle du rapport de l'encaisse aux émissions. L'on a vu
des banques utiliser très-hardiment leur capital, et n'arrêter leurs escomptes que quand une force majeure les y
forçait; d'autres, au contraire, s'empressaient de les ra-

[1] Wilson, *Economist.*

lentir, aussitôt que l'encaisse était inférieur au chiffre des émissions. Les directeurs de la Banque d'Angleterre tiennent pour principe que l'encaisse doit être de 33 pour 100 de la somme des billets en circulation. Les statuts des banques départementales de France, lorsqu'il y en avait, les obligeaient à respecter le même principe, et la Banque de France elle-même paraissait s'y soumettre.

En observant les habitudes de toutes les grandes banques de l'univers, on se convaincra que le rapport dépend des époques et des pays. Plus une banque est exposée aux demandes d'espèces pour l'exportation et aux paniques, plus son encaisse doit être élevé relativement à la somme de ses billets. Néanmoins, ces deux causes de retrait des dépôts ou du change des billets sont des causes extraordinaires que l'encaisse le plus élevé n'a jamais pu conjurer. Ainsi, les deux banques du monde qui paraissaient le plus solidement assises, celle d'Angleterre et celle de France, ont été forcées, l'une en 1797, l'autre en 1848, d'implorer et d'obtenir le cours forcé de leurs billets. En général, les banques doivent calculer leur encaisse sur les demandes d'espèces pour l'exportation. Voilà pourquoi la Banque d'Angleterre augmente son encaisse quand le change est contraire, et facilite l'escompte quand le change est favorable.

En Écosse et en Amérique, où le public accepte plus volontiers les billets de banque qu'on ne le fait dans les campagnes de France, il n'est pas nécessaire que l'encaisse soit aussi élevé. Le problème à résoudre est donc de garder le moins possible de numéraire, tout en satisfaisant aux demandes; car si l'on garde en caisse un capital inutile, l'usage en est perdu; si l'on garde un capital insuffisant, le crédit de la banque peut être ébranlé.

§ V. — Du papier-monnaie. — Des causes de la dépréciation des assignats. — Des précautions que l'on aurait dû prendre pour l'éviter.

Le billet de banque est un signe parfait, comme la monnaie métallique est un gage parfait. Il est une *monnaie de papier* qu'il ne faut point confondre avec le *papier-monnaie*.

En 1790, une grande partie du numéraire de France était enfouie par les peureux, une autre emportée par les émigrés, ou envoyée aux banques étrangères par les contre-révolutionnaires restés dans l'intérieur. Il était urgent, d'une part, de payer les services publics et les créanciers de l'État ; d'autre part, de faciliter aux citoyens l'acquisition des biens immenses du clergé, qui venaient d'être mis, par un décret, à la disposition de la nation, et qu'on allait vendre aux enchères. On imagina donc les assignats, c'est-à-dire un papier-monnaie, ayant cours forcé, qui devait être reçu en payement de l'impôt et des biens du clergé dont ils représentaient la valeur réelle.

Le moule des assignats, lors de leur émission, étant aux mains de commissaires à la nomination du roi, ce dernier avait la faculté d'en émettre au delà du montant de tous les biens nationaux, et c'est ce qu'il fit. On en abusa donc, et au lieu de 3 milliards, ce qui eût été suffisant, on en émit pour 45 milliards de 1790 à 1796. Après le 10 août, l'on n'avait plus le moyen de s'arrêter sur la pente fatale des émissions excessives. Toutefois il faut observer qu'une grande partie de cette somme fut successivement retirée et brûlée, mais il en restait toujours en circulation beaucoup plus qu'il n'en fallait.

Les Anglais, les émigrés et les royalistes restés dans l'intérieur en fabriquaient de faux. Des milliards imprévus étant jetés dans la circulation, il fut impossible de les retirer et brûler, aux termes des lois[1].

La nation n'ayant que des biens-fonds pour acquitter la dette publique, les assignats, qui en étaient le prix, devaient nécessairement être employés à leur acquisition dans un temps déterminé. En conséquence, pour empêcher les agioteurs de les détourner de cet emploi, on aurait dû décréter que, dix-huit mois ou deux ans après leur émission, ils seraient démonétisés. En outre, à une époque où les neuf dixièmes des citoyens aspiraient à échanger tous leurs capitaux contre des terres, on devait décréter que celles-ci ne seraient payables qu'en assignats. De la sorte, ce papier eût été très-recherché.

Mais ces mesures ne pouvaient être prises qu'avant la grande crise de 1793. Cette crise éclatant, nul ne pouvait rendre inévitable l'abus d'un papier qui était l'unique ressource pour nourrir et solder treize armées en campagne, ainsi qu'une infinité d'autres dépenses urgentes et nécessaires. La patrie était en danger : la Révolution devait triompher, ou s'ensevelir sous les ruines de la France. Au surplus, les assignats, malgré les pertes individuelles que leur dépréciation causa, ont pesé moins lourdement sur la nation que n'eussent fait des impôts extraordinaires, ou

---

[1] Les émigrés en apportèrent à Quiberon pour plusieurs milliards. Les Anglais en fabriquaient avec l'autorisation de leur gouvernement. Leurs tribunaux ne considérèrent point comme illicites les engagements qu'ils nécessitèrent entre les imprimeurs et les fabricants de papier. Plusieurs procès curieux ont prouvé ce fait. Un juge de Londres motiva son jugement sur ce vers de Virgile :

Dolus an virtus quis in hoste requirat?

des emprunts plus onéreux encore[1]. La république d'alors a eu du moins le mérite de ne pas sacrifier les générations futures à la génération présente. Tel que le pélican, elle a ouvert ses entrailles pour abreuver de son sang ses enfants affamés[2].

[1] D'après les négociations de papier faites à la Trésorerie, et des notes diverses, l'on peut assurer que pour 100 livres en assignats on obtenait en juillet 1790 . . . . 95 livres en argent.

   En janvier 1791. 91
   En janvier 1792. 72
   En janvier 1793. 51
   En janvier 1794. 50
   En janvier 1795. 18

Quand la réaction ne connut plus d'obstacles, les assignats baissèrent si promptement, qu'en juillet 1795, 800 livres ne valaient que 24 livres en argent. Six mois après, il en fallait donner 3,500 pour la même somme; et au mois de mars 1796, 5,200 livres en assignats ne servaient à payer que deux paires de souliers.

[2] M. Blanqui, de l'Institut, disait, dans son *Histoire de l'Économie politique*, chap. xxxvii : « Il faut se reporter au point de départ de « ces grandes mesures, pour en apprécier avec équité les consé- « quences rigoureuses et inévitables. Qu'on se figure donc la Con- « vention réduite aux seuls biens du clergé et des émigrés, pour faire « face à l'Europe entière et à la guerre civile. Afin de mettre en cir- « culation la valeur de ces biens, elle avait imaginé les assignats qui « en étaient la représentation... Dans le péril extrême où se trou- « vait la patrie, il lui fallait pourvoir au plus pressé, et néanmoins « ses résolutions les plus violentes se distinguèrent toujours par une « hauteur de vues qu'on rencontre rarement dans les gouvernements « les plus éclairés, dans les temps les plus calmes. »

Cette observation est sensée, quoique M. Blanqui commette un singulier anachronisme. Ce ne fut point la Convention, mais l'Assemblée constituante qui imagina les assignats, en 1790, deux ans et demi avant que la Convention fût convoquée. Le même écrivain place aussi la banqueroute avant l'institution du *grand-livre* par Cambon, tandis qu'elle lui fut postérieure de quatre ans! Comment voudrait-on que le vulgaire eût des idées saines, quand les hommes, que leur position devait rendre graves, écrivent avec une pareille légèreté?

CHAPITRE V.

DU RÉGIME DES BANQUES DE CIRCULATION DANS LES PRINCIPAUX PAYS.

§ I. — De l'organisation de la Banque de France. — De son privilège. — De son administration.

En 1776, une banque de circulation fut fondée à Paris, sous le nom de *Caisse d'escompte*. Neuf ans après, elle obtint du gouvernement le cours forcé pour ses billets; puis le roi lui emprunta son capital, sous le prétexte *de donner plus de garantie aux billets émis.*

En 1789, cet établissement, devenu odieux à cause de ses filouteries et de l'agiotage qu'il favorisait, fut ébranlé par la liberté des banques que l'on proclama. Enfin, il fut supprimé en 1793.

Sous le Directoire, nonobstant les préjugés répandus par l'abus des assignats contre tout papier de crédit, plusieurs sociétés s'établirent librement à Paris pour émettre des billets et faire l'escompte. Elles prospéraient, lorsque le premier consul avisa qu'une banque unique et privilégiée rendrait d'autant plus de services qu'elle serait un instrument financier à ses ordres. Le 13 février 1800, un arrêté des consuls institua une compagnie appelée à faire, sous le nom de *Banque de France*, le service du commerce. La *Caisse des comptes courants*, l'une des banques libres, fut forcée de se fondre dans celle-là.

En 1803, prétextant quelques rivalités insignifiantes, le gouvernement décréta que la *Banque de France* seule aurait le droit d'émettre des billets au porteur et à vue. Son capital fut composé de quarante-cinq mille actions de 1,000 francs chacune, formant un total de 45 millions, dont une partie fut convertie en rentes sur l'État, afin de faire hausser les fonds publics. Le gouvernement s'empara d'une autre partie, en échange de laquelle il donna des délégations sur les receveurs généraux. En 1805, le bruit s'étant répandu que l'empereur avait emporté en Allemagne les réserves de la Banque, les demandes d'espèces furent telles que celle-ci limita à 500,000 francs par jour le remboursement de ses billets.

Le 22 avril 1806, l'empereur, alarmé, réorganisa la Banque de France, porta son capital à 90 millions, et lui donna un gouverneur nommé par lui. Il se réserva le droit d'autoriser ou de prohiber la distribution des dividendes aux actionnaires, afin que le numéraire, venant à s'accumuler dans ses caisses, la Banque fût plus en état de faire des avances au Trésor public.

La Banque n'a pas le droit de faire d'autre commerce que celui des matières d'or et d'argent. Ses opérations consistent à escompter des effets de commerce revêtus au moins de trois signatures, et souscrits par des personnes notoirement solvables. L'échéance n'en peut exceder trois mois. Elle peut toutefois escompter ceux à deux signatures, avec la garantie d'un transfert de rentes ou d'actions de la Banque et d'obligations de la ville de Paris. Elle peut encore faire des avances sur dépôt d'or ou d'argent et sur effets publics. Un décret de 1852 l'autorisa même à prêter sur les actions et obligations des chemins de fer. En outre, elle ouvre des comptes courants aux particuliers, non pour leur faire des avances, mais pour recevoir leurs fonds, recouvrer les effets qu'ils lui remettent et faire leurs payements. Elle ne paye pas d'intérêt des sommes qu'on lui laisse entre les mains. Elle fournit des récépissés de toutes sommes payables à vue, qui ne sont payés que sur l'acquit de la personne au nom de laquelle ils sont faits.

Enfin le privilége d'émettre des billets à vue et au porteur lui est conservé.

Le chiffre de la circulation de la Banque de France s'est, en général, progressivement accru, comme on le voit par le tableau suivant de ses billets :

ANNÉES.	MAXIMUM.	MINIMUM.
	FR.	FR.
An IX	23,316,500	16,657,000
X	45,655,000	10,875,500
1806.	76,704,000	54,420,500
1807.	107,613,000	74,678,000
1811.	120,172,500	54,842,000
1812.	133,646,000	81,530,000
1819.	135,409,000	79,684,500
1820.	171,061,000	122,213,500
1827.	203,465,000	173,185,500
1828.	214,002,000	179,550,500
1833.	228,560,000	193,129,500
1834.	222,284,000	192,358,000
1843.	247,000,000	216,000,000
1844.	271,000,000	253,000,000
1845.	289,000,000	247,000,000
1846.	311,000,000	243,000,000

L'assemblée générale des actionnaires de la Banque se compose des deux cents plus forts. Elle choisit parmi les

actionnaires quinze régents chargés de l'administration,
et trois censeurs. Trois régents, aux termes de la loi, doivent être pris parmi les receveurs généraux. Le gouvernement nomme un gouverneur et deux sous-gouverneurs
qui sont chargés de la direction supérieure. Ils forment,
avec les régents et les censeurs, le conseil général de la
Banque. Ce conseil détermine le taux de l'escompte, les
sommes à employer, et les échéances au delà desquelles
les effets ne sont point admis. Les censeurs surveillent
spécialement les émissions de billets; et ils peuvent, à
l'unanimité, s'opposer à une nouvelle création. Chacun
sait que les coupures sont de 1,000 francs, 500 francs,
200 francs et 100 francs.

La loi de l'an XI avait réservé au gouvernement la faculté d'autoriser des banques semblables dans les départements. En 1848, il n'en existait encore que huit, non
compris quelques comptoirs fondés récemment par l'établissement central.

On a dit que, s'il n'y avait pas en France un plus grand
nombre de villes pourvues d'une banque, c'est parce
qu'elles n'en avaient point manifesté le désir. C'est une
erreur de fait. Il suffit de savoir par combien de formalités inextricables il fallait passer pour obtenir ce privilége. Ainsi, la banque de Toulouse n'a pu s'établir
qu'après plusieurs années de sollicitations faites par les
autorités et les hommes notables du pays. La ville de Dijon,
après des efforts persistants, a été forcée d'y renoncer.
Le petit nombre de banques indépendantes qu'on était
parvenu à établir dans les départements n'étaient pas
même autorisées à rembourser les billets de la Banque de
Paris. En 1848, le gouvernement provisoire fondit ces
banques dans la banque centrale.

La Banque de France peut, avec l'autorisation du gouvernement, établir des comptoirs ou succursales dans les départements. C'est elle qui fournit les fonds et les billets des comptoirs qui sont régis chacun par un directeur nommé par le gouvernement, par trois censeurs nommés par le conseil général, et par des administrateurs nommés par le gouverneur de la Banque. Il existe à présent une quarantaine de ces comptoirs. Leur encaisse est, à l'opposé de la Banque, souvent supérieur à leur circulation; de sorte que s'ils fournissent au commerce la monnaie de papier, ils n'empruntent pas pour lui la valeur de la monnaie métallique.

§ II. — De la Banque d'Angleterre. — De la suspension de ses payements en espèces. — Du bill de 1844 et de ses vices. — Des banques de circulation particulières.

La Banque d'Angleterre a été fondée à Londres, en 1694, sur le plan de William Paterson. Elle est un des rouages de l'État, aussi bien qu'un établissement de crédit; elle encaisse les revenus publics, et paye la plus grande partie des sommes dues aux créanciers de l'État. Elle négocie les billets de l'Échiquier ou Trésor, et avance au gouvernement le montant annuel de l'impôt territorial et de celui de la drèche dont les denrées sont fort tardives; elle fait l'escompte et le commerce des matières d'or et d'argent, des prêts sur marchandises, et accepte des dépôts sans intérêt.

En février 1797, au milieu de la guerre, cette banque fut forcée de suspendre le payement en espèces de ses billets. Elle fournissait habituellement au gouvernement le papier-monnaie par lequel il éleva la dette nationale jusqu'au chiffre fabuleux de près de 30 milliards. Alors ses émissions n'étant point réglées par le commerce, mais par le gouvernement qui faisait des dépenses exorbitantes, la valeur des billets varia, selon que le gouvernement empruntait à la Banque, ou lui faisait des remboursements. Ainsi, des tableaux très-exacts, dressés à cette époque, montrent qu'en 1801 les billets perdaient au change sur l'or plus de 8 p. 0/0; en 1810, 14 p. 0/0; en 1811, 7 p. 0/0; en 1814, 25 p. 0/0. En 1819, un bill déclara que la Banque reprendrait progressivement ses payements en espèces. La perte ne fut plus que de 4 p. 0/0; en 1821, elle les reprit complètement. Comme elle ne les suspendit plus jusqu'aujourd'hui, ses billets ont été reçus partout comme du numéraire.

Les directeurs de la Banque d'Angleterre avaient toujours pensé qu'elle ne pouvait émettre trop de billets en escomptant de bon papier de commerce. Mais, depuis le commencement de ce siècle, quelques hommes à grande réputation financière, Ricardo, Tooke, Robert Peel ont prétendu régler la circulation monétaire, afin de parer aux crises commerciales qui désolaient l'Europe; et en conséquence, décréter dans quelles proportions l'or et le papier entreraient dans la circulation.

Leur école, dite *métallique*, finit par l'emporter.

En 1844, Robert Peel obtint du Parlement un bill qui partagea la Banque d'Angleterre en deux départements: celui des émissions et celui des opérations de banque qui sont indépendants l'un de l'autre. Le département des émissions a reçu l'encaisse métallique de la Banque, et 14 millions sterling de valeurs dont 11,015,100 livres en effets publics qui sont comme le cautionnement de la Banque. Il peut émettre des billets jusqu'à concurrence des 14 millions de valeurs augmentées du montant de l'encaisse, sans variations en plus ou en moins. Le département des opérations de banque reçoit les billets du département des émissions contre de l'or, ainsi que le public ; et il agit d'ailleurs comme une banque particulière, en ce qui concerne l'escompte, etc.

Cet acte fameux a voulu fixer la somme des billets en circulation, afin que les variations exigées dans la quantité de monnaie courante, par les besoins du commerce, eussent lieu seulement sur la monnaie métallique. On crut par là prévenir les sinistres résultant des émissions exagérées. Mais, à la fin de 1847, la crise causée par l'agiotage sur les chemins de fer, et par des spéculations sur les grains, provoqua des demandes exorbitantes d'escompte à la Banque d'Angleterre. Quand le département des opérations de banque n'eut plus de billets, la consternation se répandit dans le commerce de Londres ; de sorte que, pour conjurer un désastre épouvantable, le gouvernement suspendit (25 octobre) l'acte de 1844, et donna ainsi à la Banque les moyens de satisfaire aux demandes. En moins de deux mois l'ordre fut rétabli.

Le bill de 1844 porte aussi, qu'à dater de la promulgation, aucune nouvelle banque de circulation ne peut être établie dans le Royaume-Uni ; le *maximum* de circulation de chacune des banques existantes ne peut dépasser la moyenne de sa circulation en avril 1843. Toute banque appartenant à moins de six associés, dans laquelle on voudrait introduire des associés nouveaux, perdrait le droit d'émettre des billets. Si deux banques de circulation se réunissent, elles n'ont pas le droit d'émettre plus de billets qu'en pouvait émettre l'une des deux. Toute succursale des banques particulières doit prendre une licence séparée.

Au contraire, la Banque d'Angleterre peut augmenter ou réduire le chiffre de ses succursales, sans que le chiffre légal de ses émissions soit changé ; et si une banque par-

ticulière vient à liquider, la Banque d'Angleterre peut
obtenir un ord e en conseil qui l'autorise à ajouter à ses
émissions les deux tiers de ce que la ci-devant banque
avait le droit d'émettre.

A la fin de 1848, vingt et un banquiers et six banques
par actions avaient cessé d'émettre des billets; ce qui réduisit de 416,378 livres le montant de la circulation autorisée. Voici le mouvement qui s'est opéré depuis cette
époque dans cette circulation.

Banque d'Angleterre.	14,000,000
Banques particulières en An-	
gleterre.	4,665,619
— par actions.	3,409,987
— d'Écosse.	3,087,209
— d'Irlande.	6,354,494

liv. 31,517,309.

La Banque d'Angleterre n'accorde la faculté de rées-
compter chez elle à aucune des banques qui continuent
à émettre des billets [1].

Toutes ces combinaisons ne tendent, on le voit clairement, qu'à amener un jour le monopole de la Banque
d'Angleterre. Or, le bill de 1844 est contraire aux lois
économiques, en ce qu'il suppose qu'une banque peut
augmenter à volonté sa circulation; que le commerce a
besoin d'une quantité de monnaie toujours égale; et
qu'une circulation métallique est moins variable qu'une
circulation de papier convertible.

C'est aussi par l'effet seul des vieux préjugés que l'on

---

[1] En 1853, l'on comptait en Angleterre et dans le pays de Galles
169 banques particulières de circulation, formant avec leurs succursales 375 bureaux d'émission; et 65 banques par actions formant avec leurs succursales 407 bureaux. On en comptait 8 du
même genre en Irlande avec 155 bureaux.

a fait des banques d'Angleterre et de France des maisons
de prêt pour leurs gouvernements. Les banques de circulation ne doivent escompter que le papier des particuliers, et être absolument indépendantes de l'État; si ce
n'est en ce qui concerne la surveillance à laquelle est soumise toute société anonyme.

§ III. — Des banques d'Écosse et des causes de leur supériorité.

La Banque d'Écosse fut instituée, en 1695, par un acte
du Parlement qui lui donna pour vingt ans le privilége de
se livrer aux opérations de banque, à l'exclusion de toute
autre compagnie. Ce privilége ne fut point renouvelé.
Plusieurs banques s'établirent depuis, les unes avec autorisation, les autres librement ; les associés sont solidaires
entre eux jusqu'à concurrence de leur fortune entière,
comme sont en France les associés en nom collectif.
    Les banques d'Écosse sont réputées les plus parfaites
qui aient existé. En plus d'un siècle, elles n'ont fait
perdre au public que 36,000 livres sterling. L'on peut
attribuer leur force à la liberté dont elles jouissent, et à
la solidarité de tous les associés. En 1849, elles étaient
au nombre de dix-huit qui possédaient ensemble un capital de 12 millions sterling, avaient en dépôt 57 millions, des billets en circulation pour 3 millions et des
espèces en caisse pour 1 million. Aujourd'hui, par la fusion de deux d'entre elles, on n'en compte plus que
dix-sept.
    Elles se sont établies d'abord dans les grandes villes,
puis, à mesure que les capitaux surabondaient, elles ont
successivement porté jusque dans les villages près de
quatre cents comptoirs ou succursales. Les directeurs des

comptoirs, hommes probes et intelligents, étudiaient les besoins et les ressources de la localité, et savaient développer celles-ci par des ouvertures de crédit. En peu d'années, ces banques inspirèrent une telle confiance que le paysan lui-même prit l'habitude de leur donner ses épargnes en échange de leurs billets; il se trouve avec elles en compte courant; de sorte qu'une somme incalculable des capitaux qui ailleurs dorment au préjudice de leurs propriétaires et de la nation, trouvent par leur intermédiaire un emploi productif et immédiat.

On attribue surtout à leurs nombreux comptoirs le calme dont elles ont joui durant les grandes crises qui troublaient les banques d'Angleterre et de France. En effet, à côté de celles-ci, la population des campagnes, n'acceptant point la monnaie de papier, causait de grands et subits déplacements d'espèces; tandis qu'en Écosse, le paysan préférant le papier à l'or même, ce danger disparaissait. C'est ainsi que cette contrée, si peu favorisée de la nature, est devenue l'une des plus fertiles de l'univers; et que ses habitants jouissent d'une prospérité que l'on rencontre rarement ailleurs.

Les mouvements de caisse des banques de circulation, qui sont établies dans les contrées agricoles, sont moins brusques que ceux des banques établies dans les grands centres industriels; parce que les agriculteurs, ne faisant point d'énormes achats au dehors, il n'y a point exportation d'espèces, ni de présentation de billets au change. Comme les banques d'Écosse fonctionnent surtout par leurs succursales répandues dans les campagnes, elles ont habitué le peuple à l'exactitude des payements, tout en favorisant les progrès de l'agriculture; car elles prêtent aussi sur hypothèque, et même à découvert sous caution. C'est à tort que l'on croit en France qu'une banque ne doit pas faire de placements hypothécaires. Ainsi, tandis que dans tous les autres pays, le paysan repousse les billets, il préfère le papier en Écosse, parce qu'il profite du crédit que les émissions donnent aux banques. « Débiteur de ces établissements, dit avec raison M. Courcelle-Seneuil, il n'a pas besoin qu'on lui fasse des discours sur leur solvabilité pour la connaître. N'a-t-il pas presque toujours en ses mains un capital prêté, égal et bien supérieur à celui des billets qu'il accepte? S'il n'est pas débiteur lui-même, s'il n'a pas eu besoin de crédit, c'est un de ses parents, un de ses voisins, un homme qu'il connaît, en un mot, qui l'a obtenu. D'ailleurs, si lui-même n'a pas eu recours au crédit des banques, il peut en avoir besoin à l'avenir. »

L'on peut conclure de cet exemple que le seul moyen de rendre générale la confiance en la monnaie de papier, c'est de répandre partout les bienfaits de l'escompte qui favorise l'émission de cette monnaie.

Les banques d'Écosse furent gravement atteintes par l'article du bill de 1844, qui leur prescrivit, comme à toutes les autres, de ne point dépasser la circulation moyenne de l'année qui venait d'expirer, sans posséder en caisse une somme de numéraire égale à l'excédant de cette circulation. Avant cette mesure, leur encaisse était à la circulation dans le rapport de 1 à 7, sans qu'il y eût aucune plainte, et, par conséquent, aucun abus. Depuis que l'encaisse est triplé, leur puissance productive est fort limitée, puisqu'elles sont condamnées à perdre l'intérêt de 7 à 800,000 liv. sterl.

§ IV. — Des banques des États-Unis. — De leur nombre considérable. — Des lois du Massachusetts et du New-York. — Fondation et suppression de la banque centrale de Philadelphie.

On rencontre aux États-Unis des banques privilégiées comme en France; des banques légalement autorisées, mais libres sous un régime répressif; enfin, des banques qui ne sont soumises à nul contrôle. Généralement les banques du Nord sont libres, et celles du Sud contraintes par des règlements sévères. Il en est peut-être résulté des différences extrêmes. Ainsi, dans le Connecticut, l'encaisse moyen de toutes les banques est descendu jusqu'à 4,45 p. 100 de la circulation des billets; tandis que dans le Sud l'on voit des banques dont l'encaisse s'élève habituellement de 50 à 90 p. 100 de la circulation.

On comptait, dans l'Union américaine :

ÉPOQUES.	BANQUES.	CAPITAL.
1er janvier 1811. . .	89	52,610,601 dollars.
— 1815. . .	208	82,259,590
— 1816. . .	246	89,822,422
— 1820. . .	308	137,110,611
— 1830. . .	320	145,192,268
— 1835. . .	558	231,250,337
— 1845. . .	707	
— 1851. . .	865	229,084,074

En 1852, le nombre des banques était de neuf cent vingt et une, et leur capital d'environ 250 millions de dollars, soit 1,250,000,000 de francs. Leur portefeuille montait à 412 millions de dollars, leurs espèces à 48 millions, leurs billets à 155 millions [1].

[1] Courier and enquirer.

Dans les États du Sud, les banques, à l'imitation de celles d'Écosse, pénètrent, par des succursales, dans toutes les parties du pays. Mais dans ceux du Nord, la loi interdit les succursales. Dans la Nouvelle-Angleterre, les banques dispersées sur tout le territoire opèrent isolément, sans contrôle.

En 1850, le nombre des banques du Massachusetts s'élevait à cent vingt-six. Elles sont régies par une loi de 1829 qui contient plusieurs dispositions très-sages. Ainsi, aucune banque ne peut commencer ses opérations avant que la moitié au moins de son capital ait été versé en monnaie d'or ou d'argent, vérifié et compté par trois commissaires à la nomination du gouverneur.

La somme de la circulation de la banque ne devra jamais excéder 25 p. 100 du capital réalisé.

Les dettes de la banque, autres que les dépôts proprement dits, ni ses prêts, sous forme quelconque, ne devront jamais excéder le double du capital réalisé.

Les immeubles possédés par la banque ne devront jamais excéder en valeur 12 p. 100 du capital réalisé.

A toute réquisition de la législature, toute banque sera tenue de prêter à l'État une somme égale au vingtième de son capital, remboursable, par portions égales, en cinq ans ou à un terme plus court, au choix du gouvernement, au taux de 5 p. 100.

Un comité, nommé spécialement pour cet objet par la législature, aura le droit d'examiner les actes de toute banque autorisée dans l'État, et d'inspecter ses livres, son portefeuille et sa caisse. S'il résulte de l'examen que la banque a manqué aux prescriptions de la loi, sa charte d'autorisation pourra être annulée. L'employé qui s'opposerait d'une manière quelconque à l'inspection du comité encourrait une amende de 10,000 dollars et un emprisonnement de trois ans.

Chaque banque est taxée d'un demi p. 100 de son capital. En outre, elle est tenue d'envoyer périodiquement les états de sa situation au secrétaire de la république, pour être publiés par ce dernier.

Ce régime est préférable à celui de la Banque de France et de celle d'Angleterre qui sont forcées d'avoir toujours telle somme en caisse; de n'escompter que du papier de commerce revêtu de trois signatures; de ne point payer d'intérêt dans les comptes courants; de se priver de correspondants, etc. La loi du Massachusetts, au contraire, laisse aux banques la liberté si nécessaire au commerce; et veille seulement à ce que les créanciers et les actionnaires aient une garantie solide. Quoique ces banques donnent un dividende de 7 et demi à 8 p. 100, leurs actions sont considérées comme le placement le plus solide. Dans le New-York, au contraire, un grand nombre de banques ayant succombé, l'on a décrété que tous les billets de celles qui feraient faillite seraient remboursés par le Trésor public, au moyen d'un fonds commun d'un demi pour 100 de leur capital que toutes les banques de l'État de New-York payent annuellement. Au point de vue de l'équité, cette loi a été blâmée, parce qu'elle rend les établissements bien gérés solidaires des autres. Néanmoins elle se justifie par cette haute considération, que le papier d'un État qui a des relations avec le monde entier, soit toujours accepté sans difficulté comme du numéraire. Au fond, les banques bien gérées retrouvent dans cet avantage la compensation de leur cotisation annuelle.

Une loi du même État autorise toute association de plus de trois personnes à fonder une banque; mais nul ne peut émettre de billets sans avoir préalablement déposé, entre les mains du contrôleur de l'État, une valeur égale, moitié en titres de la dette de l'État, et moitié en certificats d'hypothèque.

La banque centrale de Philadelphie avait été fondée en 1816. La république fournit un cinquième de son capital, qui s'élevait à 35 millions de dollars. Elle lui accorda en outre le privilége de recevoir, pour le compte du gouvernement, le produit des impôts établis par le congrès; et de faire recevoir d'autorité ses billets dans les caisses publiques, ce qui leur donnait un avantage sur les autres, que l'on avait le droit de refuser. Enfin, cet établissement était le seul dépositaire des sommes énormes épargnées sur le produit des impôts.

Au moyen de ce dépôt, joint à son propre capital, la banque centrale étendit son influence sur toutes les parties de l'Union, où elle comptait, en 1830, vingt-sept succursales. L'avantage qu'elle avait d'employer les fonds de l'État sans en payer d'intérêt grossit les bénéfices de ses actionnaires aux dépens du public; et il en résultait une inégalité qui plaçait les autres banques sous sa dépendance.

Le parti démocratique murmurait surtout en voyant la banque centrale faire dans les élections un usage déloyal de sa haute influence. Le général Jackson, ayant été nommé président de la république, abolit tous les priviléges de cette banque, et en retira les fonds nationaux qu'elle avait en dépôt. « L'équilibre établi par notre con-« stitution serait rompu, dit-il au congrès (7 décembre « 1835), si nous souffrions plus longtemps l'existence de « corporations investies de priviléges exclusifs. Ces privi-« léges ne tardent pas à leur procurer les moyens d'exer-« cer une puissante influence sur la conduite politique

« des masses, en mettant à leur discrétion le travail et les
« gains de la classe la plus nombreuse. Partout où l'esprit
« de monopole s'est allié au pouvoir politique, on a vu
« naître la tyrannie. »

CHAPITRE VI.

DES DIVERS PROJETS ET INSTITUTIONS DE CRÉDIT.

§ I. — Des billets hypothéqués sur les domaines de l'État. — Anachronisme de ce système.

Quelques années avant, et surtout depuis l'insurrection
de février, nous avons vu surgir de nombreux systèmes
de crédit, qui tous, au dire de leurs inventeurs ou restau-
rateurs, seraient la panacée universelle, le remède à tous
les maux. Voilà l'énumération des principaux.

On a proposé « l'émission, pour plusieurs milliards, de
billets hypothéqués sur les forêts et autres domaines de
l'État, par le motif que ce papier, représentant la richesse
nationale, ou reposant sur elle, aurait la même valeur que
le numéraire. »

Une hypothèque donnée sur des biens d'une consistance indéterminée, et d'une aliénation difficile, n'inspi-
rerait aucune confiance. Celui qui émet du papier peut
bien avoir la propriété de la valeur qu'il représente ; mais
le porteur du papier ne peut l'échanger.

En outre, la dépréciation est une suite nécessaire de
toute émission excessive ; et ce danger atteint même les
gouvernements comme les plus solides compagnies. Une
pareille émission pourrait amener la dépréciation générale
des monnaies, ou, ce qui revient au même, la hausse des

marchandises. Ce projet était donc un anachronisme; en 1790, les assignats étaient nécessaires, parce que l'on n'avait point d'autres moyens; et que, d'ailleurs, on avait à vendre immédiatement d'immenses domaines susceptibles de division; en 1848, ils eussent été pernicieux, parce qu'ils n'étaient pas nécessaires; et que le crédit avait reçu un immense développement depuis soixante ans.

On croit que l'on eût évité la dépréciation des assignats si, au lieu de représenter les biens nationaux en général, ils avaient représenté une quantité de terres déterminée; qu'il fallait en émettre jusqu'à concurrence de la valeur de la totalité des biens, et donner au porteur le droit de demander une pièce de terre au prix d'évaluation contre une pareille somme d'assignats.

Ce mode eût été meilleur, puisque les assignats auraient pu acquérir tous les immeubles nationaux avant d'avoir subi une grande dépréciation vis-à-vis des autres valeurs. Mais de 1790 à 1792, ce n'eût pas été d'un grand effet, à cause des autres causes de dépréciation que j'ai signalées. Quoique le papier-monnaie soit avantageux et même nécessaire dans certaines circonstances, pour faire vendre promptement des immeubles considérables, il a des inconvénients qui lui rendent toujours préférable le papier convertible en espèces, lorsque l'on peut en créer[1]. En effet, la valeur de la terre étant non-seulement plus variable, mais moins facile à liquider que celle des métaux précieux, une foule d'individus, embarrassés de leurs terres, attendraient une énorme dépréciation avant de demander l'échange; tandis que si le papier était convertible contre espèces, ils se liquideraient plus tôt[2].

[1] On ne le pouvait en 1790 à cause de l'enfouissement et de l'émigration du numéraire.

[2] John Gray, *Leçons sur la nature et l'usage de la monnaie.*

§ II. — Du papier de circulation avec cours forcé. — Effet des émissions de papier. — La dépréciation de la monnaie est un vol au préjudice des créanciers.

D'autres ont demandé que « l'État, laissant de côté toute opération de banque, émît un papier de circulation ayant cours forcé comme la monnaie; parce que cette seule augmentation du signe d'échange imprimerait une activité suffisante au commerce et à l'industrie. M. Pierre Leroux proposa de rembourser le sixième de la dette publique en billets qui devaient être reçus pour un tiers dans tout payement, de sorte qu'un débiteur de 3,000 fr. pourrait forcer son créancier à en recevoir pour 1,000 fr., nonobstant toute stipulation contraire. Il pensait garanti, ainsi ces billets contre la baisse. »

Une proposition pareille ayant été faite au régent, Law la fit rejeter en disant : «que ce serait comme si le roi faisait une nouvelle monnaie, les trois quarts d'argent et « le quart d'un autre métal d'une valeur inférieure. Le « créancier regarderait un tel payement comme si le roi « l'obligeait de céder au débiteur une partie de ce qui lui « était dû [1]. »

La valeur du numéraire est réglée par sa quantité et par son coût de production, et non par des décrets. Mais la quantité de papier-monnaie pouvant être arbitrairement fixée, sa valeur n'est qu'arbitraire. Si dans un pays où ne circulent que des espèces d'or et d'argent, on émet une quantité de papier non remboursable jusqu'à concurrence de la moitié des espèces, la circulation se trouvant augmentée de moitié, les prix s'élèveront tout à coup. Il

[1] 2e Mémoire sur les banques.

se trouvera une telle différence entre la valeur d'un kilogramme d'or et celle d'un kilogramme d'or monnayé, que
l'on fondra la monnaie. En définitive, le seul changement
consistera dans la substitution d'un papier-monnaie à la
moitié de la monnaie réelle qui existait auparavant. Le
gouvernement abaissant ainsi la valeur du titre des monnaies, aura moins à payer pour se libérer de ses dettes,
qui sont évaluées selon ce titre. Tous ceux qui auront pris
des engagements pécuniaires pour une somme fixe seront
aussi libérés d'une partie de leurs dettes. La valeur des
choses sera donc bouleversée, et les créanciers seront
frustrés avec iniquité.

Mais les émissions modérées de papier, c'est-à-dire justement proportionnées aux besoins, sont éminemment
utiles. Smith compare sa substitution aux métaux précieux, à la construction d'une route en l'air au moyen de
laquelle on pourrait livrer à la culture la terre occupée
par les routes actuelles. Alors une portion du capital du
pays serait soustraite aux fonctions qu'elle remplissait
pour rendre le tout à la production. Il est donc important
de substituer autant de papier aux espèces qu'on peut le
faire sans danger. La vraie règle est de ne garder de monnaie métallique qu'autant qu'il en faut pour que l'opinion
publique soit certaine que le papier peut être converti.

§ III. — D'une hypothèque prise par l'État sur les emprunteurs. — Que la rapidité de la circulation est en sens inverse des échéances. — Comment ce projet ferait rechercher le numéraire au lieu de le rendre inutile.

D'autres voudraient que « l'État prît hypothèque sur les biens de tous les particuliers qui désireraient emprunter, et émît un papier représentatif de toutes ces hypothèques, dont le montant pourrait s'élever ainsi à 20 ou 30 milliards, et dont l'intérêt serait très-bas ou nul. Le cours en serait forcé. »

Il ne serait facile d'introduire dans la circulation du papier hypothécaire que s'il portait le même intérêt que l'argent, et s'il n'avait pas cours forcé. Alors, les bons hypothécaires n'auraient pas le caractère du papier-monnaie; mais autrement ils présenteraient peut-être plus d'inconvénients encore que les assignats généraux; puisqu'ils ne pourraient obtenir la terre hypothéquée qu'après les longues formalités de l'expropriation, tandis que les assignats étaient reçus en payement des biens nationaux.

L'argent n'est recherché que parce qu'il procure immédiatement tout ce qui est dans le commerce. C'est en vain que l'on espère parvenir à le multiplier, par la monétisation des titres hypothécaires, puisqu'en lançant dans la circulation des masses de papier représentant le capital immobilier de la nation, l'on ferait rechercher la monnaie au lieu de la rendre inutile. En effet, si la monnaie métallique est un capital parfait, c'est parce qu'elle porte en elle-même sa valeur. Les billets de banque ne la remplacent que quand on croit qu'ils représentent la monnaie déposée dans les caves de la Banque. Les effets de commerce ne circulent bien que quand l'échéance est prochaine. Une pièce de monnaie ou un billet de banque payable à vue circule plus vite qu'un effet de commerce même à quinze jours d'échéance. On a formulé cet axiome de cette façon mathématique : *La rapidité de la circulation se mesure en sens inverse des distances, c'est-à-dire des échéances.*

Comment des contrats hypothécaires payables dans six ans, dans vingt ans, circuleraient-ils donc comme papier de crédit? Ils immobiliseraient au lieu de mobiliser le capital de circulation, et par conséquent le prix de son loyer augmenterait. Au surplus, les trois projets précédents reposent, en général, sur l'idée fausse qu'un décret a la puissance de fixer la valeur d'un gage. Cette valeur ne peut provenir que d'un consentement mutuel.

§ IV. — Du crédit foncier. — Son origine. — Des charges de la propriété foncière. — Décrets de 1852 et de 1854. — Que le crédit foncier n'est qu'un palliatif.

Par crédit foncier l'on entend le dégagement du sol, c'est-à-dire la possibilité de le faire servir de gage à des effets de commerce, ou de donner au capital fixe les qualités du capital circulant. Son objet est donc d'opérer la mobilisation du sol, et de soustraire les détenteurs de la terre à l'exploitation des usuriers. Depuis un demi-siècle, la *banque territoriale*, *la caisse hypothécaire*, *la banque agricole*, etc., ont été fondées dans ce but en France, sans succès. Mais l'exemple de l'Allemagne et de la Pologne y a suggéré de meilleures idées sur cette matière.

En 1770, la Silésie, théâtre de la guerre, était épuisée; la noblesse ayant grevé ses immeubles pour se procurer de l'argent se vit menacée de poursuites. Frédéric II, craignant que cette crise financière n'eût de graves conséquences politiques, promulgua un *édit d'indulgence* qui accordait aux débiteurs trois ans de terme. Les capitalistes refusant alors de prêter à l'agriculture, on fut obligé de recourir aux usuriers qui exigèrent des intérêts de 12 ou 15 pour 100.

Dans ces fâcheuses conjonctures, Wolfgang Buhring, de Berlin, constitua une agence qui offrit des espèces contre une hypothèque grevant les biens des nobles : les titres hypothécaires étaient transmissibles par simple endossement; le payement des intérêts était assuré par l'expropriation immédiate des retardataires. L'agence s'engagea à solder dans un délai de six mois tous les titres dont on demanderait le remboursement. Le roi la dota d'une somme de 300 mille thalers (1,125,000 fr.) pour garantir le payement des premières annuités.

Cette institution ayant réussi, le Hanovre, le Danemark, l'Autriche, la Russie, la Pologne, la Bavière, le Wurtemberg, la Suisse, les villes anséatiques et la Belgique en fondèrent de semblables, de sorte qu'il y a aujourd'hui en Europe plus de quarante caisses foncières.

Ces sociétés ne spéculent point, et ne perçoivent qu'une faible somme pour les frais d'administration. Les pertes sont impossibles, puisqu'elles ne courent point de chances, ne prêtant que la moitié ou les trois cinquièmes de la valeur des immeubles qui est officiellement constatée. En général, l'intérêt est de 4 pour 100; on perçoit de plus 1 ou 2 pour 100 qui servent à l'amortissement du capital, de sorte qu'au bout de trente à quarante ans le débiteur se voit libéré.

Depuis longtemps, des publicistes réclamaient pour la France une semblable institution, car il fut officiellement constaté[1], le 1ᵉʳ juillet 1840, que les dettes hypothécaires s'élevaient à 11 milliards 300 millions[2].

Voici, selon M. d'Audiffret, le tableau des charges qui pesaient sur la propriété foncière à cette époque :

> 264,000,000 de contribution foncière;
> 29,000,000 de portes et fenêtres;
> 133,000,000 de droits d'enregistrement et d'hypothèque;
> 24,000,000 du timbre et des greffes, etc., qui s'appliquent aux transactions immobilières.

Total. 450,000,000 fr. payés par la propriété foncière au Trésor, aux départements et aux communes[3].

« Les vices du régime hypothécaire et l'élévation du « prix des offices, ajoute ce fonctionnaire, rendent encore « plus accablants les tributs imposés à tous ceux que le « mouvement habituel des transactions et des partages « oblige à recourir au ministère des officiers publics. Les « calculs les plus modérés ont établi que les frais annuels « de cette nature ajoutaient à toutes les charges précé- « dentes une redevance annuelle de plus de 100 millions[4]. « La charge de 450 millions des impôts directs de toute « nature, celle de 100 millions pour la rédaction et l'ex-

---

[1] Évaluation de l'administration de l'enregistrement insérée dans le rapport fait à la Chambre des Députés, le 9 juillet 1839, sur le budget des recettes de 1840, pages 11 et 12.

[2] Il est vrai qu'il faut en déduire 1 ou 2 milliards soldés, mais non radiés.

[3] *Système financier de la France*, t. 1ᵉʳ.

[4] Le sacrifice de l'emprunteur est, pour un an, de 15 fr. 53 c. pour 100 et de 10 fr. 26 c. pour deux ans. Il se fait en France deux cent cinquante mille prêts hypothécaires de 300 fr. et au-dessous, dont la plus longue durée est de deux ans.

« pédition des actes authentiques, celle des intérêts et frais
« hypothécaires montant à 500 millions, prélèvent chaque
« année près de 1,100 millions sur un revenu territorial,
« qui n'est estimé par l'administration de l'enregistrement
« que 1 milliard 580 millions 597 mille francs. Il reste
« donc à peine, en définitive, aux propriétaires fonciers,
« le tiers des produits de leurs capitaux, de leur travail et
« de leur industrie. »

Cet écrivain paraît ignorer que le revenu territorial est
bien supérieur à ce chiffre qui n'est que fictif. Quoi qu'il
en soit, ces charges accablent surtout ceux qui n'ont point
d'autres ressources, soit dans un emploi lucratif, soit en
capitaux mobiliers bien placés. C'est par ces motifs, sans
doute, qu'un décret de février 1852 a institué le crédit
foncier, dont suivent les principales dispositions.

« Des sociétés de prêteurs sur hypothèque sont autorisées à se constituer. Elles sont restreintes à des cir-
conscriptions territoriales que le décret d'autorisation
pour chacune d'elles déterminera. Elles ont le droit d'é-
mettre des obligations ou lettres de gage, dont les coupures peuvent varier à volonté, pourvu qu'elles ne descendent pas au-dessous de 100 fr. L'État et les départements faciliteront les premières opérations des sociétés,
en achetant une certaine quantité de lettres de gage;
l'État y consacrera 10 millions.

« Les sociétés ne pourront faire que des prêts sur première hypothèque et jusqu'à concurrence de la moitié de
la valeur de la propriété. Si l'immeuble était déjà hypo-
théqué, la société devra se substituer aux premiers créanciers inscrits, en les remboursant. Le minimum des prêts
sera fixé par les statuts de chaque société.

« L'annuité à payer par l'emprunteur devra comprendre
l'intérêt de la dette, l'amortissement pour le rachat de la

créance, qui est déclaré obligatoire, les frais ordinaires d'administration, la cotisation pour le fonds de réserve, et enfin l'impôt représentatif des droits d'enregistrement à percevoir par l'État. L'intérêt stipulé ne doit pas excéder 5 pour 100, et la somme affectée à l'amortissement ne peut être supérieure à 2 pour 100, ni inférieure à 1 pour 100 du montant du prêt. »

Un décret ultérieur du 31 juillet 1854 a mis le crédit foncier sous la main de l'État. Il lui donne un gouverneur à 40 mille francs d'appointements, et deux sous-gouverneurs à 20 mille francs chacun. Quelle nécessité y a-t-il à forcer tous les propriétaires de la nation à se réunir dans une même association ? Croit-on que les lettres de gage en circuleront plus facilement ? Si les titres sont bien garantis, ils seront recherchés ; si l'hypothèque est douteuse, on n'en voudra pas. Mais comme il est de l'essence de ces titres d'être les plus parfaits de tous, il vaut mieux laisser ces associations libres, avec la simple surveillance de l'État. Ainsi, en Allemagne, où le crédit est pourtant moins avancé qu'en France et en Angleterre, les associations foncières sont nombreuses et indépendantes les unes des autres, et leur papier est toujours recherché avec prime.

D'ailleurs, ce qui surtout accable la propriété foncière, c'est l'ardeur du capital à se porter vers les entreprises par actions, dans l'espoir de plus gros profits. Tant que l'on n'y aura pas porté un remède ; tant que la racine du mal ne sera point coupée, la terre manquera des avances qui lui sont nécessaires. Si le crédit foncier peut rendre des services, il n'est qu'un palliatif. Y voir un système général de circulation et de crédit, c'est voir d'une façon fort étroite ; car il ne peut rien sur la production mobilière ou industrielle. Les banques seules peuvent nous y aider.

Observons encore que l'emprunt immobilisé par l'hypothèque est moins fécondant que le crédit personnel, qui
n'est représenté que par la signature du débiteur, quoiqu'il
y ait plus de chances de perte dans le crédit commercial et
industriel que dans le crédit hypothécaire. Cette différence
vient de ce que le crédit personnel est basé sur le produit,
tandis que le crédit immobilier ne l'est que sur le capital.
En se basant sur le produit, le crédit personnel donne lieu
à une création de valeurs à courts termes, et ne retire
aucun capital de la circulation. Le crédit réel, au contraire,
immobilise le capital et ne créé point de valeurs, à moins
qu'on n'emprunte pour améliorer la propriété et augmenter son produit, ce qui est le cas le plus rare. Même en
cette hypothèse, le taux exorbitant de l'intérêt, comparé
au produit de la terre, aboutit presque toujours à la ruine
du propriétaire emprunteur.

§ V. — De la haute banque. — Institution du crédit mobilier. — Ses
dangers. — Qualification qui lui a été solennellement donnée.

La banque de placement et de spéculation doit être
bien distinguée des banques ordinaires dont j'ai esquissé
les fonctions.

Le banquier de placement vend ou achète des titres de
rentes ou d'actions industrielles pour le compte de ses
habitués ou pratiques, qu'il appelle improprement *clients*,
et sa seule obligation est de rendre compte des titres ou
des espèces qu'on lui a confiés. Les capitalistes s'adres-
sent à lui, parce qu'ils lui supposent plus d'habileté dans
les opérations. Le bénéfice de ce banquier est ordinairement sa commission de 1/8 p. 100, laquelle est égale à
celle de l'agent de change, qui perçoit aussi 1/8 p. 100.
Mais souvent les banques de placement négocient sans

l'intermédiaire des agents de change, afin de réaliser double bénéfice : c'est lorsque l'une de leurs pratiques demande ce qu'une autre offre.

La plupart de ces maisons ne sont autre chose qu'une association de *coulissiers* ou *courtiers-marrons* réprouvés par la loi. Il en est d'autres dont le capital est bien supérieur à celui des banques de commerce. Elles sont désignées sous le nom de *haute banque*; la supercherie qu'elles pratiquent trop souvent a amené cette expression vulgaire, *faire de la banque*, comme synonyme de charlatanisme. Elles soumissionnent des emprunts et commanditent des compagnies industrielles; c'est-à-dire achètent les titres en gros et les revendent en détail, en bénéficiant de la différence.

Ainsi les maisons de *haute-banque* n'ont rien de commun avec la banque. Au lieu de se livrer habituellement aux recouvrements, à l'escompte, aux emprunts et aux prêts, spécialité du banquier, qui est un commissionnaire entre le capitaliste et le producteur, elles courent d'une spéculation à une autre, en usant et abusant d'un énorme capital pour peser sur le marché par l'offre ou par la demande au moyen des faux bruits qu'elles font répandre. Elles exercent le monopole individuellement, ou au moyen de ligues dolosives, tantôt sur des titres, tantôt sur des marchandises de première nécessité.

Mais l'aliment habituel du banquier ou de la banque de spéculation, c'est le jeu de bourse sur la rente 3 p. 100, sur les actions de chemins de fer et toutes sortes de valeurs industrielles. Dans quelques-unes de ces maisons en commandite, le *conseil de surveillance* est composé de gens complaisants, et souvent tarés, que le gérant choisit lui-même, et propose à l'assemblée d'actionnaires qui les accepte sans les connaître. Les gérants et employés jouent

pour eux-mêmes avec les fonds que les actionnaires leur
ont confiés; et quand ils ne réussissent point, ceux-ci subissent la perte, quoiqu'on ne les ait pas laissé participer
aux gains. Cela n'a rien d'étonnant, quand on réfléchit que
certains employés principaux de quelques maisons ont
déjà commis des abus de confiance; et s'ils ne les ont point
expiés, ils ne le doivent qu'à la clémence de leurs dupes [1].

Jusqu'à ces dernières années, ces banques étaient des
sociétés en nom collectif, ou en participation, ou en
commandite. Un décret du 18 novembre 1852 a donné à
l'une d'elles la forme anonyme, sous le nom de *Société
générale de crédit mobilier*. Elle est fondée pour quatre-
vingt-dix-neuf ans, au capital de 60 millions, soit de
cent vingt mille actions de 500 francs chacune.

D'après ses statuts, ses opérations consistent : à souscrire ou acquérir des effets publics, des actions et obligations dans les différentes sociétés anonymes fondées ou à
fonder; à prêter sur effets publics, sur dépôts d'actions
et obligations; à recevoir des sommes en compte courant,
à opérer tous recouvrements pour les compagnies sus-
énoncées. Elle peut émettre des obligations pour une
somme égale à dix fois son capital, qui devront toujours
être représentées, pour leur montant, par des effets publics, actions et obligations existant en portefeuille.

Ainsi cette maison peut emprunter au public 600 millions, représentés par son propre papier. Mais si tout à
coup une crise, comme on en a vu plusieurs fois, fait
baisser d'un quart, de moitié, ou des deux tiers les titres de

---

[1] Quelques gérants ont déjà été poursuivis correctionnellement;
d'autres sont sur le point de l'être. Le 7 mars 1857, le tribunal de
police correctionnel de Paris a condamné, pour abus de confiance
et escroqueries, deux banquiers et leurs complices. On trouvera ce
jugement remarquable à la fin du volume.

son portefeuille, les porteurs des obligations perdront un tiers, moitié, les deux tiers de leur créance, à moins que messieurs les administrateurs, qui amassent là de si grosses fortunes, n'aient la délicatesse de les indemniser...

Au surplus, les administrateurs de cette fameuse société sont investis d'immenses pouvoirs pour la gérer. Ils pèsent lourdement sur le marché des fonds publics et des actions de chemins de fer; mais, quelle que soit leur habileté et leur expérience, on peut leur rappeler qu'il y a un grand péril à multiplier les engagements; et que l'on peut se fourvoyer dans le vaste champ des spéculations hasardées sur tous les points de la France et de l'Europe où ils ont voulu mettre le pied. De là vient l'excessive mobilité de la valeur de leurs actions. On les voit hausser ou baisser en moins d'une semaine d'un tiers de leur cote.

Après quatre ans d'exercice, la Société générale de crédit mobilier est loin d'avoir rempli son objet et acquis l'estime publique. Au lieu de faire un choix des entreprises qu'elle doit patronner, elle lance dans le public des valeurs plus que douteuses, au moyen de ses innombrables entremetteurs chargés de les prôner. Le capitaliste ignorant ou confiant, qui présume qu'une telle société, investie d'un privilége, est plus respectable, y confie ses épargnes, qu'il voit diminuées d'une forte portion en peu de temps[1].

[1] Voir notamment l'affaire des gaz, des chemins de fer François-Joseph, etc... Naguère un avocat célèbre du barreau de Paris, comme il le fut durant 20 ans à la tribune législative, qualifia justement dans une plaidoirie non réfutée de *maison de jeu* cette Société générale de *crédit mobilier*, et articula les faits les plus graves de charlatanisme contre ses administrateurs et leurs acolytes.

§ VI. — Des projets de banque centrale. — Leurs inconvénients. — Erreur de ceux qui croient que l'émission des billets de banque n'est autre chose que le droit régalien de battre monnaie. — D'un autre motif allégué pour les faire émettre par le gouvernement.

La capitalisation a fait naître le crédit comme la production l'échange. On a justement comparé le capital à ces rivières qui font mouvoir des usines, et, par des prises d'eau, fertilisent les campagnes; puis qui, recouvrant leurs eaux, servent, par un chemin accessible à tous, à la circulation des richesses particulières qu'elles ont contribué à former.

Comme il ne suffit pas que la rivière féconde les champs, il faut que le capital, une fois créé, répande partout sa fécondation. Livrer le monopole à une seule classe ou corporation, c'est lui livrer la jouissance exclusive du cours d'eau, et priver le plus grand nombre d'un moyen naturel de transport. En notre pays, ce monopole se présente fréquemment; si l'on est à peu près d'accord pour le réprimer dans l'échange, il trouve un grand nombre de défenseurs en ce qui concerne le crédit.

L'école saint-simonienne, imbue de cette maxime de Law, *que c'est au gouvernement de donner le crédit et non de le recevoir*, avait proposé une banque centrale sous la main de l'État. M. Buchez la demandait aussi sous le nom de *Caisse générale du crédit public*, avec l'organisation suivante :

« Une assemblée, composée des receveurs généraux des départements et des délégués des principaux banquiers, manufacturiers, armateurs, serait convoquée pour procéder à l'élection d'un régent et d'un comité de crédit ou d'escompte; le gouvernement nommerait un conseil de

censure. Cette première opération faite, l'assemblée serait dissoute et la caisse procéderait à son installation, qui
consisterait à choisir un représentant par département
et à instituer dans chacun d'eux une caisse succursale,
composée aussi d'un gérant et d'un conseil d'escompte.
Les opérations de la caisse centrale consisteraient à déterminer le crédit accordé à chaque institution départementale, à instituer des banques secondaires auprès de
celle-ci ; et, lorsqu'il y aurait lieu, à escompter le papier
de commerce, à commanditer l'industrie, etc. La caisse
trouverait son fonds de roulement dans la perception de
tous les impôts et le maniement des fonds appartenant à
l'État... Tous les deux ans, il serait rendu compte de la
gestion à la Chambre des députés, qui réglerait définitivement les comptes.

« La création d'un tel centre de crédit, ôterait en peu
d'années, dit M. Buchez, le hasard du sein des spéculations. Il serait en effet facile, à l'aide d'un simple bureau de statistique et d'une correspondance régulière avec
les consuls français résidant à l'étranger, de connaître
exactement la quotité et la nature des productions nécessaires sur les divers marchés du monde, et réciproquement les besoins des nôtres ; et il suffirait que la caisse
restreignît son crédit pour arrêter, à l'instant, le genre
de production qui lui paraîtrait au delà des probabilités
de vente. L'État pourrait traiter avec cette caisse comme
un particulier, et se faire commanditer par elle. Son établissement dispenserait pour toujours le gouvernement
de la nécessité de recourir au moyen des emprunts. Sup-
posons en effet qu'il faille, cette année, 300 millions
dans l'intérêt de je ne sais quel besoin de conservation
sociale ; il suffira qu'une loi garantisse à la caisse un accroissement de l'impôt tel qu'en quelques années elle

puisse être remboursée de ses avances, pour qu'elle consente à ouvrir à l'État le crédit demandé. »

C'est en vain que M. Buchez croit que cette caisse serait indépendante du gouvernement. Elle en dépendrait, puisqu'elle percevrait les deniers publics, et que ses comptes seraient réglés par la législature. Ce n'est guère qu'un projet communiste, tendant surtout à contrarier l'initiative privée, par la réglementation de la production et des débouchés.

M. Ott, disciple de M. Buchez, adoptant son idée, voudrait donner le cours forcé aux billets de cette caisse. Ce cours forcé aurait tous les inconvénients du papier-monnaie que j'ai signalés. En général, les gouvernements qui l'imposent ne le font que dans la vue d'emprunter aux banques : immense inconvénient, car ces emprunts n'ont pour objet que de solder des dépenses improductives et n'apportent qu'une promesse d'intérêt, en échange des valeurs reçues pour ces payements. Tout gouvernement qui emprunte à une banque se ruine en ruinant les prêteurs, puisqu'il dépense improductivement les fonds prêtés, sans pouvoir rembourser le capital. Et les banques, encouragées ainsi par le gouvernement, ne craignent pas d'émettre trop de papier, ce qui n'est qu'une fabrication de fausse monnaie [1].

M. Vidal et plusieurs autres ont demandé aussi l'établissement d'une banque centrale, avec des sous-comptoirs spéciaux. Il serait superflu de détailler tous ces projets qui présentent les inconvénients du monopole, et se trouvent réfutés par les principes généraux exposés dans ce traité. En général, une banque centrale, dépendant du gouvernement, est une institution toujours dangereuse. Il n'est

---

[1] Ch. Coquelin, *Du crédit et des banques.*

pas bon que le gouvernement soit l'arbitre du crédit public et du crédit privé, car il est toujours porté à en abuser. Les concessions qu'il fait à la banque et celles qu'il en obtient, tournent toujours au détriment du public.

§ VII. — Que l'émission de la monnaie de papier n'est pas le droit régalien de battre monnaie. — Dangers de la confier à un gouvernement quelconque.

D'autres écrivains, tout en n'admettant que les billets à vue et au porteur sans cours forcé, ont prétendu qu'à l'État seul appartient le droit de fonder et d'administrer une banque de circulation. Ils motivent leur opinion sur ce que ces billets ne sont autre chose que le droit régalien de battre monnaie.

Leur prétention serait juste, si leur majeure était exacte. Mais ils sont dans l'erreur la plus complète sur la nature du billet de banque. J'ai déjà dit qu'il n'existait point entre ce papier et tous autres titres de crédit de distinction générique. Son émission n'est qu'une forme particulière d'emprunt, et non point une émission de monnaie, puisque nul n'est forcé de le recevoir, et que tous ses possesseurs ont le droit de l'échanger immédiatement contre le numéraire.

L'on a objecté que l'émission de la monnaie de papier constituant une industrie lucrative, c'est une raison pour en attribuer le monopole à l'État.

Cet argument ne vaut rien; car il peut s'appliquer à toutes les industries, et l'État devrait ainsi s'emparer de toutes et nous conduire à la communauté. L'expérience a démontré, au contraire, que plus le travail est intelligent, actif et fécond, lorsqu'il est livré à la liberté personnelle, que lorsqu'il est dominé par une volonté unique, quelle qu'elle soit. Surtout en matière de crédit et de banque , de nombreux exemples nous avertissent qu'il n'est pas facile à un gouvernement d'employer productivement le capital emprunté contre le papier qu'il émet : de sorte que le moment arrive où le papier reste, tandis que tout ou partie du gage a disparu. Il n'en est pas de même d'un particulier ou d'une société libre, car une responsabilité réelle pèse sur eux; tandis qu'un gouvernement s'excuse en invoquant *le malheur des temps !...* Il faut donc que d'autres motifs d'un ordre supérieur se joigne à celui-là pour que l'État s'empare d'une industrie.

Un autre système est celui du monopole d'une grande compagnie, ayant seule le privilége de fabriquer la monnaie de papier. C'est le système actuel de la France. D'autres réclament la pluralité des banques, soit sous l'autorisation préalable du gouvernement, soit sous un régime de liberté réglée, soit sous un régime de liberté absolue et sans contrôle. L'examen de ces deux systèmes fera l'objet du chapitre suivant.

CHAPITRE VII.

DU MONOPOLE D'UNE GRANDE COMPAGNIE, ET DE LA PLURALITÉ DES BANQUES.

§ I. — Vices de l'administration de la Banque de France. — En principe, nul fonctionnaire ne devrait être intéressé aux affaires. — Bon exemple donné sur la fin du dernier siècle.

La liberté des banques ne s'entend point de la faculté d'établir une banque, soit isolément, soit en société en nom collectif ou en commandite. La liberté du commerce en France autorise chacun à le faire en payant une patente. Mais elle s'entend de l'abolition du droit exclusif de créer la monnaie de papier, droit conféré par un privilége à *la Banque de France*. Un grand nombre d'écrivains blâment ce privilége, et demandent que la loi autorise toute banque à créer, soit librement, soit en remplissant certaines formalités, des billets à vue et au porteur.

Le monopole accordé à une grande compagnie pour émettre des billets à vue et au porteur, présente d'abord et en général les mêmes inconvénients que tous les autres monopoles. Ainsi, une telle administration n'ayant point à craindre la concurrence, sommeille, ou opprime librement tout ce qui l'entoure. D'un autre côté, la complication lui fait user, par le frottement même, une grande partie de sa force; et cette grande machine, soumise à des réglements rigides, ne peut se plier aux circonstances : ce qu'exige impérieusement le temps où nous vivons, et la nature même des opérations de banque.

Un homme ne déploie bien ses facultés que quand il est responsable; or, dans une vaste administration, nul ne l'est, ni vis-à-vis le public, ni vis à-vis le gouvernement, ni même vis-à-vis les actionnaires. Enfin, « une banque unique, dit M. Courcelle-Seneuil, et en général tout établissement considérable, fonctionne plus chèrement et plus mal que des établissements d'une dimension moyenne. N'en citons qu'un exemple : il est assez concluant. La banque départementale établie à Lyon avait distribué à ses actionnaires, sur un capital de 2 millions, 14,62 p. 100 en 1841; 16,37 p. 100 en 1842; 20,73 p. 100 en 1844; 24,40 p. 100 en 1847, et 28,75 p. 100 en 1849. L'année suivante, cette banque est réunie, comme toutes les autres, à la Banque de France; et elle acquiert ainsi la faculté de faire des opérations nouvelles, qui lui étaient auparavant interdites; d'escompter du papier sur Paris et sur les vingt-neuf places les plus importantes de France. Qu'arrive-t-il? En 1851, la succursale de Lyon ne fait pas ses frais! Elle présente une perte de 25,638 francs. La succursale d'Orléans, qui avait aussi, lorsqu'elle était banque départementale, donné des bénéfices fort beaux à ses actionnaires, n'a pas fait ses frais en 1851. En 1852, douze succursales n'ont pas fait leurs frais dans le premier semestre, et six succursales ne les ont pas faits dans le second. Toutes ensemble elles n'ont donné à la Banque qu'un bénéfice de 1,800,000 francs environ, chiffre médiocre en comparaison de ce que gagneraient des banques libres. En présence de tels faits, tout argument n'est-il pas inutile ! »

_____

[1] _Traité des opérat. de banques_, p. 320.

En tous cas, la Banque de France ne devrait pas être régie par des banquiers; car si ceux-ci n'avaient point un désintéressement et une vertu à toute épreuve, ils pourraient avoir la tentation d'y prendre des sommes considérables à 4 p. 100 la veille du jour où subitement ils en élèvent l'intérêt à 6 p. 100, afin de replacer à 8 ou 9 p. 100 ce qu'ils ont obtenu à 4.

Mais, dit-on, il faut des hommes pratiques.

C'est le vieux sophisme des députés-fonctionnaires. L'on est aussi expérimenté lorsqu'on a exercé, que lorsqu'on est encore en exercice. Un ancien banquier en sait autant que s'il était encore commerçant.

La loi exige qu'un juge ne puisse faire aucun négoce, afin qu'il conserve toute son indépendance vis-à-vis les justiciables, et qu'il n'ait point l'esprit préoccupé de ses affaires personnelles. Pourquoi donc ne pas exiger que ceux qui sont à la tête d'affaires importantes qui concernent ou l'intérêt des actionnaires, ou l'intérêt public, n'exercent aucune profession qui, à chaque instant, met en contact leur propre intérêt avec celui qu'ils représentent? De nos jours, et surtout depuis vingt-cinq ans, nous voyons sans cesse ces anomalies scandaleuses. Des députés et des pairs de France, vendant au gouvernement, c'est-à-dire à eux-mêmes, leurs propres produits; des administrateurs de grandes compagnies abusant de leur pouvoir pour s'enrichir malhonnêtement. Que le législateur y mette donc un terme, et il fera respecter tout ce qui est sous sa surveillance! Qu'il fasse défense expresse à tout administrateur, à tout régent, à tout gouverneur de faire des actes de commerce ou des spéculations pour son compte! La Convention nationale avait décrété qu'aucun de ses membres, et qu'aucun fonctionnaire public ne pourrait s'immiscer dans les marchés de fournitures contractés par le gouvernement. Le député Perrin, membre d'un comité, ayant, par une manœuvre habile, abusé de sa position pour faire acheter ses marchandises, fut condamné à douze ans de fers et à six heures d'exposition sur la place de Grève, aux applaudissements de tous les honnêtes gens.

Outre cette mauvaise administration, on va voir comment la Banque de France se comporte vis-à-vis le public, dans les crises commerciales ou monétaires.

§ II. — Cause des crises en général. — Influence de la panique. — Situation de la Banque de France en 1846. — Crise commerciale. — Mauvaise excuse du gouverneur. — Crise de 1856. — Rapacité de cette Banque.

Quand les marchands croient que le prix d'une marchandise haussera par suite d'une mauvaise récolte ou d'obstacles légaux, ils veulent augmenter la quantité qu'ils en possèdent. Cela même tend à gonfler les prix ; car d'autres spéculateurs ont l'éveil, demandent aussi, et il en résulte qu'une hausse, motivée à l'origine, devient excessive par des achats outre mesure. Si tous ces achats étaient faits contre espèces, le payement de quelques articles, achetés à de hauts prix, attirerait une grande quantité de monnaie sur le marché où ils se vendent, et la monnaie se retirerait du marché des autres marchandises dont le prix baisserait. Mais, dans les sociétés avancées, ces acquisitions se font par l'extension du crédit. Lorsqu'on achète avec l'argent qu'on espère recevoir, on s'engage dans l'inconnu. De la sorte, la spéculation peut s'étendre sur toutes les marchandises à la fois. Alors tous les prix s'élèvent, quoiqu'il n'y ait aucun accroissement de monnaie ni de papier de crédit, mais une simple extension donnée au crédit sur les livres.

Dès que les prix restent stationnaires, les marchands, voyant qu'il est temps de vendre, s'empressent de le faire; alors, comme il y a excès dans l'offre, les prix commencent à baisser. Les acheteurs attendent, afin de profiter de l'obligation où seront les marchands d'écouler. Quand ceux-ci sont forcés de remplir leurs obligations, ils se précipitent, et les prix baissent plus vite qu'ils n'avaient monté. Des pertes considérables s'en suivent pour les détenteurs de la marchandise. C'est ce que l'on appelle crise commerciale. Il y en eut une fameuse en Angleterre en 1825, et une autre en 1847. La France en subit, en 1827, 1840, 1847, 1855 et 1856.

La cause immédiate la plus ordinaire de ces embarras généraux est une baisse de prix considérable qui porte sur un grand nombre de marchandises et de valeurs cotées à la Bourse, à la suite d'une hausse produite par la spéculation. Ainsi, en 1825, les prix de quelques-uns des principaux articles, en Angleterre, se sont considérablement élevés sans que les autres aient baissé. La réaction arrivant, et les prix commençant à baisser, sans que cette baisse fût produite par d'autres causes que le désir qu'éprouvaient les détenteurs de réaliser, les achats de la spéculation s'arrêtèrent d'abord, puis les prix descendirent beaucoup plus bas que le niveau d'où ils étaient partis[1]. En effet, comme au moment où les prix s'élèvent, tout le monde paraissant s'enrichir, on accorde un crédit presque illimité; de même, lorsque chacun paraît se ruiner, et que les faillites se succèdent, les gens les plus solvables eux-mêmes ont de la peine à satisfaire à leurs engagements. Et comme nul n'est assuré de voir rentrer ses capitaux au

[1] J.-S. Mill, *Principes.*

moment stipulé, il ne veut pas prêter l'argent qu'il possède ni renouveler les engagements de ses débiteurs.

Ajoutons à ces causes la panique aussi extrême que la confiance qui l'a précédée, et qui fait vendre au comptant et à tout prix les marchandises. C'est la loi générale de l'action et de la réaction, du mouvement et de la résistance.

En 1844, les escomptes de la Banque de France, y compris ses avances diverses sur rentes, lingots, etc., s'étaient élevés à 809 millions de francs. Ce chiffre étant inférieur à celui des années précédentes, la Banque se plaignait de ce que les escompteurs particuliers, en prêtant leurs fonds à moins de 4 p. 100, taux qu'elle avait fixé pour ses propres escomptes, lui enlevaient une partie des effets du commerce et diminuaient ses bénéfices. Elle ne réalisa cette année qu'un intérêt de 9 p. 100, non compris les rentes acquises avec son capital, qui lui procuraient une rente annuelle de 4,952,585 francs, ce qui élevait à 16 p. 100 le chiffre des dividendes acquis à ses actionnaires. Pendant ce temps, les simples capitalistes étaient obligés de se contenter de 2 à 3 p. 100 des fonds qu'ils plaçaient chez des banquiers particuliers, afin que ces derniers pussent escompter à un taux égal ou inférieur à celui de la Banque; et, s'ils les déposaient, pour plus de sûreté, dans ses caves, ils ne recevaient aucun intérêt.

A la fin du premier trimestre de 1846, le solde des espèces de la Banque de France montait à 202,530,000 fr., qui ne se composaient que de capitaux non propres à elle, déposés dans l'attente d'un emploi prochain, et qui pouvaient être retirés dès qu'une occasion s'offrirait. Comme les capitalistes ne pouvaient se résigner à ne jamais toucher d'intérêts, les faiseurs de projets et les filous se présentèrent, proposant l'exploitation de mines de houille, la

I. 15

construction d'un vaste réseau de chemins de fer, le défrichement des terres incultes, l'exploitation en grand des mines d'or, d'argent et de cuivre, etc... Les listes de souscription se remplirent en un instant, et l'on fit des appels de fonds. Chacun se hâta de rappeler ses capitaux : l'un de la Banque, où il les tenait en réserve ; l'autre de la caisse de son banquier, qui n'en payait qu'un faible intérêt. Celui-ci, dont la caisse se vide, s'adresse lui-même à la Banque, soit pour en retirer ses propres fonds, soit pour escompter un plus grand nombre d'effets.

L'encaisse métallique de la Banque est entamé, en même temps que les besoins de l'État augmentent, par la réaction de la rareté du numéraire qui se manifeste généralement. Le Trésor retire donc ses dépôts en même temps que les particuliers. De 200 millions, en comprenant les fonds de l'État, l'encaisse métallique de la Banque tombe à 60, à 40, à 30 en quelques semaines. Après avoir égalé le tiers de ses billets, il n'en égale plus le neuvième, car la Banque doit encore 30 millions de dépôts et 250 millions de billets.

La Banque aux abois émet force billets ; mais la circulation en ayant assez, les repousse, de sorte qu'à peine émis, les billets se présentent au remboursement, et contribuent à diminuer la réserve qui décline chaque jour. L'alarme se répand ; il faut recourir aux expédients. La Banque achète du Trésor, moyennant une prime, 15 millions de pièces démonétisées, restées en dépôt dans ses caves, et les fait frapper en espèces courantes ; elle se procure 4 ou 5 millions de matières d'or et d'argent ; elle emprunte aux capitalistes anglais 25 millions en lingots d'argent et en piastres ; puis, demandant au commerce *quelques sacrifices passagers*, elle resserre ses escomptes, tant en élevant brusquement le taux de l'intérêt qu'en

refusant une grande partie des effets même de premier
ordre qu'on lui présente.

Alors les entreprises nouvelles avortent, parce que les
versements s'arrêtent : les avances faites sont perdues.
Un grand nombre de maisons anciennes tombent ; la plupart des autres sont ébranlées. Le désastre engloutit tous
les spéculateurs qui avaient cru pouvoir compter sur l'appui de la Banque[1]. Le commerce éprouva, par le tarisse-
ment des crédits, par l'élévation de l'intérêt, et surtout
par la dépréciation des valeurs, d'irréparables pertes. A
Paris seulement, on a compté, du 1er août 1846 au
31 juillet 1847, onze cent trente-neuf faillites, avec un
passif total de 68,474,803 francs.

La fureur de la spéculation sur les actions de chemins
de fer ne fut que la cause immédiate de la crise ; mais
celle-ci fut réellement engendrée par le privilége de la
Banque qui ferma aux capitalistes les voies ordinaires
dans lesquelles ils auraient pu trouver l'emploi régu-
lier de leurs fonds. *L'on ne doit s'en prendre qu'à la
disette des céréales,* disait le gouverneur de la Banque. Ce
qui prouve la fausseté de son allégation, c'est que, dans le
premier semestre de 1846, une importation de deux millions cinq cent mille hectolitres de grains n'avait exercé,
de son propre aveu, aucun ébranlement sur les réserves
de la Banque, qui s'étaient élevées, pour Paris et les succursales, de 208 millions à 252 millions. Dans le second
trimestre, où cette importation n'a pas excédé le chiffre
de deux millions deux cent soixante-quatre hectolitres,
les réserves ont baissé de 172 millions.

Ainsi le privilége de cette banque engendra non-seulement une révoltante inégalité dans la répartition des pro-

_____
[1] Ch. Coquelin, *Du crédit et des banques.*

fits, mais le désastre du commerce qu'elle avait mission
de soutenir. Les crises que la France a subies depuis l'é-
tablissement de la Banque, en 1811, en 1819, en 1825,
en 1837 et en 1855, ont eu un caractère pareil. Chaque
fois que le chiffre de ses bénéfices croissait, cette appa-
rente prospérité annonçait une crise prochaine. N'est-il
point constant que le public ne se serait souvent point
douté de la crise sans le signal donné par la Banque de
France? Mais, dans ces crises, ses bénéfices augmentent
considérablement. Ainsi le dividende de ses actionnaires
pour 1856, au milieu de l'embarras général du commerce
et de la misère publique, est de 272 francs par action de
1,000, soit de près de 30 p. 100 pour un capital qui n'est
pas hasardé. Car l'on conviendra que des escomptes d'effets à trois bonnes signatures et à soixante jours, ou des
prêts sur gage de moitié ou du tiers d'une valeur de premier ordre, sont les plus sûrs de tous les placements.

§ III. — Crise de 1826 en Angleterre. — De ses causes. — Du vrai motif d'un acte du parlement. — Qu'une banque ne doit pas aspirer à
régler la circulation qui se règle d'elle-même.

La somme des avances faites par la Banque d'Angleterre
s'éleva graduellement de 17,200,000 liv. sterl. en 1822, à
25 millions au milieu de 1825, époque qui précède immédiatement la crise ; et à plus de 32 millions au commencement de 1826 quand la crise éclata.

Ce développement croissant des escomptes devait rendre disponibles une grande quantité de fonds particuliers,
en les détournant de leur emploi, et surexciter,

1° La spéculation sur les emprunts étrangers;

2° Celle sur l'exploitation des mines étrangères;

3° Celle, dans le pays même, sur les terres et les propriétés, qui montèrent à des prix très-élevés;

4° Celle, dans des compagnies diverses, ayant pour objet les mines, les chemins de fer, les bateaux à vapeur, les assurances, les prêts, etc.

5° Enfin, celle sur les marchandises[1].

L'encaisse métallique, qui s'était élevé à 13,800,000 liv. sterl. au mois de février 1824, tomba à 2,459,000 en février 1826. La Banque eût peut-être suspendu ses payements, si elle n'avait trouvé dans ses bureaux pour 1 million sterl. de billets de 5 livres, qu'elle émit pour satisfaire aux plus pressants besoins. En 1825, son encaisse n'égalant pas le montant des dépôts dont elle était débitrice, elle n'opérait qu'avec les fonds d'autrui, dont elle ne payait aucun intérêt.

« Si le peuple anglais, dit M.-H.-C. Carey, avait eu la liberté de fonder une autre banque sur le principe de la responsabilité limitée des associés (c'est-à-dire constituée en société anonyme); et telle qu'elle eût pu absorber en 1824 l'excédant des dépôts, l'or se serait transporté dans une autre rue, au lieu de se transporter dans un autre pays[2]. »

En effet, avec une seule banque, les escomptes se multiplient, la masse des dépôts s'élève de 13 à 20 millions sterling, les actionnaires obtiennent de larges dividendes, quand les autres capitalistes ne retirent aucun profit. Ces derniers étant forcés de chercher un emploi au dehors, le retrait des dépôts commence. La Banque alors voulant limiter ses opérations, les faillites éclatent.

Les payements insolites, qu'eurent à effectuer les acheteurs de grains et de coton, et les actionnaires des nouvelles compagnies, ne se pouvaient faire qu'au moyen de

---

[1] Wilson, *Capital currency and banking.*
[2] *The credit system.*, ch. viii.

leurs fonds de réserve ou d'emprunts. Dans le premier
cas, le retrait des capitaux déposés chez les banquiers
tarissait les sources du crédit; dans le second cas, l'on
anticipait sur le marché du crédit, soit en y vendant des
titres, soit en y contractant des emprunts à intérêt. Ce
concours d'une augmentation de demande et d'une diminution des capitaux disponibles éleva le taux de l'intérêt;
et il fut impossible d'emprunter autrement que sur les
garanties les plus solides. Aussi quelques maisons, qui
par imprévoyance avaient engagé leur capital provisoirement, se virent refuser le crédit qu'elles avaient obtenu
jusqu'alors. Elles suspendirent leurs payements : et leur
faillite atteignit plus ou moins sérieusement d'autres maisons qui leur avaient fait crédit, et, comme il arrive en
pareil cas, la panique se fit sentir.

En Angleterre, avant 1826, les faillites des banques de
circulation étaient des accidents fréquents qui désolaient
souvent une localité tout entière, et privaient tout à coup
le travail des fruits d'une longue épargne. Ce fut l'un des
principaux motifs qui portèrent à cette époque le parlement à interdire l'émission de billets d'une coupure inférieure à 5 livres, afin que les classes laborieuses fussent
aussi peu exposées que possible à ce genre d'accidents[1].

L'insolvabilité fréquente des banques, avant cette époque, provenait de la loi qui, afin d'assurer le monopole
de la Banque d'Angleterre, interdisait à Londres et au
dehors toute banque de dépôt et de circulation dans laquelle le nombre des associés fût de plus de six personnes.

1. Tel fut le vrai motif de cet acte du parlement, et non pas,
comme le croit à tort M. Coquelin, celui de diminuer le chiffre des
émissions. En vertu de la loi, cette interdiction cessa d'exister
quant aux émissions et aux dépôts dans les localités situées à plus
de 65 milles de Londres (environ 30 lieues).

Les nombreuses banques par actions établies depuis 1826
ont fourni de meilleurs billets, et ont mis les maisons particulières dans l'impossibilité de maintenir leur circulation, à moins que leur capital et leur caractère ne fussent
dignes de la plus grande confiance [1]. Quoique, dans certains cas, les banques par actions aient été mal adminis-
trées, en ce qui concerne les dépôts seulement, et non
pour les émissions, il est très-rare qu'elles tombent, ou
plus rare encore que la perte atteigne d'autres personnes
que les actionnaires.

Toutefois, il n'est pas toujours vrai qu'une crise commerciale soit nécessairement précédée d'une extension
excessive du crédit, et la crise de 1847, en Angleterre, en
est la preuve. Ce furent alors des payements considérables à faire à l'étranger, par suite de la hausse des cotons,
et d'importations énormes des céréales, au moment même
où les actions des compagnies de chemins de fer retiraient
les capitaux flottants et les engageaient.

Le marché de Londres est d'une mobilité extrême en
ce qui touche la circulation monétaire; la cause en est
dans l'unité monétaire qui est une pièce d'or, métal dont
la valeur est moins fixe que celle de l'argent; de sorte
que ses variations sont plus promptes dans le cours des
changes.

Quoique la banque ait prétendu régler ses émissions
sur ce cours, elle a avoué elle-même que les exportations
d'or, loin de suivre le cours des changes, avaient lieu
souvent même quand ils étaient favorables. On en a eu
la preuve en 1831, où l'on exporta soudain 7 millions
sterling pour la guerre de Pologne. En outre, les placements à l'étranger, auxquels sont plus habitués les Anglais

[1] J.-S. Mill, II, 271.

que d'autres nationaux, contribuent beaucoup à bouleverser le marché de la circulation. La Banque d'Angleterre est donc la banque de circulation qui doit garder en caisse la plus forte réserve métallique.

Mais elle ne doit pas aspirer à régler la circulation qui se règle d'elle-même. Une banque n'a d'action que sur ses propres escomptes ; en les limitant à propos, elle règle son encaisse en augmentant ou en diminuant ses émissions. L'on ne pourrait régler la circulation que si l'on avait le monopole de l'escompte en même temps que celui des émissions ; ainsi l'on mettrait un frein à la spéculation par des refus de crédit [1]. Mais le commerce, en ce cas, se passe de la Banque d'Angleterre, et obtient un crédit moins usuraire chez les banquiers ordinaires. Il ne recourt à la banque que quand les escompteurs sont à bout de ressources ; et si alors celle-ci refuse l'escompte, les sinistres se multiplient comme en 1825 à Londres, en 1847, en 1855 et 1856 à Paris.

§ IV. — Avantages de la pluralité des banques de circulation. — Que le monopole a plutôt aggravé qu'atténué les crises. — Que la prospérité d'une nation est en raison directe de son crédit.

Avec la pluralité des banques, lorsqu'il y aurait sur la place une grande quantité de capitaux disponibles, leurs propriétaires formeraient une seconde banque et partageraient les bénéfices de l'autre. Dès lors cesserait l'inégalité des bénéfices, ainsi que le péril d'un engorgement et du retrait subit des dépôts. Les avances faites au com-

[1] Traité des opér. de banq., par M. Courcelle-Seneuil.

merce seraient au moins aussi importantes ; et les capitaux, désormais prêtés par ceux à qui ils appartiennent,
ne seraient plus sujets à des rappels dangereux.

Si l'établissement d'une seconde banque ne suffisait
point, il s'en élèverait une troisième, et les escomptes s'é-
tendraient à l'avantage de l'industrie et du commerce. Les
trois banques étant forcées de se restreindre chaque jour à
l'emploi de leurs propres fonds, les crises deviendraient
impossibles. Dès que plusieurs banques opéreraient
concurremment dans le même lieu, elles attireraient à
elles les capitaux en leur offrant un intérêt. Les sommes,
maintenant oisives, telles que les épargnes des rentiers,
les fonds de caisse des négociants, y chercheraient un
placement. Il en résulterait un meilleur emploi du capital social et une nouvelle source de bénéfices pour les
banques qui prêteraient ces fonds au commerce à un taux
d'intérêt un peu supérieur à celui qu'elles serviraient aux
déposants.

« C'est le monopole seul qui engendre l'abus, en créant
une position doublement fausse, dit M. Ch. Coquelin ; fausse
au regard des capitalistes, qui sont mis dans l'impossibilité d'utiliser régulièrement leurs capitaux ; fausse encore
au regard de la banque, induite à n'opérer plus qu'avec
les capitaux d'autrui. Otez ce principe de désordre, en
proclamant hautement la liberté des banques, et il ne
restera plus de l'usage du crédit que ses bienfaits. »

On suppose que la multiplication des banques rendrait
les crises plus violentes ou plus fréquentes ; car, dit-on, « si
une seule banque instituée à Paris avec un privilège et le
contrôle du gouvernement, devient par ses émissions de
billets la cause de tant de faillites, que sera-ce de plusieurs
banques rivales? Elles se hâteront, à l'envi, d'imprimer
au commerce une excitation fébrile et dangereuse. » En

1840, M. Thiers, président du conseil des ministres, dans la discussion relative au renouvellement du privilége de la Banque de France, soutenait que « l'expérience avait prouvé que deux ou plusieurs banques ne pouvaient pas, sans un immense danger, opérer concurremment dans la même ville, que cette concurrence était pour le pays et pour elles-mêmes une source de graves embarras et leur devenait presque toujours mortelle. » Mais l'orateur ne cita aucun exemple, ce qui lui eût été impossible.

A. Smith avait déjà remarqué que les établissements fondés en Écosse étaient devenus plus solides et plus réguliers dans leur marche à mesure que le nombre s'en était accru dans le pays. « La sûreté du public, dit-il, bien loin « de diminuer, n'a fait qu'augmenter par la multiplication « récente des compagnies de banque dans les deux « royaumes unis de l'Angleterre et de l'Écosse ; événe- « ment qui a donné l'alarme à tant de monde[1]. »

Dans plusieurs États de l'Union, où la liberté des banques est illimitée, on comptait, en 1830, cent soixante-douze banques, pour une population totale de un million huit cent soixante-deux mille habitants ; soit en moyenne une banque pour dix mille huit cent vingt-cinq personnes. Dans le Massachusetts et le Rhode-Island, on comptait quarante-sept banques pour une population de quatre-vingt-dix-sept mille âmes ; ce qui donne le résultat d'une banque pour deux mille soixante-quatre habitants. A ce compte, cela ferait dix-sept mille pour la France[2]. Ces banques fonctionnent avec sécurité pour le public. Le capital est abondant ; la production très-active, et le commerce aussi réglé qu'entreprenant,

[1] De la Richesse des nations, liv. II, ch. II.
[2] Gallatin, ancien ministre des États-Unis.

L'on ne doit donc point craindre que la liberté des
banques cause une inondation de papier ; car, sous un
tel régime, la circulation est soumise au contrôle du public. La liberté étant réciproque, ce qu'il peut y avoir
d'excessif d'un côté trouve son correctif de l'autre ; de
sorte que la circulation la plus libre est ordinairement la
plus réservée. On a toujours observé que la faculté qu'ont
les banques d'augmenter le chiffre des billets, et le mal
qu'elles peuvent produire par cette augmentation est infiniment moindre qu'on ne le se figure ordinairement.
Ainsi, la concurrence que se sont faite les banques par
actions, loin d'augmenter la somme des billets en circulation, n'a fait que la diminuer [1]. Ce n'est donc pas de
l'excès des émissions que naît le désordre, même quant
aux banques privilégiées ; ce n'est que de l'excès des
dépôts qu'elles acceptent et surtout de l'usage irrégulier
qu'elles en font.

Un sieur Lebœuf, régent de la Banque de France,
avouait lui-même [2] « qu'il est constant que la Banque de
« France apporte à la circulation et au commerce des
« entraves continuelles. »

C'est parce qu'en matière de crédit comme en toute autre, la violation de la liberté ne peut produire que du mal.
Lorsqu'il y a des banques nombreuses, elles attirent vers
elles, aux meilleures conditions, tous les capitaux libres
pour les répandre dans tous les canaux de la production ;
tous bons projets trouvent à se réaliser ; chacun tient à
cette chaîne pour son avantage particulier comme pour

---

[1] Cette observation a été faite par plusieurs écrivains en Angleterre. L'on ne saurait trop admirer la patience d'observation et la
franchise des économistes de ce pays.

[2] 22 nov. 1849, à l'Assemblée nationale.

l'avantage social; et les salariés y trouvent autant leur
avantage que les rentiers et les capitalistes[1].

Jefferson et Sismondi se sont trompés en disant que les
banques sont dangereuses, puisqu'elles se proposent de
créer la richesse sans les premiers éléments. En effet, les
banques, en créant une circulation plus active et mettant
en valeur tous les capitaux réels, accroissent indirectement l'industrie et la production qui, sans elle, manquerait souvent des moyens nécessaires. La prospérité commerciale d'une nation est en raison de son crédit, comme
son crédit dépend de la liberté dont ses banques jouissent.
On a tiré ce principe d'une comparaison entre la France,
l'Angleterre et les États-Unis. En effet, la production
brute annuelle de la France donne, par journée de travail, à chaque habitant. . . . . .   0 fr. 75 cent.

    Celle de l'Angleterre. . . .   1 fr. 45 c.

    Celle des États-Unis. . . .   1   70

Or, la même proportion se trouve dans la liberté dont
jouissent les établissements de crédit dans ces trois pays.

Il est constant que des banques de circulation, répandues en grand nombre dans un pays, répondront mieux
aux incessants besoins du commerce et de l'industrie
qu'une banque unique, qu'elle soit banque d'État ou banque particulière, privilégiée. Ces établissements, stimulés
sans cesse par la concurrence, auront bien plus d'activité
qu'une banque unique. L'on ne peut objecter que les succursales de la Banque de France en remplissent les fonctions. Ces succursales sont utiles, sans doute, dans les localités où on les établit; mais elles ne sont point libres,
elles dépendent absolument de la Banque-mère, et n'ont
pas même le droit de suivre un peu les coutumes de la localité où elles sont instituées.

[1] Carey.

§ V. — Examen des trois systèmes de pluralité des banques. — Réfutation des objections. — Conclusion en faveur du système de liberté avec autorisation et sous certaines conditions légales. — Des principales dispositions à édicter et des précautions à prendre.

Reste à examiner quel est le meilleur des trois systèmes de pluralité des banques.

Contre la nécessité d'une autorisation préalable qui, est le premier de ces systèmes, on objecte que du temps où les banques départementales pouvaient être instituées aux termes de la loi de l'an XI, l'ignorance des bureaux ministériels, la routine du gouvernement, les mesquines oppositions, rendaient cette institution excessivement difficile; au point que l'on n'était parvenu à en établir que neuf. Que d'ailleurs des banquiers seuls savent établir les statuts les plus convenables; que des bureaucrates n'y entendent rien; qu'ainsi, durant plus de trente-cinq ans, l'on n'a jamais obtenu pour les banques départementales la faculté d'escompter les effets à deux signatures; 2° celle d'escompter des effets payables sur d'autres places; 3° celle de payer intérêt des dépôts; 4° enfin, d'émettre des billets de petite coupure, quoique cette autorisation fût indispensable à leur succès. On en conclut que la nécessité d'une autorisation préalable ne peut qu'apporter des entraves à l'établissement des banques.

Mais cette autorisation serait réglée par la loi qui en déterminerait les conditions; par conséquent, l'autorité, à moins de prévarication ostensible, ne pourrait la refuser quand les conditions seraient remplies par les pétitionnaires. C'est donc mal raisonner que de tirer une conclusion générale des vices particuliers d'un gouvernement déchu.

Sur le second système, qui est celui de donner à tout homme le droit d'émettre des billets à vue et au porteur, sous certaines conditions légales, on dit que l'expérience ayant prouvé que le législateur peut commettre de graves erreurs en matière de banque, il vaut mieux accorder la liberté absolue, sans conditions ni contrôle, qui est le troisième système.

Cette liberté absolue présente d'immenses dangers dans un temps et chez un peuple surexcité par la fureur d'un enrichissement soudain. Les banquiers seraient portés, surtout dans le premier moment, à créer du papier avec excès, et d'épouvantables catastrophes s'ensuivraient. Il faut donc que la loi ou l'autorité impose au banquier un capital proportionné à ses émissions : ce capital sera son cautionnement envers le public. Il faut aussi que toute banque de circulation soit astreinte à la publication fréquente de son bilan, et à la vérification d'inspecteurs compétents.

On objecte qu'une vérification officielle ne peut présenter aucune garantie, parce qu'il n'existe jamais d'inspecteur capable d'estimer ce que le banquier a tant de mal lui-même à apprécier, c'est-à-dire la valeur réelle de son portefeuille.

Je réponds qu'il en serait ainsi dans le cas où l'on choisirait des inspecteurs comme il y en a tant; mais s'ils sont des hommes compétents, ils verront bientôt les fraudes en comparant les livres avec les bilans, et en examinant la valeur des signatures du portefeuille.

Les personnes qui opinent pour le troisième système invoquent encore les raisons suivantes :

« Les effets de la concurrence en cette matière sont la réduction de la circulation et de l'encaisse, en proportion de l'accroissement du portefeuille et du capital propre. Il n'y aurait donc aucun danger, puisque les banques se verraient réduites, pour leur intérêt comme pour leur sûreté, à ne pas faire des émissions excessives.

Quand même il en serait ainsi, la liberté sans contrôle n'empêcherait point les catastrophes ; car on avoue que *ce n'est qu'à la longue que cette expérience viendrait et que les choses prendraient leur niveau naturel et normal.* D'ailleurs, si l'on était prémuni contre la témérité des banques, on ne le serait point contre leur fraude.

On allègue surtout qu'il y aurait bizarrerie, puisque l'on donne au premier venu (qu'il ait un capital où qu'il en manque) le droit de prendre une patente, de recevoir des dépôts et d'émettre des lettres de change et des billets à ordre, à lui refuser l'émission de billets au porteur ; *car il est plus dangereux d'obtenir un crédit par des dépôts d'espèces que par l'émission de billets à vue et au porteur. Le gaspillage des dépôts d'une banque peut ruiner des familles entières, tandis que le non-remboursement des billets répartirait la perte sur un grand nombre de personnes, dont aucune ne serait ruinée. Les dépôts peuvent être immenses, tandis que le crédit par émission est limité par les besoins du marché, dont il est impossible au banquier de franchir la limite. Les dépôts peuvent être réclamés subitement, et en masse, tandis que les billets ne sont jamais présentés au remboursement que peu à peu et par petites sommes, hors les cas de panique et de grands désastres.* M. Courcelle-Seneuil, entre autres, qui vante ce système, avoue néanmoins que l'opinion en est encore fort éloignée, et qu'elle mettra sans doute bien longtemps à s'y habituer.

Cet aveu, qui démontre la bonne foi de cet auteur,

suffit pour renverser l'échafaudage de ses motifs, plus subtils que solides. En effet, le danger de l'émission des billets de banque est toujours au moins égal, en toutes circonstances, à celui de l'émission des lettres de change et des billets à ordre. Le banquier, à moins qu'il ne brave sciemment la peine qui frappe le banqueroutier, ne se hasarde pas à souscrire des effets de commerce, dont il n'est pas certain de fournir la valeur ; tandis qu'il émettra bien plus facilement des billets de banque dont le remboursement n'est pas à date fixe. N'est-il pas commun de voir les hommes contracter plus volontiers une dette dont ils ne prévoient pas le remboursement, que celle qu'il faudra solder dans un ou deux mois?

Quand aux dépôts, pourquoi seraient-ils plus dangereux que le crédit obtenu par l'émission de la monnaie de papier? Est-ce que dans ce système les banques de circulation ne recevraient pas de dépôts, et ne seraient pas en même temps banques de dépôts, de virement et d'escompte? Est-ce que l'on peut limiter leurs fonctions au rôle étroit de l'émission de billets au porteur et à vue? Et, dans le cas contraire, est-ce qu'il est impossible qu'on leur réclame aussi, en cas de panique ou de désastre, le remboursement subit de tous ces dépôts, ainsi que la conversion de leurs billets en numéraire? Mais remarquons bien l'exception : *hors le cas de panique et de désastre*, qui seule ruine les arguments que je combats; car c'est en ce seul cas que les créanciers se présentent en masse, pour réclamer leurs dépôts aux banques de circulation, comme aux banquiers ordinaires.

Et sur quel fondement allègue-t-on *que les dépôts peuvent ruiner des familles entières, tandis que le non-remboursement des billets répartit la perte par petites sommes sur un grand nombre de personnes.*

Si un homme est prudent, il ne place chez le même banquier qu'une petite partie de sa fortune, de sorte que sa famille n'est point ruinée par une faillite. S'il est imprudent, au point de confier à la même maison tout ce qu'il possède, pourquoi n'aurait-il pas toute sa fortune dans son secrétaire, convertie en billets de banque d'une seule maison ? S'il fait un dépôt, c'est parce qu'il a confiance au banquier ; et s'il accepte les billets d'une banque (car il n'est point question du cours forcé), c'est parce qu'il croit à leur remboursement, aussitôt qu'il le désirera. Bien plus, l'acceptation des effets ordinaires de commerce et le dépôt de fonds surexcitent davantage la judiciaire d'un particulier que l'acceptation de billets à vue et au porteur ; et tel qui prendrait de confiance la monnaie de papier ne ferait point un dépôt dans la maison qui l'émet, et n'accepterait point une lettre de change revêtue de sa seule signature.

En conséquence, les économistes qui demandent la liberté des banques ont été trop loin, en refusant tout contrôle de l'État. M. Coquelin, entre autres, ne s'est pas aperçu qu'il tombait quelquefois dans l'absurde. Il faut faire en sorte que les banques offrent des garanties tout à la fois à leurs actionnaires, à leurs créanciers et au public, afin d'empêcher la ruine des uns par la banqueroute, et les crises qui bouleversent l'État. La loi doit mettre en garde contre les brouillons et les fripons qui veulent, en faisant des dupes, s'enrichir promptement.

Un des moyens, et le plus efficace, c'est de ne leur permettre de s'établir qu'après la réalisation de tel capital, et de leur ordonner de publier chaque mois leur situation. Tout mensonge des gérants, dans cet acte, sera puni comme le faux en écriture de commerce. Des officiers publics pourront en tout temps visiter les livres, et faire des enquêtes.

Lorsqu'un quart du capital sera perdu, la liquidation sera ordonnée par le tribunal.

M. J.-S. Mill croit « qu'il est inutile de prendre aucune mesure spéciale en faveur des porteurs de billets. Que la véritable mesure à prendre en leur faveur serait une bonne loi des faillites, et, quant aux sociétés par actions, la publicité de leurs comptes; car la publicité que l'on donne en ce moment au chiffre de leurs émissions n'est qu'une petite partie de ce que l'État a le droit de leur demander, en retour du privilége qu'il leur accorde de se constituer et d'être reconnues légalement comme des corporations. »

Mais cela ne suffit point; un cautionnement doit être exigé en placement de fonds sur l'État; et des peines sévères doivent être édictées contre les administrateurs en cas de fraude. Seulement, il est utile aux banques comme au public, afin de rendre la contrefaçon plus difficile, que le gouvernement puisse seul leur délivrer le papier des billets qui sera fabriqué avec le plus grand soin, et d'une façon uniforme, avec des signatures publiques, outre celles de la banque qui les émettra.

Des personnes ont pensé qu'une banque, donnant une hypothèque sur quelques centaines de millions d'immeubles, serait la plus solide. C'est une erreur : le public n'a confiance que dans le numéraire; il veut pouvoir convertir immédiatement ses billets. C'est un fait acquis par l'expérience. Que, dans une certaine mesure, il y ait une réserve foncière, ce ne serait qu'un bien; mais c'est en vain que l'on prétendrait en faire la base même du crédit de l'établissement.

En temps de crise, une loi pourra ordonner que les

billets ne seront pas remboursés en espèces d'or ou
d'argent.

Mais, dira-t-on, *vous les discréditez d'avance. Vous man-*
quez aux engagements avec les particuliers.

Les temps de crise ne ressemblent point aux autres. Il
vaut mieux les prévoir, afin de ne rien laisser au hasard,
et d'agir nettement et franchement. Mais il faudra spécifier ce que l'on entend par *crise*. À notre avis, ce ne peut
être qu'une révolution ou une guerre terrible ; un acte du
gouvernement seul pourra décréter la suspension, après
enquête sérieuse.

En 1848, un décret a autorisé les maisons de banque à
suspendre leurs payements après avoir justifié de leur
solvabilité ; et, dans ce cas, cette suspension n'était point
réputée faillite. C'était bien une *violation* des contrats, sans
qu'on l'ait blâmée. Un autre, du 15 mars, donna cours forcé
aux billets de la Banque de France. Un an plus tard, quoique
la Banque n'ait repris qu'en fait ses payements en espèces,
ses billets étaient préférés au numéraire qui s'entassait
dans ses caves. Ce n'est que le 6 août 1850 qu'elle reprit
de droit ses payements en espèces ; et le public continua
à préférer ses billets.

M. Coquelin prétend que l'État n'a pas le droit de dis-
penser les banques de remplir leurs engagements, parce
que ce n'est pas avec lui, mais avec les particuliers,
qu'elles ont contracté. « Néanmoins, ajoute-t-il, la plupart des gouvernements se montrent très-lâches dans les
crises qu'elles ont préparées, et les encouragent à en
provoquer d'autres. »

Que l'on blâme ces dispenses envers un établissement
privilégié, je le comprends ; car c'est lui accorder toutes
les chances de bénéfices, sans qu'il en coure aucune de
pertes ; mais vis-à-vis la liberté, d'autres principes doivent

nous guider. *Il faut quelquefois jeter un voile sur la statue de la liberté* [1]... « C'est une obligation naturelle et indispensable, dit Charron, c'est toujours être en devoir que procurer le bien public [2].

Salus populi suprema lex esto.

Que le salut public soit la suprême loi.

[1] Machiavel, *Discours sur Tite-Live*. Montesquieu, *Esprit des lois*.
[2] *De la sagesse.*

CHAPITRE VIII.

DE LA BANQUE D'ÉCHANGE.

§ I. — Que l'encaisse métallique des banques de circulation ne les a pas sauvées, et ne peut les sauver à l'avenir de la suspension de leurs payements en numéraire. — Opinion de Law et de Smith. — Observations sur le virement et la monnaie de papier.

Sans la monnaie, l'on ne saurait jamais au juste si ce que l'on donne est l'équivalent exact de ce que l'on reçoit. Elle est l'objet de comparaison ou le *moyen*, comme en logique on choisit un moyen-terme pour prouver une proposition. Dès que le syllogisme fut inventé ou formulé, on dut inventer la monnaie, qui est le syllogisme de l'échange.

Mais comme les hommes poussent tout à l'excès, ils finirent par croire que l'or et l'argent, lorsqu'ils furent monnayés, étaient la seule richesse, ou la richesse par excellence ; ainsi, la plupart des guerres n'eurent pour but que la conquête de ces métaux précieux. N'est-ce pas pour se moquer de ce préjugé que les poëtes ont inventé la fable de Midas qui, ayant désiré changer en or tout ce qu'il toucherait, fut sur le point d'en mourir de faim?... Car les poëtes ont été les précurseurs des philosophes.

L'on est revenu scientifiquement de ce préjugé; mais on est tombé dans un autre excès, en considérant que le numéraire des banques de circulation ne les sauvait pas d'une suspension de payements, ou de la nécessité de réclamer le cours forcé de leurs billets.

Il est constant que l'encaisse métallique de ces banques privilégiées n'a jamais été qu'une garantie incomplète. Ainsi la Banque d'Angleterre a été forcée de suspendre ses payements en numéraire, depuis 1797 jusqu'en 1821. Ses billets ne perdirent au change que parce qu'ils avaient à satisfaire aux demandes excessives du gouvernement; ce qui dérangea forcément le rapport qu'ils devaient conserver avec les effets de commerce. Lorsque la Banque de France suspendit les siens en 1848, ses billets perdirent durant quelques semaines de panique; mais bientôt le public les accepta au pair. En effet, le crédit d'une banque de circulation, dont l'objet est de cautionner les effets souscrits par les particuliers, ne repose que sur son portefeuille, c'est-à-dire sur ces effets eux-mêmes, qu'elle n'a admis qu'en considération de la solvabilité de tous les signataires.

Depuis longtemps le numéraire a été réputé inutile aux banques de circulation. Lors de la fondation de la Banque d'Angleterre, le docteur Chamberlayne prétendait que cette institution n'était qu'une demi-mesure financière, et qu'il fallait savoir se passer de la monnaie. A la même époque, Jean Asgill écrivait une brochure dont le titre indique l'objet : *Plusieurs assertions prouvées dans un but de créer une autre espèce de monnaie que celle de l'or;* et il proposait de remplacer les métaux précieux par des billets hypothéqués sur le sol.

Law attaqua nettement le système de la Banque d'Angleterre, en ce qu'elle appuyait sur le numéraire la circulation de son papier.

« Rien, dit-il, n'est plus propre à remplir les fonctions « de monnaie que le papier. Aux avantages que présen-

« tent, sous ce rapport, les métaux précieux, il joint
« d'autres qualités qu'ils ne possèdent pas : 1° on le compte
« et on le transporte facilement; 2° la matière ne coûte
« rien ou presque rien, tandis qu'il faut acheter fort cher
« l'or et l'argent; 3° enfin, par cette raison, on ne l'ex-
« porte pas, et l'offre peut toujours égaler la demande.
« — Ce dernier point a la plus grande gravité. — En effet,
« il y a lutte entre les propriétaires des choses et les dé-
« tenteurs de l'argent. Les premiers font la loi au monde,
« quand les denrées et les marchandises de toute nature
« sont rares, et ils la subissent, au contraire, quand elles
« deviennent communes. Cependant, la justice et l'intérêt
« général veulent que la valeur ou le prix des choses ne
« dépasse jamais les limites des frais de production. Or, il
« n'y a qu'un moyen pour atteindre ce résultat, c'est de
« faire que la somme de la monnaie soit constamment en
« équilibre avec la quantité des choses, hypothèse qui se
« réalisera du moment que l'on pourra fournir, sur des ga-
« ranties réelles, du numéraire à tous ceux qui en récla-
« meront. Si la monnaie, sous forme métallique, rend ce
« *desideratum* une chimère, rien n'est plus facile que son
« accomplissement avec la monnaie sous forme de papier.
« — Si l'on établit une monnaie qui, n'ayant aucune va-
« leur intrinsèque, ne puisse être exportée, et que la
« quantité ne soit jamais au-dessous de la demande
« dans le pays, on arrivera à la richesse et à la puis-
« sance. »

Cet habile financier ne put être compris ni réussir; on
ne pouvait enjamber cent cinquante ans d'expérience. Il
fut généralement maudit pendant plus d'un siècle en Angleterre et en France[1]. Mais, en 1810, Ricardo, le seul

[1] Dans l'Assemblée constituante de 1789, durant toutes les dis-

économiste qui eut une vraie pratique des finances, ayant
été agioteur heureux, publia une brochure basée sur les
mêmes idées, où il formula cet aphorisme fameux : *La
monnaie, à l'état le plus parfait, est de papier.* Et comme
transition, il proposa, trois ans après, une banque dont
les billets eussent été garantis par des lingots au lieu
d'espèces.

Adam Smith avait déjà dit :

« La grande roue de la circulation est tout à fait différente des marchandises qu'elle fait circuler ; les revenus
de la société se composent uniquement de ces marchandises, et nullement de la roue qui les met en circulation.
La circulation du papier à la place de la monnaie d'or et
d'argent est une manière de remplacer un instrument de
commerce extrêmement dispendieux par un autre qui
coûte infiniment moins et qui est quelquefois aussi commode. La circulation s'établit ainsi sur une nouvelle roue
qui coûte bien moins à fabriquer et à entretenir que l'ancienne. »

Il y a longtemps que l'on a observé les variations dans
le rapport commercial, naturel ou légal de l'or et de l'argent. Ces variations, qui nous paraissent insensibles d'un
jour à l'autre, ont été éclatantes par la découverte de
l'Amérique ; et dernièrement par l'exploitation de la Californie et de l'Australie. Elles existent dans le rapport
entre les métaux précieux et tous les produits et services ;
puis entre tous les produits et services considérés isolément. C'est ainsi qu'on a pu calculer la puissance d'ac-

_____

cussions relatives au papier-monnaie, la droite, à bout d'arguments
et d'injures, avait coutume, comme péroraison accablante, de traiter les partisans des assignats *d'admirateurs de Law* ; et ceux-ci s'en
défendaient avec chaleur.

quisition de l'argent, et supputer la richesse des générations antérieures à la nôtre [1].

Cet inconvénient est l'une des causes de l'invention de la monnaie de banque. En fondant une banque, afin d'échapper aux variations, on prit pour base la valeur courante du marc de métal précieux ; et l'on décida que cette valeur resterait fixe dans les comptes, quelle que fût la variation de celle des métaux. Ainsi, cette nouvelle monnaie fit cesser les fraudes qui s'exerçaient sur l'or et l'argent, à cause de l'ignorance des masses. En outre, le virement qu'elles faisaient opérer fut la forme originaire de la lettre de change. Celle-ci, à la vérité, diffère du virement en ce que les deux commerçants se soldent sur un débiteur éloigné qui n'est en relation d'affaires qu'avec l'un d'eux, tandis que le simple virement les solde par un débiteur commun et voisin. Néanmoins, il est évident que cette opération appartient à la même classe d'idées.

On voulut aller plus loin, et créer des lettres de change acceptables par tous, c'est-à-dire tirées comme par tous ; ce qui fit le billet de banque, qui seul rendit possible l'établissement des banques de circulation. Un économiste a défini ces banques *une combinaison faite en vue de se passer des métaux précieux dans la circulation et les échanges* [2], et il voudrait supprimer le numéraire. Voici la substance de son raisonnement.

« La monnaie est le point de départ d'une série d'opérations dont le billet de banque est le terme. La Banque, en signant celui-ci, agit comme le fabricant de monnaie qui donne au lingot son coin ou caractère authentique,

---

[1] Leber, *Essai sur l'appréciation de la fortune privée au moyen âge.*

[2] Alf. Darimon, *De la réforme des banques.* Cet ouvrage est un exposé lucide, et une critique habile des divers systèmes de banque.

Sans doute, sous ce coin, l'on a toujours un métal précieux; mais si le billet de banque est accepté; il rend le
même service. Et il doit être accepté, car sa valeur repose
surtout sur le mouvement des affaires, ou la masse de bons
effets en portefeuille; l'encaisse métallique est peu de chose
en comparaison de l'escompte des banques de circulation.
En inventant le billet de banque, si utile, on n'a pas vu
qu'on trouvait le moyen de constituer tous les produits
et toutes les valeurs sur le type invariable, pour ainsi dire
éternel, de l'or et de l'argent. C'est cet aveuglement qui
n'a fait voir dans le billet qu'un supplément commode de
la monnaie métallique et qui a fait si mal combiner les
banques de circulation. Mais ces banques n'ont été jusqu'alors qu'un juste milieu entre l'emploi et le non-usage
de la monnaie métallique, qui n'a point satisfait aux besoins de l'échange; et il est de la nature des moyens termes de ne jamais être complètement satisfaisants. Voilà
pourquoi l'on cherche de toutes parts à se passer complétement du numéraire; et non-seulement à corriger
les banques de circulation par leur libre institution, mais
à les abolir même. »

§ II. — De la banque d'échange ou banque du peuple. — De la nécessité d'une transition. — Conclusion.

M. Proudhon, qui depuis longtemps était dans ces idées,
imagina la *Banque d'échange*, ou *Banque du peuple*, dans
le but : 1° de présenter à tous, au plus bas prix possible,
l'usage de la terre, des maisons et services de toute nature; 2° de faciliter à tous l'écoulement de leurs produits
et le placement de leur travail.

La société qu'il fonda avait pour principe que toute
matière première est fournie gratuitement à l'homme par

la nature ; qu'ainsi dans l'ordre économique, tout produit
vient du travail ; et réciproquement, que tout capital est
improductif, que toutes opérations de crédit se résolvant
en un échange, la prestation des capitaux et l'escompte
des valeurs ne peuvent et ne doivent donner lieu à aucun
intérêt. En conséquence, la *Banque du peuple* ayant pour
base la gratuité essentielle du crédit et de l'échange ; pour
objet la circulation des valeurs ; pour moyen, le consentement réciproque des producteurs et des consommateurs,
pouvait et devait opérer sans capital.

Les principales opérations auxquelles la *Banque du
peuple* devait se livrer, étaient : 1° l'escompte du papier
de commerce à deux signatures ; 2° l'escompte de commandes et factures acceptées ; 3° les avances sur consignations ; 4° les crédits à découvert sur cautions ; 5° les
avances sur annuités et hypothèques ; 6° les payements
et recouvrements gratuits ; 7° les commandes ; 8° l'organisation de caisses d'épargne, de secours et de retraite ;
9° les assurances ; 10° les consignations et dépôts ; 11° le
service du budget.

Le papier de la banque portait le nom de *Bon d'é-
change* ; il était à la coupure de 5, 10, 50 et 100 francs.
C'était la lettre de change revêtue du caractère social et
rendue perpétuelle : affranchie, par conséquent, de conditions de date, de personne et de lieu, et payable à vue
par tout sociétaire en produits ou en services de son industrie. Le bon d'échange avait pour gage : 1° les obligations du commerce et les titres de propriété présentés
au crédit et à l'escompte ; 2° le numéraire provenant du
versement des actions formant provisoirement le capital
de la banque ; 3° le numéraire provenant des versements
en espèces contre bons d'échange ; 4° le numéraire et
toutes les valeurs provenant de prêts, dépôts, consigna-

tions, primes d'assurances, etc. ; 5° la promesse d'acceptation mutuelle de tous les associés et adhérents.

Le point de départ de cette réforme était l'organisation
de l'échange direct des produits contre les produits, sans
l'intervention de la monnaie ; et, par suite, la garantie
mutuelle du travail. Aussi tout sociétaire s'engageait à se
fournir de préférence et pour tous les objets de sa consommation auprès des adhérents de la Banque et à ré-
server exclusivement à ses co-sociétaires la faveur de ses
commandes. Réciproquement tout producteur ou négociant, adhérant à la *Banque du peuple*, s'engageait à livrer
aux autres adhérents, à prix réduit, les objets de son
commerce et de son industrie. Le payement de ces ventes
et achats entre les divers associés ou adhérents de la Banque, soit l'échange réciproque de leurs produits ou services, devait s'effectuer au moyen du papier de la Banque,
c'est-à-dire du *bon d'échange*.

Tel est l'exposé succinct de ce projet qui fit beaucoup
de bruit, et épouvanta la bourgeoisie de Paris dans les
trois années qui suivirent l'insurrection du 24 février.
Mais il ne faut point le confondre avec la *Banque d'é-*
change, inventée en 1818 par M. Fulcrand-Mazel, qui n'a
de commun que le titre avec celle de M. Proudhon [1].

Je ne réfuterai point les objections soulevées contre la
Banque du peuple; car la plupart prouvent que leurs auteurs n'avaient pas lu ses statuts.

Il est vrai que son application a été prématurée, et
tentée avec des moyens très-insuffisants; que d'ailleurs
ses statuts mêmes ont quelque chose de trop exclusif qui
semble contredire la pluralité des banques, et conduire à

---

[1] M. Courcelle-Seneuil fait lui-même cette confusion dans son
Traité des opérations de banque.

l'absorption communiste. Mais l'idée générale en est rationnelle et féconde. Il est évident aujourd'hui que le
billet de banque n'a pas pour gage réel un numéraire toujours très-inférieur ; mais l'acceptation publique : c'est-
à-dire les produits des commerçants et industriels. Alors
pourquoi le public payerait-il des frais énormes en com-
missions, intérêts, etc., etc., à des capitalistes et à des
agents improductifs? C'est un reste de la féodalité : ou
plutôt, c'est la féodalité financière qui exploite le travail.
Les économistes, comprenant vaguement cette vérité,
ont attaqué vivement les banques privilégiées que le commerce exècre, et que le peuple maudit.

On arrivera donc à considérer la garantie publique ou
de plusieurs comme la monétisation des valeurs. Mais il
existe encore des préjugés qu'il faut respecter, des habitudes qu'il ne faut point heurter. Si l'économiste et le
législateur doivent tendre incessamment à supprimer le
numéraire, ce qui diminuera de beaucoup le loyer des
capitaux, une transition est nécessaire. La plus simple
est la liberté et la pluralité des banques avec la diminution légale du taux de l'intérêt. Autrement l'on échoue-
rait :

« Le temps n'épargne pas ce que l'on fait sans lui [1]. »

_____

[1] André Chénier, guillotiné pour avoir fait de la réaction trois
ans trop tôt, en calomniant les démocrates.

LIVRE III.

DE LA RÉPARTITION DE LA RICHESSE ET DE LA MISÈRE.

Novit justum causam pauperum;
impius ignorat scientiam.
Prov. xxix, 7.

CHAPITRE PREMIER.

DES SALAIRES ET DES PROFITS.

§ I. — Comment se partage le produit de la terre et du travail. — De l'ouvrier et du salaire. — Des causes de la hausse et de la baisse des salaires.

La totalité du produit de la terre et du travail se divise en trois parts : l'une pour les ouvriers, qui est appelée *salaire*; l'autre pour les capitalistes, que l'on nomme *profit*; la troisième pour les propriétaires du sol, laquelle se nomme *rente*.

L'ouvrier est l'homme qui concourt à la production par son travail matériel, et qui reçoit souvent et périodiquement le prix de ses peines. Depuis quelques années, on affecte de l'appeler *travailleur*, mot impropre, car tout homme qui travaille est travailleur, mais non pas un ouvrier. L'ouvrier travaille chez un entrepreneur ou chez lui, avec les matières premières que l'entrepreneur lui confie.

La situation de l'ouvrier n'a rien d'inférieur ni de dégradant par elle-même, quoiqu'on l'ait souvent dit de nos jours. L'ouvrier vend son travail manuel comme l'avocat ses plaidoiries, le prêtre ses sermons. Le salaire a été une conquête de la civilisation, parce qu'il garantissait aux plus faibles l'existence, sans qu'ils eussent à courir toutes les chances de l'entreprise. Mais, comme l'esclavage, après avoir été un progrès, a dû disparaître ; de même le salariat, par l'effet d'une civilisation avancée, doit diminuer peu à peu, pour être remplacé par l'association.

Le prix courant du travail est la somme de monnaie dont on le rémunère ; le prix nécessaire ou naturel est celle qui fournit aux ouvriers les moyens de subsister. Le salaire de l'ouvrier doit comprendre, pour être suffisant :

1° Ce qu'il lui faut pour vivre dans le milieu où il se trouve, c'est-à-dire de quoi acquérir l'indispensable et l'utile ;

2° L'entretien et le renouvellement de ses outils ;

3° L'amortissement du capital employé par ses parents, avec lequel il peut entretenir son enfant, qui le remplacera un jour dans la société, et nourrir son vieux père dans le besoin ;

4° De quoi suffire à ses propres besoins lorsqu'il ne pourra plus travailler.

Cinq circonstances déterminent les différences dans le taux des salaires :

1° L'agrément ou le danger du métier ;

2° La longueur de l'apprentissage ;

3° Le chômage auquel il est exposé ;

4° La probabilité de la réussite ;

5° La confiance qu'il faut accorder à l'ouvrier.

La valeur d'une journée d'ouvrier s'apprécie entre les contractants, comme la valeur des denrées, en raison directe des frais de production et conformément à la loi de l'offre et de la demande. Les entrepreneurs seront disposés à payer davantage, si les ouvriers ne sont pas pressés de s'offrir; et à payer moins dans le cas contraire. *Quand deux ouvriers courent après un maître*, dit Cobden, *les salaires baissent; quand deux maîtres courent après un ouvrier, les salaires haussent.*

Ainsi le taux des salaires est établi pour chaque emploi par le rapport qui existe entre la population et le capital. Ici, par population, l'on n'entend que la majorité, c'est-à-dire la classe salariée; et par capital, le capital circulant qui est employé au salaire du travail. Le taux moyen des salaires ne s'élève que par l'accroissement du capital que l'on y consacre, ou par la diminution du nombre des ouvriers. Il ne baisse que par la diminution du capital, ou par l'accroissement du nombre des ouvriers.

Les salaires sont plus élevés dans les villes que dans les villages; car les capitaux y sont plus accumulés et y font une demande plus considérable de travail. Le prix de celui-ci s'élève toutes les fois que la population ne s'accroît pas plus vite que cette demande.

On objecte que quand les produits de l'industrie sont très-demandés, les salaires s'élèvent; tandis que, dans la stagnation, les ouvriers sont congédiés, ou subissent une diminution, quoique le capital reste le même.

Cette objection n'est que spécieuse; car si le capital reste le même, il est inactif: c'est donc comme s'il n'existait pas quant à cet emploi; il y a donc réellement diminution de capital, parce que l'industriel craint de s'encombrer et restreint sa production.

On dit aussi que les salaires s'élèvent avec le prix des subsistances, et baissent quand il diminue. Mais si, dans la disette, les salaires baissent, c'est parce que les ouvriers s'offrent davantage, par le besoin d'un travail plus assidu pour gagner leur subsistance. « Il se rencontre toujours, dit Ricardo, un minimum de salaire strictement nécessaire pour conserver la vie matérielle de l'ouvrier et empêcher sa classe de décroître ; le taux des salaires tend à se rapprocher de ce minimum, et il ne peut jamais s'abaisser au-dessous, au delà du temps nécessaire pour que la diminution de la population ouvrière se fasse sentir, ni rester longtemps au-dessus. A la longue, les salaires s'élèvent et s'abaissent avec le prix des subsistances. »

Cette observation est vraie scientifiquement ; mais durant le long temps qui s'écoule jusqu'à l'équilibre, des milliers d'ouvriers meurent de faim.

Dans les pays nouveaux, le capital suit facilement l'accroissement du nombre des ouvriers, qui alors sont plutôt demandés qu'offerts. Dans les pays très-peuplés, quand il y a augmentation soudaine du capital affecté à une profession, comme par des inventions fécondes, les ouvriers ont trouvé les mêmes avantages ; et le capital a quadruplé, dans le temps où la population n'a pu que doubler. Hormis ces rares exceptions, il est impossible que la population s'accroisse librement, sans que le taux des salaires baisse ; et l'abaissement ne s'arrête que quand la population rencontre un obstacle physique ou moral qui arrête ses progrès.

§ II. — Du profit ou produit brut. — Loi de la variation des profits.
— Le profit doit être plus élevé dans les opérations aléatoires.

Après que l'entrepreneur a payé les salaires qui sont la rémunération des ouvriers, les matières premières, les machines, etc., il lui reste un profit ou produit brut.

Sur ce produit brut, il paye d'abord l'intérêt du capital, s'il l'a emprunté. Le reste s'appelle son produit net, qui est son bénéfice cumulé avec son salaire.

Le profit doit donc donner :

1° Une indemnité à l'abstinence du capitaliste qui emploie son fonds au lieu de le manger, ou un intérêt de son argent.

2° Une prime pour le risque couru, et la chance de perdre l'instrument.

3° Une rémunération pour le travail et pour l'habileté nécessaires à l'opération.

Si l'agent qui fournit le capital n'encourt aucun risque ni travail, il n'a que l'indemnité de l'abstinence ou l'intérêt qui s'appelle aussi profit.

Si le capital est fourni par un commanditaire qui, en outre, court les chances, ce dernier prélève, avec l'intérêt, la prime des risques; et, dans ce cas, l'entrepreneur n'obtient que la rémunération de son travail.

Si le même agent fournit le capital, court les risques et opère le travail de direction, tout le produit brut lui appartient.

La loi générale de la variation des profits est encore celle de l'offre et de la demande; en d'autres termes, les profits s'élèvent en raison inverse de la quantité des capitaux qui se présentent pour exploiter une industrie, et en raison directe des emplois que l'industrie leur offre.

Je dis encore avec Cobden : *Lorsque deux capitalistes courent après un industriel, les profits s'abaisssent; mais ils s'élèvent quand deux industriels courent après un capitaliste.*

Voici les causes qui agissent sur l'emploi des capitaux et sur les profits.

1° Les chances de pertes ou risques à courir par le capital.

2° Le chômage auquel il est exposé.

3° La moralité de l'emploi du capital.

4° Les agréments ou désagréments qu'il comporte pour le capitaliste. Plus le capitaliste court de risques, plus les profits s'élèvent; moins il court ou croit courir de risques, plus les profits s'abaissent; ce qui revient encore à la loi de l'offre et de la demande; car un capital s'offre d'autant moins qu'il est plus effrayé.

Ainsi, les profits d'un fabricant de poudre à tirer doivent être plus élevés en compensation de ses risques. Les professions qui exigent une instruction scientifique, comme celle de l'ingénieur contructeur de machines, veulent une rémunération plus grande, parce que cette instruction a absorbé un capital qu'il faut amortir.

Il y a des cas où il est impossible de ne pas confondre les profits avec les salaires et réciproquement; ainsi, un pharmacien, achetant pour 1 franc de drogues, les revend 100 francs préparées. Si la différence était un profit, il gagnerait 10,000 p. 100; mais comme il donne des conseils, ses clients consentent à lui payer en potions un salaire sous forme de profit. Dans une petite ville, un épicier gagnera 35 p. 100, tandis qu'un marchand en gros de la même ville ne gagnera que 10, en opérant sur un capital vingt fois plus fort. Cela provient de ce que l'épicier, voulant aussi vivre de sa profession, est obligé de

savoir et de faire bien des choses de détail. « La plus
grande partie de ses profits apparents, dit Smith, n'est en
réalité qu'un salaire. »

Les monopoles qui proviennent des circonstances et
non de la loi exercent une influence pareille sur l'emploi
des capitaux. Ainsi l'entreprise, qui ne peut réussir qu'avec
d'énormes capitaux, écartant naturellement une foule de
gens qui ne peuvent la tenter, est une source de profits
bien supérieurs au taux ordinaire.

Le profit doit être plus fort dans les opérations aléatoires que dans celles où il est presque assuré. L'opération la plus chanceuse est le jeu proprement dit ; mais
aussi, en cas de réussite, il double en une minute le capital. S'il est ruineux en moyenne, comme on l'a justement observé, c'est parce que la plupart des joueurs s'é-
chauffent dans la perte et augmentent leur jeu ; tandis
qu'ils le resserrent et se refroidissent dans le gain. En
second lieu, ils n'ont plus d'argent lorsque la veine leur
arrive par la loi des probabilités. En effet, l'on ne peut
toujours perdre ni gagner : si l'on a perdu, l'on doit gagner après. Or, on ne peut continuer à jouer qu'avec de
l'argent. Voilà pourquoi le *banquier* qui a toujours de l'argent finit nécessairement par gagner, parce qu'il a pu ré-
sister à la première perte[1]. « *Au jeu*, dit Bossuet, *le plus
habile l'emporte à la longue*[2]. »

Le taux des profits dans chaque emploi tend naturellement à l'égalité. En effet, la portion du profit qui est l'intérêt est égale, quel que soit l'emploi du capital. La plupart des prêteurs ne font point d'affaires, tandis que

---

[1] Je ne parle pas de deux autres causes générales et très-sérieu-
ses de perte ; savoir : les frais du jeu et la prodigalité des joueurs
quand ils gagnent.

[2] *Discours sur l'histoire universelle.*

presque tous ceux qui en font sont forcés d'emprunter.
Les intermédiaires ou banquiers sont à l'affût de toutes
les chances pour épier les causes qui font monter ou baisser l'intérêt; et, dans un moment donné, le taux est le
même pour ceux qui offrent des garanties égales. Néanmoins il ne faut pas attacher trop d'importance à cette
maxime. Les différents genres de commerce et d'industries se renouvellent sans cesse et se pressent comme les
flots de la mer. Tel commerce ou industrie donne des
profits extraordinaires aux premiers qui l'exploitent; ensuite la concurrence venant les faire partager, c'est seulement alors qu'ils s'équilibrent.

§ III. — Des relations entre les profits et les salaires. — Qu'il faut
que les premiers soient bas et les seconds élevés. — Des coalitions
d'ouvriers. — Revenus du capital et du travail en France, en Angleterre et aux États-Unis. — Somme du produit brut de la France.

Les matières premières et les outils ne sont produits
que par le travail. Le fabricant étant obligé de consacrer
à ce travail une grande partie de son capital circulant, il
s'ensuit que toutes les avances de la production consistent
en salaires.

Les salaires étant un des frais de production influent
sur le prix des marchandises. L'accroissement des capitaux, qui tend par la concurrence à faire baisser les profits, augmente par cela même les salaires; de sorte que le
prix des marchandises a une raison de baisser, de contre-
balancer l'élévation des salaires, et de maintenir les profits
à un taux modéré. Ce qui rend les profits bas, c'est l'a-
bondance des capitaux; ce qui fait les salaires élevés,
c'est encore l'abondance des capitaux. Donc la même
cause produit deux effets semblables. Il est rare de voir

baisser les salaires comme les profits; car les profits ne
baissent que quand les capitaux abondant, la sphère industrielle s'agrandit et provoque la demande du travail.

Les profits des capitalistes dépendent, 1° de la puissance productive du travail; 2° de la proportion que les
ouvriers reçoivent dans le produit. Si le produit était
doublé, et si l'ouvrier recevait une part proportionnelle,
les capitalistes ne gagneraient pas pour cela le double; le
taux de leurs profits ne changerait point.

Ricardo, en disant que le taux des profits dépend des
salaires, qu'il s'élève quand les salaires s'abaissent, et
qu'il baisse quand les salaires augmentent, a commis une
méprise. Il faut bien distinguer entre ce que le travail
rapporte à l'ouvrier, et ce qu'il coûte au capitaliste. Souvent les salaires sont avilis quand le travail coûte fort cher
aux capitalistes, et par deux raisons :

1° Le travail à bon marché est souvent peu productif.
Ainsi, tel ouvrier n'étant payé que la moitié de tel autre,
met deux jours à faire ce que ce dernier fait en un. Or,
son travail est moins productif, parce que le résultat en est
moins prompt et coûte plus de surveillance.

2° Si les denrées sont à bon marché, les salaires se trou-
veront élevés pour l'ouvrier, et le coût du travail sera médiocre; si elles sont chères, l'ouvrier n'aura qu'un insuffisant salaire, et le coût du travail sera onéreux. Ainsi,
dans un pays trop peuplé, les vivres étant chers, l'ouvrier
se trouve mal salarié; et le coût du travail est élevé, de
sorte que les salaires et les profits sont exigus. Dans
l'Amérique du Nord, l'ouvrier jouit d'une grande aisance; mais comme elle est obtenue à très-bas prix, et
qu'il produit beaucoup, le travail coûte moins cher qu'en
Europe.

Ricardo devait donc dire : *le prix de revient ou le coût*

du travail, et non pas *les salaires*, car le coût du travail est le rapport de ces trois termes variables : la quantité d'ouvrage effectué, la quotité du salaire, et le prix auquel les articles consommés par l'ouvrier peuvent être produits ou achetés. Si le travail produit davantage sans être plus payé; si, sans qu'il produise moins, on le paye moins cher, et que le produit des articles de consommation reste le même; ou si le prix de ces articles baisse sans que le travailleur en obtienne davantage, les profits s'élèvent. Si, au contraire, le travail devient moins productif; si l'ouvrier obtient un plus fort salaire sans que le prix des articles ait baissé; ou si le salaire restant égal, le prix des articles s'est élevé, les profits diminuent [1].

On dit que les salaires élevés rendent les ouvriers paresseux et dissipateurs.

Au contraire, dans les années où le salaire est le plus élevé, on remarque plus d'activité que dans les années où il est insuffisant. Le salaire même élevé ne se gagne pas sans un travail assidu. D'ailleurs c'est la misère et non le bien-être qui déprave l'ouvrier.

L'on prétend aussi que les salaires élevés, augmentant le prix des produits, empêchent les fabriques d'un pays d'exporter et de soutenir la lutte sur les marchés étrangers.

Si une industrie bien administrée ne peut exporter qu'en empiétant sur les salaires nécessaires à l'entretien de ses ouvriers, elle doit renoncer à l'exportation. « Il faut, dit Turgot, *s'effrayer de la hausse du profit et de la baisse du salaire; il faut s'applaudir de la baisse du profit et de la hausse du salaire.* »

Les profits ne seront jamais nuls tant qu'il y aura quel-

---

[1] J.-S. Mill, *Principes*, I, 473-475.

que chose de nouveau à faire; d'ailleurs, si le profit du capital tombait si bas qu'il ne fît plus vivre la plupart des rentiers, ceux-ci seraient obligés à leur tour de travailler selon la loi de l'humanité. Le mal n'en serait pas considérable.

Il est certain que, par les progrès de la société, les profits ont une tendance à baisser. Adam Smith a été trop exclusif en n'attribuant cette baisse qu'à la concurrence des capitaux : « Lorsque, dit-il, les capitaux de plusieurs « riches négociants sont employés au même commerce, « la concurrence qu'ils se font tend naturellement à ré- « duire le taux des profits; et, lorsque les capitaux em- « ployés dans toutes les professions exercées dans une « société augmentent, la même concurrence doit pro- « duire les mêmes effets sur tous les capitaux. »

Cela ne peut s'entendre que dans le sens que les profits diminuent par l'abaissement des prix. Mais la baisse du prix de toutes les marchandises, par l'effet de le concurrence des capitaux, n'est pas possible. En effet, outre la concurrence des vendeurs, il faut considérer celle des acheteurs. Or, c'est la somme de la monnaie qui règle la demande. Si donc le rapport de cette somme à la demande ne varie pas, les prix des marchandises ne baissent point.

M. Bastiat établit, au sujet des relations qui existent entre les profits et les salaires, les cinq propositions suivantes [1] :

« 1° Le capital féconde le travail.

« Il est bien clair qu'on obtient de plus grands résultats avec une charrue que sans charrue, avec une scie que sans scie, avec une route que sans route, avec des approvision-

[1] 8° lettre sur la gratuité du crédit.

néments, que sans approvisionnements, etc.; d'où nous
pouvons conclure que l'intervention du capital accroît la
masse des produits à partager.

« 2° Le capital est du travail.

« Charrues, scies, routes, approvisionnements ne se
font pas tout seuls, et le travail, à qui on les doit, a droit
à être rémunéré.

« 3° A mesure que le capital s'accroît, l'intérêt baisse,
mais de telle sorte, que le revenu total du capitaliste augmente.

« Ce qui a lieu sans injustice et sans préjudice pour le
travail, parce que, ainsi que nous allons le voir, l'excédant de revenu du capitaliste est pris sur l'excédant de
produit dû au capital.

« Ce que j'affirme ici, c'est que, quoique l'intérêt baisse,
le revenu total du capitaliste augmente de toute nécessité.

« 4° A mesure que les capitaux augmentent (et avec
eux les produits), la part absolue qui revient au capital
augmente, et sa part proportionnelle diminue.

« Cela n'a plus besoin de démonstration. Le capital
retire successivement 5, 4, 3 pour chaque 100 fr. qu'il
met dans l'association; donc son prélèvement relatif diminue. Mais, comme il met successivement dans l'association 100 fr., 200 fr., 400 fr., il se trouve qu'il retire
pour sa part totale, d'abord 5, puis 8, ensuite 12 et ainsi
de suite; donc son prélèvement absolu augmente.

« 5° A mesure que les capitaux augmentent (et avec
eux les produits), la part proportionnelle et la part absolue du travail augmentent.

« Comment pourrait-il en être autrement? puisque le
capital voit grossir sa part absolue, encore qu'il ne prélève successivement que 1/2, 1/3, 1/4, 1/5 du produit
total, le travail, à qui successivement il revient 1/2, 2/3,

3/4, 4/5, entre évidemment dans le partage pour une part progressive, dans le sens proportionnel comme dans le sens absolu. »

Cela est vrai en théorie ; mais, par l'effet des monopoles et des autres abus, le contraire se présente souvent à nos yeux. Il est utile d'indiquer la part de chacun dans le produit social.

Aux États-Unis, quand le produit est 100, il revient au travail 73, au capital 25, au gouvernement 2.

En Angleterre, 56 au travail, 21 au capital, 23 au gouvernement.

En France, 47 au travail[1], 36 au capital, 17 au gouvernement.

On suppose que la production est de 100 aux États-Unis, de 85 en Angleterre et de 40 en France.

La production brute de la France est de 12 ou 15 milliards, dont 10 ou 12 proviennent des immeubles et 3 ou 4 de l'industrie. Le produit brut d'un pays est la même chose que son produit net ; car il se paye à lui-même.

Les deux tiers des habitants sont salariés ; l'autre tiers est ou rentier ou dirigeant par l'intelligence.

Les deux tiers du revenu vont au tiers rentier ou dirigeant, et un tiers seulement aux deux tiers salariés.

Sur les 12 ou 15 milliards de produits,

24 millions d'habitants n'en obtiennent que 4 ou 5, ce qui fait environ 250 fr. pour chacun. Le tiers rentier a, au contraire, 1,000 fr. par tête. Si le partage était égal, il

---

[1] Sur ces 17, il ne revient que 30 au salaire de l'ouvrier, et 17 au salaire de l'entrepreneur. Quand ce dernier est en même temps capitaliste, il lui revient 53. Mais une grande partie des 17 qui reviennent au gouvernement sont réellement au profit du capitaliste et de l'entrepreneur.

serait d'environ 420 fr. par citoyen de tout âge et de tout sexe.

L'excessive inégalité des salaires est l'une des principales causes de l'indigence d'un si grand nombre de nos compatriotes. Celui qui ne gagne que 1 fr. par jour ne peut acheter le produit d'un homme dont la journée est estimée 20 fr. En y réfléchissant, l'on ne s'étonnerait point de ce que la consommation est trop limitée. S'il existe en France 24 millions d'individus dont le travail produit en moyenne, par jour et par tête, 75 cent. Comment pourraient-ils acheter la journée de l'ouvrier industriel, qui vaut 5 fr.; celle de l'artiste, qui vaut 25 fr., celle du commerçant et des autres intermédiaires qui pèsent sur la valeur des produits, et dont les gros bénéfices enlèvent au producteur la faculté de racheter son propre produit? L'homme qui gagne 1 fr. par jour est forcé de donner 2 pour recevoir 1, si l'on suppose que le prix de son produit soit doublé par les bénéfices des intermédiaires. Mais s'il veut acheter le produit de celui qui gagne 5 fr. par jour, en supposant que ce dernier produit double aussi par les frais généraux de distribution et de circulation (ce qui se voit ordinairement), notre pauvre producteur ne pourra l'acheter qu'en donnant dix journées de travail.

Les lois contre les coalitions formées par des ouvriers, dans le but de provoquer l'augmentation des salaires, sont un reste des prétentions féodales. L'on s'est grossièrement trompé en croyant par ces lois maintenir l'abaissement du taux des salaires; de même que les ouvriers se trompent en croyant, par leurs coalitions, augmenter leur bien-être. En effet, comme c'est le rapport entre l'offre et la demande qui détermine le taux auquel tout le capital circulant est distribué entre la population ouvrière, les ouvriers ne parviendraient à obtenir un salaire supérieur qu'en laissant un certain nombre d'entre eux sans emploi. Alors ceux-ci resteraient à la charge des autres; et, en définitive, la masse ne serait pas plus heureuse qu'auparavant. C'est donc seulement par les moyens économiques généraux que le salaire peut croître.

Mais quoique les coalitions faites dans ce but ne soient pas désirables dans l'intérêt des ouvriers, on ne peut, sans iniquité, leur en refuser le droit. Toutefois elles ne peuvent être autorisées qu'à la condition qu'elles seront tout à fait volontaires; et que quiconque usera de la menace pour y entraîner les autres sera puni.

§ IV. — Iniquités de la rémunération des gens de lettres et des artistes. — Exemples.

Ce que gagnent les savants, les artistes, les gens de lettres, les avocats, les médecins, les fonctionnaires publics, rentre dans la catégorie du salariat; néanmoins, le produit de leurs talents s'appelle vulgairement bénéfices, honoraires, etc. J'ai peu de chose à en dire, si ce n'est pour signaler la façon arbitraire dont ils sont rémunérés.

J'ai connu un artiste qui, après avoir travaillé et souvent fait des chefs-d'œuvre jusqu'à l'âge de cinquante-cinq ans, n'était point certain d'avoir du pain l'année suivante; il mourut septuagénaire, après avoir rempli de son nom glorieux le monde artistique, sans presque rien laisser à sa famille. Néanmoins, ses goûts et ses dépenses avaient toujours été d'une extrême simplicité.

Un autre de mes amis, l'un des plus vigoureux et brillants écrivains de ce siècle, auteur d'un grand nombre de livres dévorés par le public, ayant toujours vécu aussi avec une simplicité rustique, n'a pas gagné 22,000 fr.

en quinze années d'une existence laborieuse, Et l'on sait qu'avant d'être en état de présenter un bon livre au public, il faut quelquefois dix ans de préparation, durant lesquels on est peu apte à se livrer à des travaux lucratifs.

Il y a dix ans, Lamennais me disait : *qu'en travaillant tous les jours assidûment, il pourrait à peine se faire 1,500 fr. par an.*

J'ai vu des gens de lettres connus, écrivains utiles, ayant consumé leur vie aux méditations, se trouver dans leur vieillesse, malgré une vie constamment sobre, en un état voisin de la misère. Il en est même, dit-on, qui sont morts de faim, ou devenus fous de désespoir, ne voulant point prostituer leur plume!!!

D'autres hommes de lettres ou artistes nagent dans l'opulence. Des écrivains de second ou de troisième ordre gagnent, disent-ils, jusqu'à 100,000 fr. par an, en corrompant le goût et les mœurs publics par des ouvrages immoraux et sans style.

A quoi tient cette différence déplorable? La fonction du gouvernement ne devrait-elle point s'exercer aussi à redresser ces torts de la fortune et du public? Je sais bien que l'on accorde des pensions et des secours ; mais comment sont-ils administrés?

Des pensions ou récompenses nationales devraient être accordées aux écrivains et aux savants qui les ont méritées, surtout lorsqu'ils ne sont point dans l'aisance. L'Angleterre nous en a donné l'exemple.

§ V. — Légitimité du prêt à intérêt. — Opinions contraires des philosophes de l'antiquité et des Pères de l'Église. — Démonstration de
Turgot. — Loi française.

Les lois modernes et l'usage universel accordent un
intérêt au prêt d'argent, c'est-à-dire le prix de l'usage
par l'emprunteur pour indemniser le prêteur du non-
usage et de ses risques.

Dans le langage primitif, *usure* était synonyme d'intérêt ; mais, à présent, l'on ne qualifie d'usure que le prêt
fait à un taux supérieur à celui fixé par la loi, ce qui est
un délit.

Chez les premiers Romains, l'intérêt était en général
de 12 pour 100 par an, selon la coutume ; car il n'y avait
point de loi qui le fixât. Mais la loi licinienne, pour apai-
ser les plaintes et les soulèvements des plébéiens victimes
de l'avarice des patriciens (les capitalistes d'alors), ordonna de retrancher du capital toutes les sommes versées
comme intérêt, puis de payer le reliquat en trois termes [1]. Dix ans plus tard, les tribuns du peuple firent
décréter que le taux de l'intérêt ne serait que de 1 pour
100 par an ; peu après, une autre loi l'abolit tout à
fait [2].

Cette disposition étant évidemment contre le rapport
des choses fut souvent éludée [3]. Un magistrat, Sempro-
nius Asellus, ayant autorisé les débiteurs à l'exécuter, fut
assassiné par des créanciers. On sentait les inconvénients
d'une pareille loi. L'usure devenait affreuse ; car les
créanciers étant exposés aux peines et à la perte de leur

[1] L'an 388 de la fondation de Rome. Tite-Live, VI.
[2] Tite-Live, VII.
[3] Tacite, *Annales*, VI.

capital s'en indemnisaient par l'extorsion d'intérêts exór-
bitants. Cicéron porta un édit qui fixait l'intérêt à
1 pour 100 par mois [1]. Mais presque toutes les lois qui
avaient autorisé l'usure la bornaient au double du capital, quand, par la suite du temps, elle l'avait égalé [2].

Le Deutéronome portait : « Vous ne prêterez à usure à
« votre frère ni argent, ni grains, ni quelque autre chose
« que ce soit, mais seulement aux étrangers. » Entre les
Juifs, les dettes s'éteignaient tous les sept ans. C'était le
sabbat. Tous les cinquante ans, au jubilé, les biens aliénés revenaient aux anciens propriétaires, sans que ceux-
ci fussent obligés d'en rembourser la valeur, et tous les
esclaves étaient rendus à la liberté [3].

Aristote, Caton, Sénèque, Pline condamnaient énergiquement le prêt à intérêt, qu'ils qualifiaient d'homicide,
hominem occidere.

Saint Grégoire, saint Basile, saint Bernard, saint Am-
broise et saint Jérôme s'écriaient : « Que font les prê-
« teurs, sinon s'enrichir des misères d'autrui, tirer
« avantage de la faim et de la nudité du pauvre, être
« inaccessibles aux mouvements de l'humanité?... Faire
« l'usure, c'est recueillir où l'on n'a rien semé; c'est une
« cruauté indigne d'un chrétien et d'un homme. L'usure
« est une variété du vol... » Plusieurs conciles ont pris
des décisions conformes, notamment celui de Vienne qui
voua l'usurier au même châtiment que l'hérétique...

Jusqu'en 1789, le prêt à intérêt fut souvent condamné
par les lois civiles et les canons de l'Église, souvent toléré
ou approuvé. Au temps de Sully, en France, l'intérêt

---

[1] Lettre à Atticus, liv. VI. *Lettre* 1.
[2] Bossuet, *Traité de l'usure.*
[3] Deut. XXIII, 19; XXV, 19, Lév. XXV, 10.

légal était de 8 p. 100 (au denier 12). Colbert le trouvant au denier 18, le réduisit au denier 20, c'est-à-dire à 5 p. 100. Néanmoins le grand roi empruntait fréquemment à 10 et 12 p. 100, quelquefois même à 15[1].

Domat et Pothier condamnèrent le prêt à intérêt par les arguties des canonistes qui s'appuyaient sur le fameux passage d'Aristote : *que l'argent est stérile et ne produit point d'argent.* L'Assemblée constituante l'autorisa en fixant le maximum de l'intérêt. La Convention, après avoir aboli cette dernière restriction, la rétablit. Enfin la loi de 1807 autorisa le prêt à intérêt en fixant le maximum à 5 p. 100 en matière civile, et à 6 p. 100 en matière commerciale. Aujourd'hui l'Église ne le condamne plus.

Turgot avait porté le dernier coup à l'opinion qui le proscrivait[2]. Bentham publia un écrit célèbre dans le même sens. Les lois modernes et la conscience universelle ont sanctionné leur opinion; aussi la question, depuis plus de soixante ans, n'était plus de savoir si l'intérêt est équitable, mais si son taux *maximum* doit être fixé par la loi. Comme on recommence aujourd'hui à attaquer sa légitimité même, il faut encore examiner la question sous toutes ses faces; car des écrivains ont reproduit les arguments des canonistes, dont en toute autre matière ils récusent l'autorité.

Trois opinions sont donc en présence : l'une veut l'abolition de l'intérêt, la seconde veut qu'il soit libre, la troisième qu'il soit limité.

Dès le commencement du dix-septième siècle, Bacon, que la science avait mis au-dessus des préjugés, exa-

[1] *Consid. sur les richesses et le luxe,* p. 262.
[2] *Mémoire sur les prêts d'argent.*

mina la question de l'usure[1], et conclut nettement à
ce qu'elle fut autorisée par les lois. « C'est se repaître de
chimères, dit-il, que d'espérer qu'on puisse jamais imaginer des dispositions dont l'effet soit de rendre plus fréquents les prêts sans intérêt; et si l'on se déterminait à
défendre aux prêteurs, par une loi expresse, de tirer l'intérêt de l'argent prêté, il en résulterait une infinité d'inconvénients. Ainsi, ne parlons point d'abolir l'usure, tous
les États monarchiques ou républicains l'ayant tolérée,
soit en fixant le taux de l'intérêt, soit autrement. Une
telle idée doit être renvoyée à l'utopie de Morus. »

Ensuite, pour *limer les dents de l'usure*, il demande
que l'on fixe le taux de l'intérêt à 5 p. 100 en matière
civile, et à un taux plus élevé quand on prête à des
marchands. Mais il demande aussi que le prince ou la
république exige quelque rétribution sur l'intérêt des
prêts.

« C'est bien une action très-bonne de prêter son argent
« à un autre sans intérêt, dit Montesquieu; mais on sent
« que ce ne peut être qu'un conseil de religion, et non
« une loi civile[2]. »

Le commerce ne peut se faire si l'argent n'a pas un
prix; mais il ne faut pas que ce prix soit trop élevé, car
le commerçant, ne pouvant plus gagner, resterait inactif.
Sismondi croit que la prohibition de l'intérêt a laissé les
pays qui l'ont observée dans un état de richesse inférieur
aux autres. Il prend pour cause unique ce qui n'est
qu'une cause accessoire. Mais, certes, l'épargne et l'accumulation des capitaux sont extrêmement limités lorsqu'ils

---

[1] *Essais de mor. et de polit.*, 40. — Bacon, selon l'usage de ce
temps-là, appelait *usure* l'intérêt de l'argent.
[2] *Esprit des lois*, liv. XXII, ch. xjx.

ne peuvent rien produire ; en outre, les capitalistes sont
plus portés à dissiper leur capital.

« La propriété de l'argent, dit Turgot, emporte le
« droit de le vendre et le droit d'en tirer un loyer. Puis-
« qu'on vend l'argent comme tout autre effet, pourquoi
« ne le louerait-on pas comme tout autre effet ? Et l'inté-
« rêt n'étant que le loyer de l'argent prêté pour un
« temps, pourquoi ne serait-il pas permis de le recevoir ?
« Par quel étrange caprice la morale ou la loi prohibe-
« raient-elles un contrat libre entre deux parties qui
« toutes deux y trouvent leur avantage ? Et peut-on dou-
« ter qu'elles ne l'y trouvent, puisqu'elles n'ont pas d'au-
« tre motif pour s'y déterminer ? Pourquoi l'emprunteur
« offrirait-il un loyer de cet argent pour un temps, si
« pendant ce temps l'usage de cet argent ne lui était
« avantageux ? Et, si l'on répond que c'est le besoin qui
« le force à se soumettre à cette condition, est-ce que ce
« n'est pas un avantage que la satisfaction d'un véritable
« besoin ? Est-ce que ce n'est pas le plus grand de tous ?
« C'est aussi le besoin qui force un homme à prendre du
« pain chez un boulanger ; le boulanger en est-il moins
« en droit de recevoir le prix du pain qu'il vend [1] ? »

Les théologiens scolastiques, en condamnant le prêt
à intérêt, se contredisaient eux-mêmes ; car ils admet-
taient le loyer des meubles, des bijoux qui ne sont ni
plus ni moins stériles que l'argent. Les socialistes, en
invoquant la *gratuité du crédit*, ne commettent pas du
moins l'inconséquence des théologiens scolastiques et
des jurisconsultes ; et déclarent que les autres produits
doivent, comme l'argent, se prêter sans intérêt.

L'argent, loin d'être stérile, est partout l'équivalent

---

[1] *Mémoire sur les prêts d'argent.*

non-seulement de toutes les marchandises, mais même des fonds de terre et des bestiaux, qui produisent un revenu très-réel et incontestable. Il est l'instrument de tous les profits des cultivateurs, des industriels et des commerçants. Enfin, le prix qu'on retire de la vente ou du loyer d'une chose n'est légitime que par la propriété qu'en a celui qui la vend ou qui la loue.

Les théologiens se sont aussi fondés sur ce passage de l'Évangile : *Mutuum date nihil inde sperantes*, prêtez sans espérer aucun avantage[1]. C'est une bonne maxime de charité; les humains doivent se secourir les uns les autres, non-seulement par le prêt, mais par le don. Néanmoins les théologiens ne prétendent pas que ce soit un devoir absolu de prêter son argent. Ils ne peuvent donc prétendre que les premiers mots du passage renferment autre chose qu'un précepte de charité; car ils ne peuvent prendre le précepte qu'en un sens ou en l'autre, et n'ont pas le droit de le scinder.

« C'est, dit Turgot, l'un de ces conseils évangéliques « que tout le monde convient n'être proposés que comme « un moyen d'arriver à une perfection à laquelle tous ne « sont pas appelés; et qui, même pour ceux qui y seraient « appelés, ne sont point applicables, dans leur sens litté- « ral, à toutes les circonstances de la vie : *Faites du bien* « *à ceux qui vous haïssent; si l'on vous donne un soufflet,* « *tendez l'autre joue; laissez prendre votre habit à celui* « *qui vous ôte votre tunique; donnez à quiconque vous* « *demande; et quand on vous ôte ce qui est à vous, ne* « *le réclamez pas.* » C'est après toutes ces expressions, « et dans le même discours, qu'on lit le passage sur le « prêt gratuit, conçu en ces termes : *Verumtamen dili-*

---

[1] Saint Luc, ch. vi, v. 35.

« *gite inimicos vestros : benefacite, et mutuum date nihil*
« *inde sperantes; et erit merces tua multa, et eritis filii*
« *Altissimi, quia ipse benignus est super ingratos et ma-*
« *los.* « *Aimez vos ennemis; soyez bienfaisants, et prêtez*
« *sans en espérer aucun avantage, et votre récompense*
« *sera grande, et vous serez les fils du Très-Haut, parce*
« *que lui-même fait du bien aux ingrats et aux méchants.* »

Si les Pères de l'Église prohibèrent le prêt à intérêt,
c'est parce que, dans le moyen âge comme dans la république romaine, il n'était point fait pour le négoce, mais
par une avide spéculation des riches. Ceux-ci faisant les
lois, tous les biens et la personne même du débiteur
étaient affectés à la sûreté de la dette. L'insolvable devenait l'esclave du créancier, qui pouvait le vendre et
même le faire mourir. Les Pères de l'Église, mus par la
charité, devaient donc, en cet état des mœurs, proscrire
l'usure, qui augmentait de beaucoup les dettes : et en
même temps ils calmaient la plèbe contre l'avarice et
la dureté des riches et des nobles. Mais aujourd'hui les
mêmes motifs n'existent plus.

Concluons qu'il n'est pas possible, soit par des lois,
soit par des coutumes, de faire disparaître l'intérêt de
l'argent, qui est le loyer des capitaux, car cet intérêt n'est
que le prix d'un service. On a passé un an à extraire des
pierres d'une carrière et des bois d'une forêt pour construire une maison qui vaut 20,000 francs et qu'on loue
1,000 francs par an ; mais on a employé aussi un an à
extraire d'une mine 100 kilogrammes d'argent de la
même valeur. N'est-il pas équitable que ce dernier travail soit payé comme l'autre ? D'ailleurs, le capital futur
doit une somme au capital présent, car le temps est un
élément indispensable à la formation des capitaux.

§ VI. — Réfutation des auteurs qui réclament l'abolition du taux maximum de l'intérêt de l'argent. — Du contrat Mohatra appliqué aux
immeubles par les usuriers de nos jours. — Erreurs de M. J.-S. Mill.
— Objections diverses réfutées.

Turgot, Bentham, M. Mac-Culloch, M. J.-S. Mill, et
d'autres, tout en approuvant le prêt à intérêt, condamnent les lois qui en limitent le taux maximum, et veulent qu'il soit fixé librement entre les contractants, par
le seul rapport de l'offre à la demande. Déjà la loi
anglaise excepte de la fixation du maximum les lettres
de change à bref terme et les prêts supérieurs à 10 liv.
sterl. (250 fr.).

Ces auteurs se fondent ou sur la logique ou sur des
considérations d'utilité. Leur argument de logique est
ainsi conçu : « L'argent est marchandise ; on ne fixe le
« prix du loyer d'aucune marchandise ; donc on ne doit
« pas fixer celui de l'argent... »

Ce raisonnement est faux ; car le mot marchandise n'a
pas la même extension dans la majeure que dans la mi-
neure. En effet, l'argent est marchandise, mais invariable,
servant à chaque minute et dans tous pays à l'échange,
tandis que cinq cents paires de bottes de gendarmes,
qui valent 10,000 francs, ne vous procureront pas facilement en échange 40,000 livres de pain qui coûtent
10,000 francs.

C'est parce que Bentham n'a pas vu le vice de ce syllogisme, qu'il disait ne rien comprendre à la fixation d'un
maximum pour le prêt de l'argent, tandis que l'on n'en
fixait point pour le loyer des autres marchandises.

Les considérations d'utilité invoquées contre la fixation
du taux de l'intérêt se résument en ces termes :

« Les législateurs ne peuvent avoir que l'un de ces deux

« motifs : 1° ou des vues générales de politique, 2°, ou le
« but de secourir l'emprunteur. Au premier cas, on peut
« bien croire utile au public que le loyer de l'argent soit
« à bon marché; mais c'est mal comprendre les causes
« qui exercent de l'influence là-dessus que de croire abais-
« ser par la loi les prix résultant de l'oscillation naturelle
« de l'offre et de la demande. Si la concurrence élève le
« taux de l'intérêt à 6 p. 100, cela prouverait qu'à 5, la
« demande de capitaux excède l'offre. La loi n'autorisant
« de prêter qu'à 5, beaucoup de capitalistes ne voudront
« pas prêter. D'autres, recourant à la fraude, prêteront à
« des taux bien au delà de 6, car ils voudront s'indemni-
« ser des amendes et du déshonneur qu'ils encourent.
« Donc la loi voulant abaisser le prix du crédit l'élève au
« contraire. Dans la seconde hypothèse, si un individu a
« la capacité de vendre ses terres ou d'en acheter, pour-
« quoi n'aurait-il pas celle d'emprunter de l'argent au
« taux qui lui convient? C'est parce que la loi suppose
« que le prêteur a affaire aux nécessiteux. Mais il y a plu-
« sieurs prêteurs et concurrence entre eux. Qu'y a-t-il de
« plus injuste que d'empêcher celui qui n'a pas de ga-
« ranties à fournir, d'emprunter à ceux qui consentent à
« lui prêter, en leur interdisant de percevoir une prime
« pour les indemniser de leurs risques? Par l'effet de la
« loi contre l'usure, ou l'emprunteur se prive d'une
« somme qui l'aurait empêché d'éprouver de plus grandes
« pertes, ou il se fait le complice de la violation des lois. »

Dans la première hypothèse, je réponds que l'intérêt
général exige le faible loyer des capitaux, et chacun aujourd'hui en convient [1]. Or, qui peut nier sérieusement

---

[1] M. Bastiat en convient : lui-même « Pour que le sort des masses s'améliore, dit-il dans sa 5° lettre sur la gratuité du crédit, il
faut que le loyer des capitaux baisse. »

que l'intérêt étant fixé par la loi, et ne pouvant s'élever
au-dessus, ne se maintienne bas plutôt que s'il était illimité? Le capitaliste préférera un intérêt peu élevé à l'im-
productivité de son argent; et c'est bien peu connaître
les affaires que de croire que si le taux du marché est à
6 pour 100, les capitalistes ne voudront pas prêter à
5 p. 100, ou recourront nécessairement à la fraude pour
obtenir un peu plus. Ce ne serait donc que pour les empêcher de frauder qu'on les laisserait libres de violer le
principe salutaire du bas intérêt de l'argent? Autant vaudrait déclarer l'abolition de tout gouvernement pour empêcher de conspirer. Mais quiconque violera la loi sera
puni.

Dans la seconde hypothèse, pourquoi la loi ne pren-
drait-elle pas la défense du faible? Elle ferme bien les
maisons de jeu : pourquoi ne fermerait-elle point les antres de l'usure? Si la prime du risque vaut 2, est-il difficile aux usuriers de se liguer et de la coter 8, sachant
que l'on ne peut se passer des capitalistes? L'on sait que
l'usurier est sans entrailles et fécond en ressources. Par
exemple, le contrat Mohatra, l'usure aux manches d'é-
trille, ne se peut plus pratiquer en grand[1]. Mais on l'a
remplacée par l'usure aux immeubles.

Un gros banquier achète des terrains ou des hôtels in-
vendables à Paris. Si on lui emprunte 250,000 fr., il en
prête 400,000, dont 250,000 en espèces (sur lesquels il
retient un fort bon intérêt et commission en dedans);
puis il force à acheter au prix de 150,000 francs une maison qu'il a payée 50,000, et qui ne vaut pas davantage. Il a

---

[1] Le contrat Mohatra, dit Escobar (qui l'autorise formellement),
est celui par lequel on achète des étoffes ou autres objets chèrement
et à crédit pour les revendre au même instant et à la même personne, argent comptant et à bon marché (*Tr.* III, ex. III, n° 36).

donc prêté 300,000 francs pour 400,000. Mais par son ingénieux procédé, il se dit *honnête homme, rigide observateur des lois de son pays, soutien de l'ordre, etc...* Il devient député ou pair de France et ministre...

On pratique ouvertement l'usure, même dans des bordereaux, sous le nom d'*escompte*, quoique la loi n'ait pas distingué. Certains banquiers avides prêtent à 6 p. 100, mais avec échéance à un mois ou deux; et ils prennent l'intérêt en dedans. En outre, ils prélèvent encore une *commission*, de sorte que, tout calculé, l'emprunteur subit des intérêts à 12 p. 100 l'an, à peu près comme au temps des Romains et du moyen âge!!! Cette violation des lois expose la nation à des crises financières qui se changent en des crises politiques...

Les lois contre l'usure ne sont pas assez sévères; et, du reste, on ne la recherche pas assez activement. Sans ces lois, l'intérêt serait immédiatement exorbitant, excepté contre l'homme riche, celui à qui l'on offre des capitaux, et qui le plus souvent les refuse...

La faculté de prêter à tout intérêt ruinera les emprunteurs, qui sont le plus souvent sous le joug de la nécessité et de l'illusion. Ignore-t-on qu'il est dans la nature des choses que le débiteur gêné se fasse illusion? Il croira se sauver de la ruine en empruntant à 50 p. 100, afin d'éviter un protêt; puis trois mois, six mois plus tard, sa position aura empiré, et il fera bien plus de victimes. Aussitôt qu'une crise monétaire se manifeste, par exemple, sur la fin de 1835, et en octobre 1836, les capitalistes n'eussent pas hésité à ne prêter qu'à 25 ou 30 p. 100, sans la loi qui limite le taux.

Au surplus, avouer que l'avantage social exige le faible loyer des capitaux, et laisser ce loyer à l'arbitraire des usuriers, est manquer complétement de logique.

La fixation d'un taux maximum est moins dangereuse pour l'argent que pour toute autre valeur, car
l'argent est peu de chose en comparaison; et cette fixation ne peut détruire une concurrence salutaire, à
moins que l'on ne veuille enrichir davantage des usuriers
avides.

A. Smith veut que le taux soit limité, et il dit *qu'il n'y
a que les prodigues et les faiseurs de projets qui demandent à emprunter à un taux supérieur au taux courant.*

M. J.-S. Mill lui répond : « Toute personne peut
éprouver temporairement un urgent besoin d'argent. Des
négociants, sans les lois de l'usure, auraient obtenu à
8 p. 100 les sommes dont ils avaient besoin; mais, à cause
de ces lois, ils ont emprunté à 30 p. 100, ou vendu brusquement à grande perte des marchandises. »

M. Mill citerait-il beaucoup de commerçants sérieux
qui aient été forcés d'emprunter à 30 p. 100? Des emprunts pareils ne sont-ils point le prélude d'une scandaleuse banqueroute? Et dans la seconde alternative, si
des négociants sérieux ont vendu à grande perte des
marchandises, ce n'a été que par appréhension d'une plus
forte baisse.

« Quant au prodigue, ajoute M. Mill, aucune loi ne
peut l'empêcher de se ruiner, à moins que de lui donner
un conseil judiciaire. Les lois contre l'usure précipitent sa
ruine, en le forçant à recourir à cette classe infâme de
prêteurs usuriers. »

Mais faut-il qu'il y recoure et qu'il en trouve : deux
conditions essentielles. Si le prodigue offre des garanties réelles, sa prodigalité ne l'empêche pas de trouver à
un intérêt raisonnable; s'il n'en offre pas, on ne lui
prêtera, même sous une loi de liberté, qu'à 40, 50 p. 100;

afin de s'indemniser des risques. Et l'on verra des banquiers, qui ne sont pas rangés dans *cette classe infâme d'usuriers* lui prêter à ce taux sous le prétexte qu'ils courent plus de chances. D'ailleurs, quand même ils n'en courraient aucune, ils sauront spéculer sur l'entraînement du prodigue.

« Quant aux faiseurs de projets, dit encore M. Mill, ces lois peuvent empêcher l'exécution des entreprises les plus fécondes, lorsqu'elles sont conçues par un homme qui n'a pas le capital suffisant. Souvent des plans ont absorbé beaucoup de capitaux, et le découragement s'empare de ceux qui les exécutent, au point de tout perdre; et il faut bien qu'alors on autorise les capitalistes à prêter à un taux suffisant pour s'indemniser des grands risques qu'ils courent. »

C'est sortir de la question : Smith n'a pas prétendu que l'argent dût manquer aux inventeurs sérieux qui le trouvent sous forme d'association. Il n'a parlé que des charlatans ou des fous, qui bercent les capitalistes de projets insensés. Et quand même ces derniers auraient la faculté de prêter à un taux illimité, ou ils surveilleront l'emploi de leurs fonds, ou ils les prêteront au hasard. Au premier cas, ce sera une véritable association; au second, ils ne feront que spéculer sur la fraude. Par conséquent, M. J.-S. Mill n'oppose aucune raison péremptoire contre le taux légal.

On objecte que la loi limitant l'intérêt est inconséquente :

1° Puisque l'État emprunte quelquefois à 7 ou 8 pour 100; car, en ne recevant que 60 ou 80 francs pour une rente perpétuelle de 5, c'est emprunter à un taux usuraire;

2° Puisque l'on tolère qu'à la halle on prête à 1,500 et

1,800 pour 100, et à la Bourse, sous le nom de *report*, à 20, 40 et 50 pour 100;

3° Puisqu'elle fixe l'intérêt légal à 10 pour 100 en Algérie;

4° Puisque les monts-de-piété font l'usure; car si l'on y emprunte pour quatre mois, l'on paye environ 12 ou 15 pour 100 d'intérêt..

Je réponds aux deux premières objections que si le gouvernement tolère des abus, sa tolérance est une faute; l'on ne peut jamais justifier un délit par un autre commis. Que répondrait-on à l'assassin qui se défendrait en cour d'assises, en disant : *Le nommé Lacenaire a aussi commis des assassinats?*

La troisième objection n'est point fondée; car la limitation du taux de l'intérêt n'étant pas de droit universel et de morale absolue, mais une mesure politique et de protection du faible contre le puissant, peut recevoir des exceptions dans les pays où il faut attirer le capital par des profits supérieurs. L'Algérie ne ressemble pas à la France, ni la France à l'Angleterre.

Quant aux monts-de-piété, je ne prétends pas justifier l'intérêt exorbitant qu'ils exigent, quoiqu'une partie en revienne ou doive en revenir aux pauvres. Mais n'est-il pas curieux qu'on arrache d'abord à ceux-ci ce qu'on se propose de leur rendre? Il y a longtemps que les monts-de-piété devraient se borner à percevoir strictement de quoi couvrir leurs frais, et le plus bas profit du capital.

§ VII. — Que le bien public exige le faible loyer des capitaux. — L'on ne peut augmenter la richesse sociale qu'en diminuant les bénéfices des classes improductives. — Taux maximum qui doit être fixé.

Lorsque le taux de l'intérêt est élevé, tous les fonds s'y portent, et l'on néglige les entreprises utiles à la nation ; les biens-fonds sont à vil prix faute d'acheteurs, que la convoitise de gros intérêts détermine à placer ailleurs leur argent. Or, dit Sénac, « plus les fonds de terre sont chers, « et plus le royaume est florissant ; car il s'ensuit qu'il y « a abondance d'argent, puisqu'on peut le placer à bas « prix. Il a semblé nécessaire qu'il y eût un taux légal « pour réprimer l'avidité, pour fixer l'opinion de ceux « qui n'ont aucune connaissance des affaires, et le juge- « ment de ceux qui ont à prononcer sur les engage- « ments. La véritable influence du jour doit consister « à prévenir les causes qui élèveraient le taux de l'ar- « gent. Favoriser le commerce, désobstruer les canaux « de la circulation, tarir ou diminuer la source des « fortunes immenses et rapides qui concentrent les « fonds dans un petit nombre de capitalistes ; voilà les « moyens que l'administration peut employer avec suc- « cès pour faire baisser l'intérêt, et vivifier le corps poli- « tique [1]. »

Les observations de cet écrivain sont pleines de jus- tesse. Nous voyons en France, depuis quelques années, l'intérêt de l'argent devenir exorbitant. L'on recherche un profit de 9, 7, 12 pour 100. Cette calamité publique

---

[1] *Consid. sur les richesses et le luxe.*

est favorisée par les facilités qu'offrent les spéculations de Bourse, où d'imprudents joueurs consentent à payer, sous le nom de *reports*, des intérêts de 20, 40, 50 pour 100. D'un autre côté, les chemins de fer, qui la plupart sont mal administrés, présentent un intérêt de 6 à 7 pour 100; et les acheteurs aveugles ne songent point au charlatanisme des administrateurs, et aux énormes pertes futures à essuyer sur le capital.

Les capitaux ou instruments de travail, étant généralement monopolisés, font usurairement payer leur usage. D'un autre côté, les impôts et la rémunération excessive de certaines professions mettent obstacle à l'épargne de l'ouvrier. Enfin une grande partie de la richesse mobilière et foncière demeure improductive, n'étant pas à la portée du travail.

La richesse sociale ne pourra donc croître que par des lois qui *liment les dents de l'usure*; par une diminution de la dépense des capitalistes et des bénéfices des classes improductives pour que le salaire s'élève : ce qui est l'une des conditions essentielles de la prospérité sociale [1]; enfin par des institutions qui mettent tous les capitaux en contact avec le travail.

Les révolutions sociales ne prennent leur source que dans l'antagonisme qui existe entre le travailleur et le capitaliste, qui, pourtant, ne peuvent se passer l'un de

---

[1] Comme l'Opposition reprochait à M. Pitt l'augmentation des salaires qui venaient de monter de 50 p. 100, il répondit : « L'élévation des salaires est la preuve de la solidité de la fortune publique. Laissez s'élever les salaires ; laissez les capitaux servir à l'entretien du peuple. Que les salaires s'élèvent de 100 pour 100, et le trésor public ne s'en trouvera que mieux, car il prend la moitié des gages des gens de travail : et la moitié de 3 schellings fait 50 pour 100 de plus que la moitié de 2 schellings. »

l'autre; et cet antagonisme ne s'éteindra que lorsque tous deux seront confondus. Tel est l'idéal vers lequel la société moderne doit tendre sans cesse. Nous ne pouvons encore espérer sa réalisation ; mais toute législation qui s'y opposera sera évidemment contraire au bon ordre.

L'utilité publique exige donc que l'intérêt soit limité; mais la loi de 1807 est mal conçue ; car elle ne fait pas de distinction entre l'intérêt garanti par hypothèque ou gage, et celui non garanti. D'ailleurs, la loi fiscale est bizarre en ce qu'elle exige 1 pour cent sur le principal, quelle que soit la durée du prêt ; de sorte qu'un emprunt fait pour un an paye au fisc dix fois plus que celui fait pour dix ans. Il faudrait une échelle proportionnelle pour le temps comme pour la somme.

Objectera-t-on que l'on ne prêterait plus d'argent, si l'on réduisait le taux de l'intérêt ?

C'est une erreur. On préférera 3 pour 100, par exemple, à rien ; les rentiers, les riches auront moins de revenus, mais les gens laborieux, les industriels, les cultivateurs, les négociants y gagneront et la production de la France s'en accroîtra immensément. « On peut regarder, dit Turgot, le prix de l'intérêt comme une espèce de niveau au-dessous duquel tout travail, toute culture, toute industrie, tout commerce cessent. C'est comme une mer répandue sur une vaste contrée : les sommets des montagnes s'élèvent au-dessus des eaux, et forment des îles fertiles et cultivées. Si cette mer vient à s'écouler, à mesure qu'elle descend, les terrains en pente, puis les plaines et les vallons, paraissent et se couvrent de productions de toute espèce. Il suffit que l'eau monte ou s'abaisse d'un pied pour inonder ou pour rendre à la culture des plages immenses. C'est l'abondance des capitaux qui anime toutes les entreprises, et le bas intérêt de l'argent est tout à la fois l'effet et l'indice de l'abondance des capitaux [1]. »

[1] *Sur la formation et la distribution de la richesse*, § 89.

CHAPITRE II.

DE LA RENTE.

§ I. — Que la rente est un monopole naturel et licite. — Qu'elle croît
en raison de la prospérité publique.

Le principal agent naturel est la terre ; le propriétaire
d'une de ses fractions est le seul à rémunérer après que
le travail et le capital l'ont été. On appelle *rente* le prix
payé pour avoir la faculté de s'en servir.

Les terres seules payent une rente, qui sont fertiles,
bien situées et en quantité moindre que celle demandée.
La rente est la différence qui se trouve dans le produit du
terrain le plus fertile d'un pays avec celui qui l'est le
moins. En effet, on commence toujours par cultiver les
terres les plus fertiles ; et quand elles ne suffisent plus à la
population, on en cultive de moins bonnes ; mais alors le
cultivateur consent, moyennant une prime ou rente, à
prendre une bonne terre. C'est au moyen de cette prime
que les dépenses nécessaires à la culture de terrains de
fécondité très-diverses sont réduites à une sorte d'égalité.
Le docteur Jacques Anderson a le premier découvert cette

théorie[1] à laquelle on n'a pas fait attention durant plus de soixante ans ; mais Malthus et Ricardo se la sont appropriée, et les économistes les plus accrédités l'ont adoptée.

Les propriétaires peuvent exiger la rente de leurs terres, parce que leur marchandise est nécessaire à la majorité des citoyens. Si toutes les terres d'un pays appartenaient à un seul individu, la société entière dépendrait de lui pour vivre, comme dans certains royaumes despotiques où la rente se confond avec l'impôt. Mais dans les pays civilisés, la terre, quoique formant un monopole naturel, ne peut se vendre ou se louer à un prix arbitraire, parce que ses propriétaires sont soumis à la concurrence.

La rente varie en raison inverse du produit obtenu au moyen du capital et du travail consacrés à la culture : elle augmente quand les profits de l'agriculture diminuent, et diminue quand ils augmentent. Si le prix du blé n'est pas tel qu'il puisse indemniser les producteurs du blé récolté sur les terrains les moins bons, ces producteurs cesseront d'en apporter au marché et l'on en manquera ; tandis que si le prix excède cette somme, bientôt un nouveau capital sera consacré à la production du blé. La concurrence réduira bientôt les prix à leur niveau naturel ; c'est-à-dire à la somme procurant le profit ordinaire à ceux qui produisent de la façon la plus dispendieuse. On fixe le prix de toute la récolte sur les frais de production de ces derniers. Le prix du blé n'est pas élevé parce qu'on paye une rente ; mais on paye une rente, parce que le prix du blé est élevé ; et parce que la demande ne peut être satisfaite

_____
[1] *Recherches sur la nature des lois relatives aux céréales.* Édimbourg, 1774.

sans que l'on cultive des terrains d'une fertilité moindre.

Dans l'agriculture comme dans l'industrie, la plupart des produits ne sont obtenus qu'au moyen de consommations ou d'avances. Quand celles-ci sont remboursées ainsi que le profit, ce qui reste, s'appelle le *produit net* de la terre. Le *produit brut* est le produit total, l'ensemble de toutes les choses utiles que l'exploitation procure, y compris le produit net.

M. Rossi blâme J.-B. Say d'avoir avancé que le produit net d'une nation est précisément la même chose que son produit brut. « C'est une formule illogique, dit M. Rossi, qui nécessiterait la vérité de cette proposition, que la nation produit sans avances, sans sacrifices, sans consommation, c'est-à-dire que l'axiome *ex nihilo nihil fit*, ne serait plus vrai. » C'est lui qui est dans l'erreur, car Say n'a certes pas entendu dire que les avances, les semences, etc., ne sont point consommées et en quelque sorte détruites; mais comme en somme le produit brut se compose de salaires, c'est en ce sens qu'il est la même chose que le produit net.

Il ne faut pas confondre le produit net avec la rente. Quand même celle-ci serait nulle, le produit net pourrait être important; par exemple, dans un pays neuf et fertile où les fermiers ne se font pas concurrence. Il y a même des pays où nul ne consentirait à être fermier, parce qu'il peut être propriétaire d'une suffisante quantité de terres fertiles.

Le cultivateur qui paye une rente acquiert à ce prix un instrument de travail supérieur à ceux dont l'usage est gratuit. Or, la supériorité de cet instrument est proportionnée à la rente qu'il paye. Si quelques individus possédaient un petit nombre de machines à vapeur bien supérieures aux autres, et que ce petit nombre fût limité par

des lois civiles ou physiques, de manière à ne pouvoir
satisfaire à la demande, le manufacturier qui payerait une
redevance pour les employer ne pourrait être considéré
comme ajoutant à ses avances ; parce que l'emploi de ces
machines lui épargnerait d'autres dépenses.

Il en est de même pour la terre qui naturellement ne
donne point de rente ; mais les dépenses, qui résultent de
son usage, chargent d'une dépense équivalente sous forme
de rente tout autre capital agricole. La rente égalise la
situation de celui qui la paye pour en retirer la valeur entière sous la forme d'avantages particuliers ; et de celui qui
ne la paye point, mais dont l'instrument est d'une moindre puissance. La rente est donc inconnue dans les premiers temps de la société, lorsqu'on ne cultive que les
terres de meilleure qualité. Elle continue à s'accroître à
mesure que la culture se répand sur des terrains moins
fertiles, et diminue à mesure que ces terrains sont abandonnés.

La rente n'est point une part prélevée au profit exclusif des uns, mais le résultat de circonstances naturelles.
Ce n'est un monopole que dans le sens que tous les hommes ne peuvent pas posséder une fraction de la terre,
puisqu'elle est limitée en étendue. Ce que l'on doit éviter,
c'est son immobilisation aux mêmes mains, afin que chacun y puisse consacrer son épargne, s'il en a le désir.

Le taux de l'intérêt détermine ordinairement la valeur
et le prix des choses que l'on achète, en vue du revenu
qu'elles procurent. Ainsi, les fonds publics se vendent
d'autant plus cher que l'intérêt est moins élevé. Il en est
de même de la terre ; elle se vend plus cher que les fonds
publics, parce qu'on la considère comme un placement
plus sûr et qu'elle donne des jouissances de vanité. Quand
les fonds publics haussent, la terre se vend cher, et réci-

proquement. En d'autres termes, l'intérêt étant bas, la terre augmente de valeur.

Le taux de la rente s'élève aussi en proportion de la civilisation et de l'aisance de la société; parce que les capitaux étant plus abondants se font concurrence pour les achats de terres; et, en outre, parce que la sécurité des propriétaires est plus grande.

On n'a pas assez considéré l'action que le progrès de l'agriculture exerce sur la rente et sur les prix. Ce progrès réduit les dépenses de la production, ou accroît les quantités récoltées au moyen d'une dépense égale. Dans ces deux cas, elle élève la rente par l'augmentation du surplus obtenu, tout en arrêtant la hausse des prix par l'augmentation des récoltes destinées à la consommation. Par l'effet des améliorations produites depuis plus d'un demi-siècle, on remarque deux faits : 1° la baisse du prix des céréales; 2° l'élévation de la rente et des fermages. Plus les populations ont crû en lumières, plus elles ont crû en nombre et en aisance. Les découvertes ont toujours augmenté la fertilité du sol; par exemple, l'emploi de la chaux a permis de semer avec succès le froment dans des terres qui jusqu'alors n'avaient pu en produire.

§ II. — Erreur des physiocrates sur la rente. — M. Passy est tombé dans la même erreur, et confond la rente avec le produit net.

Les physiocrates enseignaient qu'il n'y a de produit net que celui de la terre, et que les hommes voués à toute autre industrie ne font que reproduire ce qu'ils ont consommé, sans obtenir un produit net. C'est une erreur

provenant de ce qu'ils croyaient que la rente est la cause
et non l'effet du prix des denrées, et qu'elle est un élément constitutif du prix des produits du sol. Ils en con-
cluaient logiquement que là où il n'y a pas rente territó-
riale, loin d'y avoir profit, il y a perte : le produit ne
pouvant pas même obtenir sur le marché un prix égal
aux frais de production. Ils ont donc confondu le produit
net avec la rente.

M. Passy est tombé dans la même erreur, en disant que
la rente est l'excédant réalisé sur les frais de production.
Il ajoute que : « Partout où ceux qui travaillent à recueillir les fruits de la terre en amassent au delà de leurs besoins, il y a excédant à leur profit, c'est-à-dire rente due
à la fécondité du sol. Ainsi, les peuplades même sauvages
se battent entre elles pour occuper les espaces où se rencontrent les eaux les plus poissonneuses et les terrains les
plus abondants en gibier et en fruits. Il fallait donc que
la terre produisît une rente, même dès l'origine, à certaines tribus, pour qu'elles eussent du loisir afin d'entre-
prendre les défrichements, les constructions, etc. L'art
agricole produisit évidemment plus dans des pays que
dans d'autres ; et la terre assez fertile pour produire un
excédant des recettes sur les dépenses, constitua une
rente. »

Cela n'est pas la rente, mais seulement le produit net ;
et j'ai montré qu'il en diffère essentiellement. M. Passy
blâme aussi l'opinion de Ricardo, de Rossi et de Bastiat,
qui prétendent qu'il n'y a pas de rente dans les pays où
la terre ne manque pas, parce que chacun en a à sa fantaisie. « C'est une erreur, dit-il, en ce que quand même
chacun aurait autant de terre qu'il lui en faut ou qu'il en
désire, quand même les cultivateurs ne pourraient vendre
leurs denrées à des voisins aussi bien pourvus qu'eux-

mêmes, il n'y en aurait pas moins rente; c'est-à-dire que
chacun étant plus que pourvu par son travail, aurait du
loisir pour des occupations intellectuelles ou de luxe.
Mais cela n'a jamais existé ainsi; car, dans tous les temps,
il y a eu des chefs, des soldats, des prêtres nourris par
l'excédant du produit de la terre. Il y a donc toujours
rente, puisque la terre a produit assez au delà de la culture pour verser un énorme capital dans le commerce et
l'industrie. Il faut tenir pour principe que la terre donne
intrinsèquement naissance à la rente, lorsque le travail
employé à lui donner la valeur coûte moins qu'il ne rapporte; et qu'il y a sur les dépenses qu'il absorbe un excédant qu'on ne saurait rencontrer dans les autres objets
des efforts humains [1]. »

On voit que cet écrivain revient sans cesse à l'opinion erronée des physiocrates; à savoir que *la rente
est la récompense que la nature donne au cultivateur
ou le produit net du sol.* Mais, pour être logique, il
devrait affirmer aussi que la terre seule procure un produit net.

D'autres ont prétendu que la rente provient de ce que
les propriétaires, jouissant du monopole du sol, peuvent
obtenir une surélévation de prix artificielle pour les
produits de ce sol. Qu'en conséquence, la rente entre
comme un élément important dans le prix du blé et
des autres produits de la terre. Mais il n'existe parmi
les propriétaires aucun accord; car, à l'époque même
où les uns perçoivent des rentes élevées, d'autres n'en
perçoivent que de faibles, ou même n'en perçoivent aucune [2].

[1] *Journal de l'Économie politique*, 1853.
[2] Mac-Culloch, t. II, p. 125.

En résumé, les salaires, les profits et la rente peuvent seuls constituer les revenus réguliers. Je n'ai pas à parler des dons ni des vols, dont l'examen ne rentre point dans le cadre de nôtre science.

CHAPITRE III.

DE LA POPULATION ET DE LA MISÈRE.

§ I. —Que l'indigence n'est point la conséquence de l'état de société.
—Des causes de la misère. —Du faste ridicule de certains riches.

L'*indigence* est la privation des choses indispensables à l'existence.

La *pauvreté* est l'état de celui qui manque toujours de l'utile et quelquefois même du nécessaire.

La *misère* est la pauvreté permanente, parce qu'elle provient de causes permanentes : elle se change ainsi en indigence.

Le mot *paupérisme*, inventé par les Anglais, signifie la misère collective et permanente, qui réduit des catégories entières de citoyens à l'état d'indigents assistés officiellement. C'est l'opposé de la misère accidentelle qui frappe des individus de catégories diverses, et provient de causes temporaires. Ainsi le paupérisme subsiste dans les bonnes comme dans les mauvaises années, tandis que la misère accidentelle diminue dans les années d'abondance.

On a commis une erreur en disant que la misère est un phénomène de la civilisation et un résultat de l'état social. « Qu'on ne s'imagine pas, répond Say, que les maux

« de l'indigence soient un résultat de l'état de société. Au
« contraire, l'état social offre plus de ressources contre
« les coups du sort. En comparant les peuplades incultes
« avec nos sociétés policées, on trouvera que la loi rigou-
« reuse qui nous réduit constamment à ne pas dépasser
« nos moyens de subsistance, fait, à proportion du nom-
« bre, beaucoup moins de victimes chez nous que chez
« elles. »

On a donné de la misère des définitions bizarres. Lamennais dit que c'est *la limite* ; il prend une comparaison
dans la géométrie qu'il n'entend pas ; la limite est un
être de raison comme la ligne ; donc, selon cet écrivain,
la misère ne serait que le néant. Eh quoi ! l'homme qui a
faim et ne trouve pas d'aliments, l'homme qui souffre du
froid et qui n'a ni vêtement, ni logement, n'éprouve-t-il
que le néant ?

M. Michel Chevalier pense que la cause du paupérisme
est l'insuffisance des produits. Mais la misère provient surtout de leur trop inégale répartition combinée avec l'excès
de population. Une seule de ces dernières causes suffit
pour plonger dans la misère une portion considérable de
citoyens. Ainsi, quand même la population ne serait point
trop nombreuse et que les produits suffiroient largement
à la subsistance de tous, si un homme consomme la part
de vingt, il imposera des privations à dix-neuf personnes.
Dans l'antiquité, par exemple, l'opulence d'Alexandre, de
Lucullus, de Crassus faisait bien plus d'indigents que
l'on n'en compte en Suisse, où l'on ne rencontre point
d'individus pourvus d'immenses richesses. En Hongrie,
l'on rencontre des Magyars si opulents qu'ils en deviennent ridicules. Ainsi, nous en avons vu qui portaient un
habit dont les boutons en diamants valaient 8 ou 10 millions. Ces individus préfèrent ressembler à des baladins

ou à des laquais plutôt que de répandre leurs immenses richesses sur les populations affamées qui les entourent.

§ II. — Fécondité naturelle des plantes et des animaux. — Théorie de Malthus. — Que l'excès de population augmente la misère des pauvres. — Comment doit s'évaluer le déficit occasionné par la disette.

Les animaux, comme les végétaux, sont doués d'une puissance de multiplication infinie, mais différente, selon les espèces. Un orme produit plus de 100,000 graines, une carpe 342,000 œufs. Des quadrupèdes quadruplent facilement dans l'espace d'une année; en multipliant, dans la même progression, deux en auront produit 10,000 en cinquante ans, 2 millions et demi en deux siècles. L'homme ne forme point exception à cette loi naturelle; sa multiplication serait extraordinairement rapide s'il ne rencontrait point d'obstacles, tels que la privation d'aliments, la guerre et les épidémies; mais, dans les circonstances les plus favorables, on a vu la population d'un pays doubler en vingt ans.

Si la bête produit par instinct, sans s'inquiéter de la subsistance de ses petits, l'homme, mû par la prévoyance, est souvent arrêté par la crainte de donner le jour à des êtres sur le sort desquels il n'est pas rassuré. Non-seulement la vie matérielle l'inquiète, mais aussi la crainte de ne pas voir ses enfants jouir des avantages qu'il est habitué à considérer comme essentiels au bonheur. Cette prévoyance se rencontre plus fréquemment chez les classes riches ou moyennes que chez les indigents, qui ne s'inquiètent même pas du nécessaire, et comptent sur la charité... Dans les sociétés peu avancées, comme au moyen âge, la population augmentait peu ou point, quelquefois même diminuait par la famine, qui, dans les années de disette, sévissait avec une effroyable intensité.

Le marquis de Mirabeau dès 1756, et Herrenschwand[1] en 1786, avaient compris la haute importance de ces questions, qu'ils traitèrent dans de volumineux ouvrages mal écrits, sans méthode ni vues positives. L'Anglais Malthus est le premier économiste qui ait fait des recherches sérieuses sur la population. Il a généralisé son système par les deux propositions suivantes, énoncées dans son livre, qui parut en 1798 :

1° La population, si aucun obstacle ne s'y opposait, se développerait incessamment, suivant une progression géométrique et sans limite assignable, comme 1, 2, 4, 8, 16.

2° Les moyens de subsistance, au contraire, ne peuvent jamais se développer que suivant une progression arithmétique, comme 1, 2, 3, 4, 5, etc.

Ainsi, aux États-Unis, depuis la fin du dernier siècle, la population, doublant tous les vingt-cinq ans[2], se trouverait seize fois plus nombreuse au bout d'un siècle, tandis que les moyens d'existence ne seraient que quadruplés. Malthus en conclut que si des obstacles matériels et la liberté humaine ne contrariaient la reproduction, l'espèce deviendrait en quelques siècles innombrable.

---

[1] D'origine suisse, chirurgien du régiment de *Royal-Allemand*, au service de Louis XVI; puis, à la suite d'un délit, réfugié en Angleterre où il publia la plupart de ses ouvrages économiques. Il rentra en France en 1802, y publia encore un livre, et mourut à Paris quelques années après. C'est à tort qu'on a dit qu'il avait été juge supérieur dans les régiments suisses. M. de Vitrolles, qui l'a connu particulièrement, m'a donné des détails sur sa vie.

[2] La population des États-Unis était en 1800 de 5,305,000 d'habitants; en 1830 de 12,866,000; en 1840 de 17,062,566; en 1850 de 27,000,000.

La seconde proposition est fondée sur ce que la terre qui produit les subsistances est limitée tant par l'étendue que par le travail et les capitaux. En outre, après quelques années de production, il faut la laisser reposer, tandis que les hommes croissent sans que leur appétit diminue.

Dans certains pays, peu d'hommes parviennent à la vieillesse; à Nidjni-Novogorod, sur 1,000 enfants, 661 périssent avant l'âge de six ans. En France, il en meurt 476. L'accroissement annuel n'est que d'environ 160,000 habitants sur plus de 35,000,000. La moyenne des naissances est d'environ 970,000, la moyenne des décès d'environ 810,000. On compte une naissance sur 34 habitants, 1 décès sur 40, et 1 mariage sur 128. En Angleterre et en Allemagne, la population augmente aussi beaucoup moins rapidement qu'aux États-Unis. En Pologne et en Norwége, elle double en cinquante ans. En Hollande, le doublement a lieu en quarante-deux ans.

« Il est clair que l'excès de la population augmente la misère des pauvres, dit Smith; car ce n'est que parmi eux que la disette des subsistances peut mettre des bornes à la propagation de l'espèce : et cela ne peut arriver que d'une seule manière, en détruisant une grande partie des enfants que produisent les mariages féconds de ces classes du peuple[1]. »

« La procréation de l'espèce humaine paraît être sans « bornes, dit Herrenschwand; sa nourriture, au con- « traire, a des limites. Tant que la procréation n'a pas « atteint les limites de la nourriture, l'espèce humaine « est susceptible de multiplication. »

_____

[1] _Richesse des nations._ Voyez aussi Stewart, que Smith a presque copié en cet endroit, en oubliant de le citer.

En Asie, et même dans la plupart des pays de l'Europe, la mort seule arrêtait autrefois les progrès de la population. La mortalité ne résultait pas seulement de la disette, mais aussi de la négligence dans l'éducation des enfants, et de la malpropreté des adultes. Ces causes n'ont pas encore cessé, quoiqu'elles aient diminué beaucoup. Ainsi les populations de Lille, de Liverpool et de Londres ne s'entretiendraient pas sans le concours des ouvriers qui leur arrivent de la campagne.

La disette agit donc comme obstacle destructif sur une population arrivée à l'extrême limite des subsistances, en faisant périr par la faim une partie de la classe la plus pauvre. Le nombre des décès, des naissances et des mariages a toujours été sensiblement affecté par les variations annuelles de la récolte des grains. « Pendant la dernière moitié du siècle précédent, dit Bernouilli, l'année « 1771 fut signalée par une récolte généralement mauvaise. Or, les tables de mortalité dressées par Baumann « prouvent que la mortalité, en 1772, dans la plupart « des pays où se fit sentir la disette, dépassa d'un quart, « et souvent d'un tiers la moyenne des années qui précé- « dèrent et suivirent. »

Le déficit qui occasionne la disette ne s'évalue pas sur la portion qui est consacrée aux semences, mais sur celle destinée à la consommation alimentaire. Si le déficit est de 20 sur un produit total ainsi réduit à 100 et dont un cinquième est réservé pour les semailles, le déficit sera du quart, et non du cinquième de la récolte. On estime qu'un déficit de 10 p. 100 amène ordinairement une hausse de 30 p. 100 dans le prix des céréales[1].

---

1. *Dict. de l'Écon. polit.*, de Guillaumin. V° *Disette.*

§ III. — Destruction légale des citoyens dans l'antiquité. — Préjugé des dix-septième et dix-huitième siècles. — Des obstacles préventifs et répressifs. — Des pays où la prudence légale est pratiquée.

La plupart des peuples de l'antiquité, suivant cette loi naturelle et religieuse : *croissez et multipliez*, étaient polygames. Des pères de famille eurent jusqu'à trente, cinquante enfants[1]. Il arrivait souvent qu'une partie de ces nombreuses familles languissait dans la misère : et voilà pourquoi, dans plusieurs pays, le droit de vie et de mort fut attribué au père sur tous ses enfants et descendants ; l'infanticide et l'avortement furent autorisés et même prescrits en certains cas. Les lois de Lycurgue prévenaient l'excès de la population en ordonnant l'égorgement des ilotes et des nouveau-nés. L'État ne voulait pas que le chiffre des enfants dépassât les ressources ou moyens de subsistance, et la destruction des membres excédants maintenait le niveau[2].

Aristote et Platon eux-mêmes approuvaient ces lois. Mais le christianisme ayant proscrit l'homicide dans tous les cas, elles ne sont plus soutenables. Au contraire, jusqu'à la fin du dix-huitième siècle, les hommes d'État comme les moralistes avaient, par tous les moyens, cher-

---

[1] *Iliade*, liv. XXIV. Plut. *Camille*, XXII ; *Thésée*, ch. iii, *Pentateuque*.

[2] Le père du philosophe Charron (au milieu du seizième siècle), eut 25 enfants, 4 de sa première femme et 21 de la seconde. J'ai connu un homme en Lorraine qui avait eu 29 enfants de deux femmes. Mais cette fécondité est fort rare depuis quelques siècles.

ché à favoriser indéfiniment l'accroissement des peuples.
Les casuistes estimaient la culpabilité de ceux qui se
livrent à des actes obscènes en raison du préjudice qui
en peut résulter pour la propagation de l'espèce[1]. Les historiens et les philosophes attribuaient la splendeur des
cités antiques au nombre immense des habitants; et, lorsqu'ils voulaient faire l'éloge d'un gouvernement, ils donnaient des dénombrements exagérés de la population. Fé-
nelon, J.-J. Rousseau et Montesquieu croyaient eux-mêmes
que le nombre des habitants était le signe de la prospérité d'un peuple et d'un bon gouvernement. Comme ils
avancèrent, sur la foi des écrivains qui les avaient précé-
dés, que le monde antique était infiniment plus peuplé
qu'à leur époque, on craignit la dépopulation. Plusieurs
gouvernements exemptèrent de l'impôt les chefs de familles nombreuses. En 1754, sur l'exemple d'une maî-
tresse de Louis XV, des courtisans dotèrent et marièrent
dans leurs fiefs les filles nubiles. C'est en vain que
Quesnay en avait prévu les inconvénients[2]. Le vieux préjugé l'avait emporté. En 1797, M. Pitt proposa à la Chambre des communes d'encourager par des gratifications
les pères de famille qui auraient beaucoup d'enfants.

Malthus voulut démontrer que les encouragements
donnés à la population sont une imprudence. « Quand les
« hommes, dit-il, n'usent pas de leur liberté pour limiter

---

[1] Sanchez, *De matrimonio.*

[2] « Qu'on soit moins attentif à l'augmentation de la population
« qu'à l'accroissement des revenus, dit-il; car plus d'aisance que
« procurent de grands revenus est préférable à plus de besoins pres-
« sants de subsistance, qu'exige une population qui excède les re-
« venus; et il y a plus de ressources pour les besoins de l'État quand
« le peuple est dans l'aisance, et aussi plus de moyens pour faire
« prospérer l'agriculture » (*Maximes générales*, XXVI, 1758).

« les naissances, la population tend à déborder les sub-
« sistances; alors l'équilibre ne se rétablit que par la
« mort. Les obstacles au développement de la population
« sont *préventifs* ou *répressifs*. Les premiers tarissent la
« fécondité et empêchent les naissances; ce sont les lieux
« insalubres, la mauvaise nourriture, la contrainte mo-
« rale qui est ou le célibat réfléchi ou la prudence dans
« le mariage. Les obstacles *répressifs* sont : le vice et la
« misère qui engendrent les guerres, les crimes, ou font
« périr de faim les indigents. L'insuffisance des aliments
« a toujours retardé la multiplication depuis les temps
« les plus anciens jusqu'à nos jours. Les révolutions
« même, les guerres et les épidémies, qui ont détruit
« de grandes masses d'hommes, n'ont été engendrées
« que par des inquiétudes et des privations insignes. »

Dans quelques pays, comme en Norwége et en Suisse,
la prudence volontaire des hommes a été pratiquée [1]; et
le faible développement de la population n'y provient pas
de la destruction, mais du petit nombre des naissances. La
vie moyenne y est plus longue que dans le reste de l'Europe : le petit nombre des naissances tend à y prolonger
la vie, en laissant à chacun le nécessaire.

En Angleterre, les moyens de travail et de subsistance
n'ont jamais augmenté plus rapidement que depuis 1821 ;
néanmoins, chaque recensement, depuis cette époque, a
montré un accroissement de la population proportionnellement plus faible que celui de la période antérieure. En
France, les produits de l'agriculture et de l'industrie s'accroissent, tandis que chaque recensement quinquennal

---

[1] En Suisse, ceux qui se marient sans avoir prouvé aux magistrats qu'ils sont en état d'entretenir une famille, encourent une
grosse amende.

présente une proportion plus faible qu'auparavant dans le chiffre des naissances.

Dans les pays où le droit à l'assistance existe, le mariage est interdit à ceux qui la reçoivent. Ainsi, en Norwége, nul ne peut se marier s'il ne prouve qu'il aura le moyen d'élever sa famille[1].

Dans le Mecklembourg, les mariages sont retardés par la conscription jusqu'à 22 ans; et par le service militaire jusqu'à 28. En Saxe, on ne peut se marier avant 21 ans, si l'on est propre au service militaire. Dans le Wurtemberg, l'homme assujetti à ce service ne peut se marier avant 25 ans qu'avec une autorisation spéciale. A cet âge même il est obligé de prouver qu'il aura de quoi élever sa famille. Une loi semblable existe en Bavière, à Francfort et à Lubeck.

Dans une partie de l'Italie, même chez les pauvres, un seul enfant se marie; les autres restent ordinairement dans le célibat.

§ IV. — Impuissance des classes opulentes à se perpétuer. — Erreur de Malthus. — Différences capitales entre la vie probable des riches et celle des pauvres. — Exemples.

L'imprévoyance des classes pauvres, qui leur est au fond si douloureuse, semble être une condition de durée pour les peuples. N'est-il pas nécessaire qu'il y ait dans chaque société une multitude qui suive les impulsions de la nature sans trop s'inquiéter du sort des enfants? Cette foule, que les anciens appelaient *prolétaires*, est comme le réservoir qui maintient la population[2]. Sans elle, non-

[1] M. Senior.
[2] Camille (M. Furius), censeur de Rome et qui fut cinq fois dic-

seulement les travaux pénibles ou dangereux, tels que
ceux des ateliers et de la guerre, ne trouveraient point
de bras, mais le sang des classes privilégiées ne pourrait
se renouveler. Toutes les aristocraties sont impuissantes
à se perpétuer par elles-mêmes. L'histoire atteste que les
familles, constamment riches et tranquilles s'éteignent
après quelques générations.

La noblesse de Venise comptait 4,500 individus, sur
la fin du seizième siècle. Au commencement du dix-huitième, malgré l'accession au livre d'or de nombre de parvenus, elle n'en comptait plus que 1,500. Des 2,400 écus-
sons suspendus en 1600, dans la salle des États de Suède,
l'on n'en voyait plus que 1,100 au bout de deux siècles.
Dans la province de Zélande, il ne reste plus une seule
des familles autrefois inscrites sur les registres de l'ordre
équestre. A Genève, les noms qui ont le plus illustré la
ville aux quinzième et seizième siècles n'ont plus d'héri-
tiers. A Berne, sur 487 familles admises à la bourgeoisie,
379 s'éteignirent en deux cents ans. En Angleterre
même, où l'aristocratie des pairs est plus féconde que
partout ailleurs, on ne voit plus qu'un petit nombre des
familles illustres au temps d'Élisabeth.

Ce n'était point la guerre alors presque permanente
qui causait ces extinctions; car dans les époques de paix,
elles sont peut-être plus promptes encore [1]. M. Hip-
polyte Passy a observé qu'à Paris même la reproduction
de la bourgeoisie riche serait compromise si elle ne se
régénérait sans cesse par des alliances avec des parvenus.
« En réunissant, dit-il, les quatre arrondissements qui

_____

tateur, fit décréter en l'an 307 que les célibataires ou veufs épou-
seraient incontinent les veuves des citoyens morts dans la guerre.

[1] Alison.

renferment les familles les plus opulentes, on ne trouve
que 1.97 naissances par mariage... Les quatre arrondissements où réside la partie la plus pauvre de la population en ont au contraire 2,86, et entre les deux arrondissements placés aux extrémités de l'échelle, le 2ᵉ et
le 12ᵉ, la différence est de 1,87 à 3,24, ou plus de
73 p. 100 [1]. »

Malthus a donc commis une erreur en disant que la population augmente ou décroît nécessairement en proportion directe de l'aisance des parents; car ainsi les classes
riches seraient les plus fécondes, tandis que c'est le contraire qui est prouvé. Dans les classes opulentes, le calcul
prudent intervient plus efficacement que toutes les re-
commandations. Si l'homme qui pourrait bien élever
huit enfants n'en désire qu'un seul, c'est parce qu'il veut
le voir aussi riche que lui-même.

D'ailleurs la créature engendre d'autant plus qu'elle
se sent menacée. Les plantes cultivées multiplient moins
que dans l'état sauvage. Les races animales, réduites à
l'état domestique, se propagent moins rapidement que
celles restées à l'état sauvage. Les chiens, les porcs, les
taureaux importés d'Europe en Amérique et laissés en
liberté, se sont multipliés bien au delà de tout ce que
l'on avait vu dans l'ancien monde. Il en est de même
de l'espèce humaine ; qu'une nourriture trop succu-
lente prédispose à la stérilité. Ainsi, tous les êtres de la
création perdent en quantité en proportion de ce qu'ils
gagnent en qualité [2].

Si l'on induisait de la théorie de Malthus que deux terri-

---

[1] *Mémoires de l'Académie des sciences morales et politiques,*
8ᵉ série, tome Iᵉʳ.

[2] M. Doubleday.

toires d'égale étendue et fécondité, exploités avec un pareil capital, doivent nécessairement fournir le même nombre d'habitants, on commettrait une erreur. Le régime de chacun influera singulièrement sur le chiffre des populations respectives. Le pays où la classe inférieure aura contracté l'habitude d'une nourriture substantielle, et d'une production dispendieuse, produira moins d'habitants que celui où elle se contentera d'aliments grossiers, obtenus à peu de frais. Les habitants du premier pays, doués d'activité corporelle et intellectuelle, craindront d'infliger à leur famille de douloureuses privations, en l'augmentant outre mesure. Les autres, chétifs et sans prévoyance, bornés au strict nécessaire, pulluleront. L'homme qui n'a vécu que dans les privations et la misère, et dont l'esprit n'a pu s'élever à l'idée d'une autre existence, ne craint pas de mettre au monde des enfants qui végéteront comme lui. « Les gens, dit Montesquieu, « qui n'ont absolument rien, comme les mendiants, ont « beaucoup d'enfants ; car il n'en coûte rien au père pour « donner son art à ses enfants, qui sont en naissant munis « des instruments de cet art [1]. »

En voici les conséquences : En France, les hommes de 40 à 45 ans meurent, s'ils sont riches ou aisés, dans la proportion de 0,85 sur 100 ; s'ils sont pauvres et besoigneux, dans la proportion de 1,87 sur 100 ; c'est-à-dire qu'il meurt le double et un quart de pauvres ! A Paris, il est mort, de 1817 à 1836, 1 habitant sur 15 dans le 12e arrondissement, l'un des plus pauvres de la ville ; et 1 habitant sur 65, dans le 2e arrondissement, l'un des plus riches.

Je pourrais citer un grand nombre de statistiques à

---

[1] *Esprit des lois*, XXIII, 11.

l'appui de cette observation ; mais il suffira de reproduire le tableau suivant dressé par le professeur Caster, qui a constaté, d'après les registres officiels de l'état civil de Berlin, que de mille riches et de mille pauvres il existait encore :

A l'âge de	5 ans	943 riches ,	655 pauvres.
—	10 —	938 —	598
—	15 —	911 —	584
—	20 —	886 —	566
—	25 —	852 —	555
—	30 —	796 —	527
—	35 —	755 —	486
—	40 —	693 —	446
—	45 —	654 —	396
—	50 —	557 —	558
—	55 —	464 —	283
—	60 —	598 —	236
—	65 —	548 —	172
—	70 —	555 —	117
—	75 —	309 —	65
—	80 —	27 —	21
—	85 —	20 —	9
—	90 —	11 —	4

La riche a donc une vie probable deux fois plus longue que celle du pauvre. On évalue la prolongation de la vie en prenant pour base ou la vie *probable*, ou la vie *moyenne*. La probabilité de vie est indiquée par l'âge auquel la moitié des individus nés dans la même année a cessé de vivre. Si, sur 1,000 naissances annuelles, il ne reste plus que 500 personnes au bout de 25 ans, la vie probable sera de 25 ans. Pour connaître la vie moyenne, on additionne les années de vie des individus, puis on divise le total par le nombre des décès. Si 1,000 personnes, mortes à des âges divers, ont vécu collectivement 36,000 ans, la vie moyenne sera de 36 ans.

Quand la vie probable s'élève, on peut en conjecturer que l'aisance est assez répandue dans le peuple, pour que les enfants reçoivent des soins suffisants. Mais pour accroître la moyenne de la vie, il suffit qu'une classe privilégiée ait la faculté de prolonger son existence par un meilleur régime moral et physique. Il faut donc bien distinguer entre la vie probable et la vie moyenne.

§ V. — Exagérations des disciples de Malthus. — Comment ce dernier s'endurcit dans son système. — Que ses hypothèses n'ont rien de concluant.

Homme de bonne mœurs, Malthus n'avait entendu, en recommandant la contrainte morale, parler que de l'abstinence et de la chasteté; mais ses disciples ou partisans ne manquèrent pas, comme il arrive toujours, de l'exagérer atrocement. Ils demandèrent l'avortement, la castration, le développement de la prostitution, et l'interdiction du mariage aux classes pauvres. Ils proposèrent même la suppression de toutes les institutions de charité, de l'aumône et des secours aux enfants trouvés.

Le parti tory avait adopté avec frénésie l'œuvre de Malthus; car la Révolution française venait de porter un coup terrible à ce parti. Tandis que Fox faisait retentir la tribune des mâles accents de la liberté, des écrivains généreux remontraient l'iniquité de la répartition des richesses. Godwin, dans un *Essai sur l'avarice et la prodigalité*, avait blâmé les institutions qui partout permettent à un petit nombre d'entasser ou de gaspiller les biens qui suffiraient à nourrir tous les hommes. Il dénonçait tous les gouvernément comme complices de ces rapines et fauteurs des misères sociales.

Ce fut ce livre, dit-on, que Malthus entreprit de réfuter par sa démonstration. Mais s'il appela l'attention sur les dangers d'une multiplication irréfléchie, il se laissa trop guider soit par un féroce orgueil où l'entretinrent les éloges de l'aristocratie, soit par de vieux préjugés d'éducation et de parti [1]. En cherchant à prouver que la misère est une fatalité presque inévitable, et ne provient que de l'imprudente multiplication des pauvres, il tend à justifier l'inertie des riches et des gouvernants, et absout l'égoïsme. Ses intentions se décèlent par ce passage de sa première édition :

« Un homme qui naît dans un monde déjà occupé, si sa
« famille n'a pas les moyens de le nourrir, ou si la société
« n'a pas besoin de son travail, cet homme n'a pas le
« moindre droit à réclamer une portion quelconque de
« nourriture, et il est réellement de trop sur la terre. Au
« grand banquet de la nature, il n'y a point de couvert
« mis pour lui. La nature lui commande de s'en aller, et
« elle ne tarde pas à mettre elle-même cet ordre à exécu-
« tion. »

Au fond, les hypothèses de Malthus n'ont rien de concluant. Elles ne pourront se vérifier, tant que l'homme n'aura point rempli le globe qui est à sa disposition. Malthus devait donc, avant tout, considérer l'espace.

---

[1] Escobar a donné, chez les modernes, le premier exemple des divagations immorales qui peuvent sortir du cerveau d'un homme échauffé par le silence du cabinet. Il atteint un âge très-avancé sans manifester de remords. Lorsque, dans sa vieillesse, il apprit le bruit que son nom faisait en France et les colères que ses écrits suscitaient, il en témoigna beaucoup de contentement. De même Malthus ne répondait que par le sourire aux imprécations de ses adversaires.

En outre, à mesure que le travailleur se sent pressé par le nombre et que l'espace se resserre pour lui, il tend à une plus grande intensité de travail ; car il y a en lui une faculté productrice comme une génératrice. Or, son instinct seul le porte à chercher l'équilibre entre ces deux facultés ; l'objet d'un bon gouvernement est d'y aider. Les classes inférieures n'ont trop d'enfants que parce qu'elles sont pauvres et démoralisées par la misère ; ce qui est prouvé par la prudence des classes aisées dans tous les temps, dans tous les pays. L'on n'arrêtera donc l'excès de la population que par des réformes qui élèvent le prolétariat jusqu'au niveau de la bourgeoisie. Mais si, des enseignements de Malthus, il résulte qu'il ne faut point prêcher aux pauvres une imprudente multiplication, n'oublions jamais de repousser tout ce qui est contraire à ces deux lois immuables de l'humanité : la morale et la propagation de l'espèce.

§ VI. — Que la misère existait dans l'antiquité. — Causes de l'indigence d'un si grand nombre de citoyens romains.

Avant d'examiner les remèdes contre la misère, il est essentiel d'indiquer ce qu'elle fut dans l'antiquité, dans le moyen âge, et son intensité de nos jours.

Le mot *paupérisme* étant d'invention nouvelle, on a cru que le fait est nouveau ; que l'*émancipation des travailleurs agricoles et industriels fit naître le prolétariat, et avec lui le paupérisme. fléau qui a pris, dans quelques contrées, des proportions alarmantes depuis un demi-siècle.* On en a donné pour cause la liberté laissée à l'ouvrier de choisir sa profession, d'en changer, et de s'offrir pour le prix qu'on veut mettre à son travail ; ce qui engendre la concurrence, les interruptions dans la demande du travail et l'abaissement subit des salaires.

Je réponds que, s'il n'y a point de paupérisme aux États-Unis, il y en avait à Rome[1], à Sparte et à Athènes, qui possédaient aussi des esclaves. Il est constant que la misère a existé dans l'antiquité comme dans les temps modernes. Il y a toujours eu des hommes trop faibles pour travailler, ou trop imprévoyants pour avoir une réserve contre les accidents et la vieillesse, ou trop opprimés pour travailler librement et pour conserver leurs épargnes. Cette observation seule prouverait qu'il y a toujours eu des indigents; mais citons quelques autorités pour qu'il ne reste aucun doute.

Job, après avoir été très-riche, tomba dans la misère; ses paroles prouvent qu'il y avait des pauvres et des indigents dès la plus haute antiquité : « J'étais le père des pauvres; je ne leur ai jamais refusé les secours qu'ils m'ont demandés...; je n'ai pas mangé mon pain tout seul : je l'ai partagé avec l'orphelin. La toison de mes brebis a été partagée entre les indigents qui mouraient de froid... »

Hésiode et Homère parlent plusieurs fois des indigents et des mendiants qui se trouvaient parmi les Grecs de leur temps. Lorsque les lois de Lycurgue furent tombées en désuétude, quelques familles ayant accaparé les terres et les métaux précieux, la plus grande partie de la population de Sparte tomba dans la misère; la mendicité finit par détruire cette république. Xénophon nous apprend que, dès longtemps avant sa naissance, la plus grande partie du peuple athénien était indigente. Les lettrés connaissent ce vers du comique Aristophane :

1 Suétone.

« En mourant, l'Athénien tend encore la main..... »

En Italie, jusqu'à Romulus, les Sabins et les Samnites se livraient habituellement au brigandage, sans lequel les neuf dixièmes d'entre eux eussent immédiatement péri de faim. Lorsque des citoyens romains furent devenus *plus riches et plus puissants que des rois*, la plèbe devint de plus en plus misérable, parce qu'elle ne possédait point de terres. A l'avénement de César, trois cent vingt à trois cent cinquante mille Romains n'avaient d'autre moyen d'existence que les secours publics. Sous ce dictateur, le nombre des pauvres à nourrir ne fut plus que de cent cinquante mille [1], soit par une meilleure administration, soit parce que, dans ses statistiques, il mentit comme on le fait si souvent, en présentant un état de choses plus prospère.

L'on doit donc s'étonner que des écrivains modernes aient avancé que le paupérisme ne fut qu'une conséquence de l'abolition de l'esclavage.

Pourquoi les esclaves eussent-ils toujours été à l'abri de l'indigence, quand les citoyens libres en étaient victimes? D'ailleurs, ne connaît-on pas les sanglantes révoltes des ilotes à Sparte, et des esclaves à Rome? Spartacus ne s'est-il pas immortalisé à la tête de ceux-ci? J'ai déjà parlé des émeutes et des insurrections de ce peuple affamé ; ses retraites sur le mont Janicule et le mont Sacré n'eurent jamais d'autre cause que sa misère, fruit de l'avarice et de la mauvaise administration des riches et des patriciens.

Les lois somptuaires avaient chez les Romains le même

---

[1] Suétone.

but que les lois agraires : le maintien de l'égalité des conditions. Ainsi, la loi des Douze-Tables modérait les dépenses dans les obsèques et interdisait la peinture et la sculpture du bois qui servait de bûcher. Elle limitait le nombre des pleureuses et celui des joueurs de flûte, qui suivaient le convoi. La loi Oppia interdisait aux femmes les vêtements de couleurs variées et l'usage des chars dans la ville. La loi Orchia et la loi Fannia limitèrent la dépense des festins.

Les historiens nous apprennent que Fabricius Curius et Emilius Papus, personnages consulaires, préparaient de leurs mains, dans des vases de bois, leurs aliments grossiers. Un dictateur qui avait obtenu le consulat deux fois, Cornelius Rufinus, fut chassé du sénat, parce que sa vaisselle d'argent dépassait la quantité que chaque citoyen pouvait en posséder. Mais quand la république dégénéra, les Crassus, les Lucullus, les César bravèrent ces lois; et il leur arriva souvent de dépenser dans une orgie de quoi nourrir toute une légion pendant une semaine.

Si les lois agraires ni les lois somptuaires ne purent repousser la misère de la ville éternelle, ce fut parce que les Romains n'eurent pour principe et moyen de s'enrichir que la guerre. En temps de paix, les citoyens cultivaient eux-mêmes leurs champs; mais dès que la guerre était déclarée, ils quittaient leur charrue pour entrer en campagne. On levait 1 soldat sur 8 habitants; le même faisait jusqu'à 23 campagnes[1]. Ce service assidu en dé-

---

1. Le recensement de la population fait sous le consul Valérius-Publicola indiqua 600 mille citoyens, dont 130 mille propres au service militaire. Mais l'an 131 avant J.-C., cette population se trouvait réduite presque de moitié; et encore la plupart étaient des prolétaires que leur pauvreté ou la méfiance empêchaient d'enrôler dans les légions.

truisait un grand nombre par le glaive, les privations et les maladies, compagnes inséparables de la guerre. En outre, les champs se trouvaient souvent abandonnés, ou du moins mal cultivés. Durant les proscriptions récipro- ques et les guerres de Marius et de Sylla, Rome fut souvent décimée, comme toutes ses sujettes ou alliées.

Après une expédition, l'on partageait le butin; mais l'habitude des camps avait perverti les mœurs des citoyens. Au lieu de reprendre leur charrue, travail modeste et d'un profit assuré, ils rentraient dans l'intérieur de Rome, et se faisaient les clients de leurs anciens chefs, dont ils servaient les cabales. Souvent des patriciens rui- nés se joignaient à eux : l'histoire de Catilina nous montre qu'ils ne désiraient que le bouleversement de la Répu- blique.

> Un tas d'hommes perdus de dettes et de crimes
> Que pressent de mes lois les ordres légitimes,
> Et qui désespérant de les plus éviter,
> Si tout n'est renversé ne sauraient subsister.

Il n'y avait, pour ainsi dire, plus de classe moyenne. D'un côté, patriciat tout à la fois souple et insolent te- nant le pouvoir et la richesse; de l'autre, misère, dégra- dation, envie. Les patriciens faisant le métier de trai- tants s'enrichissaient aux dépens du public : chargés de rendre la justice, leur balance penchait toujours en faveur du riche. Le proléta. qui volait était crucifié; le magis- trat assassin ou empoisonneur était seulement déporté : « Si Jupiter ouvrait son temple aux magistrats préva- « ricateurs, dit Plaute, il n'y aurait pas assez de place « pour eux au Capitole. »

En pareille occurrence, nul État n'était plus exposé aux séditions et aux guerres civiles, « car, dit Aristote, « les États où il ne se trouve que des pauvres et des « riches, c'est-à-dire des extrémités et pas de milieu, sont « les moins pacifiques [1]. »

Les empereurs secouraient la plèbe par des distributions de pain, et la consolaient par des spectacles publics. *Panem et circenses.* Mais ces soulagements n'étaient que des actes politiques, afin de tenir en bride les patriciens par la plèbe, dont les empereurs se disaient les représentants. L'assistance n'était point un droit reconnu au profit de l'indigent. Plaute, qui écrivait deux siècles avant l'ère chrétienne, met cette maxime dans la bouche d'un de ses personnages (Trinummus) : « C'est rendre un mauvais service à un mendiant que de lui donner de quoi manger ou de quoi boire ; car on perd ainsi ce qu'on lui donne, et l'on ne fait que soutenir une vie misérable [2]. »

§ VII. — Maximes des Pères de l'Église sur la charité. — Fondation des hôpitaux. — Abus de leur administration. — Corruption du clergé, de la cour et de la noblesse. — Excessive misère du peuple français dans les siècles derniers. — Du pacte de famine. — Déplorable état des hôpitaux.

L'Évangile généralisa la charité et l'aumône sur la terre.

Saint Augustin dit : « Tout ce que Dieu nous a donné au delà de nos besoins, ce n'est pas à nous précisément

---

[1] Polit., liv. IV, ch. III.

[2] *De mendico male meretur qui ei dat quod edit aut quod bibat; nam et illud quod dat perdidit, et illi producit ad vitam miserrimam.*

qu'il l'a donné, il nous l'a seulement confié pour être
transmis par nous aux indigents. Le retenir serait nous
emparer du bien d'autrui. Sur ce que Dieu vous a donné,
prélevez d'abord ce qui vous suffit ; une nourriture simple
et un modeste vêtement ; le reste, qui est votre superflu,
est le nécessaire et le bien des pauvres [1]. »

Saint Jérôme exprime les mêmes opinions [2].

Saint Athanase s'écrie : « Tout ce que nous gardons en
sus du boire, du manger et du vêtement nous sera, au
jour du jugement, un motif de condamnation pareil à
celui qui punit l'homicide [3]. »

L'un des premiers évêques de Rome, saint Clément
disait [4] : « Nous en connaissons plusieurs parmi nous qui
se sont constitués prisonniers pour délivrer les autres de
prison ; d'autres qui se sont vendus comme esclaves pour
procurer du pain aux indigents avec le prix de leur liberté. »

Saint Grégoire le Grand faisait distribuer chaque jour
des aumônes aux malades et aux infirmes de Rome, et
chaque mois du blé et du vin à tous les indigents de la
ville.

Saint Chrysostôme et saint Basile, après avoir donné
aux pauvres leurs riches patrimoines, les appelaient *seigneurs* et *maîtres*, et leur faisaient chaque jour l'aum ne
avec les revenus de leurs églises.

Dans la période de foi, les secours étaient distribués
individuellement et à domicile par les *diaconies* ou bureaux de charité, annexés à chaque église. Rome en comp-

---

[1] *Serm.* 219, 249.
[2] *Ep.* 150.
[3] *Quest.* 89.
[4] Ce fut plus tard que l'évêque de Rome prit le titre de *pape*.

ait sept, qui étaient surveillés par l'évêque et adminstrés par sept diacres, dont le chef ou président portait le titre d'archidiacre. Les diaconiés avaient été fondées par les apôtres, à Jérusalem [1]; et ce fut sur ce modèle qu'on établit celles de Rome et de toute la chrétienté.

Les offrandes des fidèles étaient abondantes. Dans les temps de disette, les diacres et les clercs faisaient des collectes domiciliaires, où ils recueillaient quelquefois même des donations d'immeubles. La dîme fut imposée sur les revenus des biens immobiliers, afin d'assurer la subsistance des pauvres avec des épargnes pour les temps de disette. Lorsque les denrées ou l'argent manquaient, les évêques faisaient fondre les vases sacrés.

Aux termes des capitulaires de Charlemagne : « *les comtes prendront soin des pauvres. La veuve, l'orphelin, le faible, sont placés sous la protection du prince, comme ils sont sous celle de Dieu même. Que chaque cité nourrisse ses pauvres; qu'il ne soit point permis aux mendiants d'errer dans le pays, que personne ne donne l'aumône au pauvre qui refuse de travailler de ses mains. Le pauvre doit être recueilli et entretenu dans les xénodochies. Les églises sont tenues de distribuer aux pauvres les deux tiers de leurs revenus.* »

Cette obligation légale, inspirée par l'Église, était attachée à la jouissance du bénéfice et du domaine. Le concile d'Aix-la-Chapelle (816) enjoignit aux évêques d'établir un hôpital près de leur cathédrale, pour y recevoir les pauvres. Les premiers hôpitaux furent ceux de Lyon, d'Autun, de Reims, et l'Hôtel-Dieu de Paris, érigé par saint Landry, évêque de cette ville, et à ses frais. La lèpre, importée d'Orient, et le *feu de saint Antoine* en firent

----

[1] *Act. apost.*, VI.

augmenter le nombre au onzième siècle. On appela ces
établissements *maladreries*, du mot *ladre*, que l'on donnait aux lépreux, à cause de saint Lazare, patron des malades. Observons toutefois que ce ne fut qu'après la décroissance de la charité que les aumônes furent adminis-
trées collectivement et avec ostentation dans les hôpitaux.
C'était pour les princes temporels ou spirituels un moyen
de se débarrasser des soins dus à la misère, en la parquant
et lui donnant des serviteurs salariés.

Le clergé, en administrant les hôpitaux, commit bientôt des abus que ne purent réprimer les conciles de Vienne,
au quatorzième, et de Trente au seizième siècle. François Ier publia, en 1543, un édit dans le préambule duquel on lit ces mots :

« Comme nous avons été avertis du grand désordre qui,
de présent, est aux maladreries et léproseries qui ont été
fondées d'ancienneté en notre royaume, tant par nos
prédécesseurs rois, ducs et autres seigneurs, que par plusieurs autres bons dévots et fidèles chrétiens, villes, chapitres et communautés, dont les fondations ont été inter-
verties, les titres et chartes perdus ou dérobés par les
administrateurs et gouverneurs desdites maladreries, qui
chassent et étranglent les pauvres malades et lépreux, et
leur font tel et si mauvais traitement qu'ils sont contraints
d'abandonner le lieu, et se rendre mendiants par les villes
et villages, font plusieurs autres aliénations des revenus,
biens et héritages desdites maladreries, les baillant à leurs
enfants, parents ou amis et autres infinis abus, etc., etc. »

Le préambule de l'édit de 1561 porte : « Après avoir
été dûment informé que les hôpitaux et autres lieux pi-
toyables de notre royaume ont été ci-devant si mal administrés, que plusieurs à qui cette charge a été commise
approprient à eux, et appliquent à leur profit la meilleure

partie des revenus d'iceux et ont quasi aboli le nom d'hôpital et d'hospitalité, etc., défraudant les pauvres de leur
due nourriture, etc. »

Mais généralement ces édits n'étaient suivis d'aucun
effet, et les abus augmentèrent.

« Quand Avignon fut devenu un enfer, la sentine de
toutes les abominations [1] », dit Pétrarque ; quand les car-
dinaux et les évêques, le pape lui-même commettaient
ostensiblement la rapine, l'assassinat, l'empoisonnement
et l'adultère ; quand ils firent un trafic des indulgences ;
quand presque tous les moines se livrèrent à la débauche
et à la captation, ils conservèrent pour eux-mêmes les biens
que la charité leur avait confiés pour les pauvres. L'Église
de France possédait le tiers du territoire au dix-septième
siècle. L'Église d'Angleterre possédait la moitié de ce pays
avant la réforme.

Le faste et le nombre des édifices, qui flattaient la vanité des prêtres, absorbaient aussi une grande partie des
ressources de la charité. Voici le détail des monuments
de la France féodale :

    1,500 abbayes ou couvents,
    30,419 cures,
    18,537 chapelles,
        420 chapitres avec églises,
    2,872 prieurés,
        931 maladreries [2].

Les ministres de Dieu entretenaient des concubines,
couraient les lieux de débauche et payaient leurs pourvoyeurs avec les biens de l'Église et des pauvres [3]. Dans

[1] En ce temps les papes résidaient en cette ville.
[2] *Gallia Christiana.*
[3] Dans une *Somme théologique*, rédigée par certains jésuites, ou

plusieurs diocèses, en donnant une quarte de vin aux grands vicaires, on obtenait la permission de forniquer toute sa vie. Les nobles s'étaient arrogé le privilège de cuissage, culage, markette, qui était celui de coucher la première nuit des noces avec leurs vassales. Des évêques jouissaient de ce privilège en qualité de hauts barons.

Des femmes nobles se prostituaient pour gagner de l'argent. Quand elles étaient vieilles, elles prostituaient leurs filles à des traitants, à des membres du Parlement, à des évêques, à des abbés, et les vendaient à des pourvoyeurs pour leur acquérir une dot [1].

Brantôme et d'autres écrivains nous apprennent la vie et la mort crapuleuse de François Ier, dont le palais était *un lupanar de damoiselles de réputation.* Les mignons gouvernaient sous Henri III. Henri IV, *le seul roi dont le peuple ait gardé la mémoire,* pratiquait publiquement l'adultère. Il jouait constamment gros jeu : à chaque instant, il demandait à son ministre des sommes énormes pour payer ses dettes. On parle de sa libéralité ! Mais la libéralité d'un prince qui puise dans le trésor public, pour donner à ceux qui ne méritent point, ne fait autre chose qu'un acte de pillage. Louis XIV, *le grand roi,* logeait ses maîtresses en titre dans son palais, et s'en faisait accompagner dans ses campagnes. Le régent pratiquait l'inceste; Louis XV vivait publiquement dans la débauche. Sous son règne, on comptait à Paris trente-deux mille prostituées inscrites [2].

Fortescue disait, après avoir parcouru toutes les cam-

voit : *Que le moine ne doit jamais quitter son habit, si ce n'est pour aller filouter, ou chez des prostituées.*

[1] Sauval, *Antiquités de Paris.* Sainte-Foix, *Essais historiques.* Millot, *Abrégé.* Vély, *Histoire de France.*

[2] L'on n'en compte plus à présent que 3 à 4 mille.

pagnes de France : « Les paysans boivent de l'eau, man-
gent des pommes, se font avec du seigle un pain de couleur noire, et ne savent pas même ce que c'est que la
viande. » Les artisans ne vivaient pas mieux : ils habitaient des masures sans vitres; ils n'avaient ni souliers
ni chemises. Ils étaient, ainsi que les paysans, une *gent
taillable et corvéable à merci* ; et l'aristocrate Loizeau
avouait « qu'ils avaient été tant opprimés et par les tailles
et par la tyrannie des gentilshommes, qu'il y avait sujet
de s'étonner comment ils pouvaient subsister, et comment il s'en trouvait pour nourrir les riches. »

« Le pays, dit Fromenteau [1], est mangé non-seulement
par la gendarmerie et par les gabelleurs, mais d'heure à
autre sortent des citadelles les soldats qui vont à la pico-
rée, avec des insolences et des excès tels et si grands,
qu'il n'y a village ou maison qui, une, deux ou trois fois
la semaine, ne soit contrainte de contribuer à l'appétit
de ces canailles; quand le soldat sort, le sergent y entre,
et d'ordinaire les maisons sont remplies de gens d'armes,
soldats, collecteurs de tailles, sergents et gabelleurs, tellement que c'est bien à merveille quand l'heure du jour a
passé sans être visitées de telles gens. »

A chaque instant, dans les historiens de cette époque,
on ne voit que provinces épuisées, maisons incendiées,
moissons détruites, misérables errants dans les campagnes, bourgeois pillés et massacrés; filles et femmes
violées! Il faut lire, pour s'en convaincre, les cahiers du
tiers-état à l'Assemblée de 1614. Même sous Louis XIV,
Boisguillebert écrivait [2] : « Bien que la magnificence et
l'abondance sont extrêmes en France, comme ce n'est

---

[1] *Le Secret des finances.*
[2] *Détails de la France,* ch. VII.

qu'en quelques particuliers, et que *la plus grande partie* est dans la dernière *indigence*, cela ne peut compenser la perte que fait l'État pour le plus grand nombre. »

Le maréchal de Vauban établit la statistique suivante au commencement du dix-huitième siècle[1].

« Par toutes les recherches que j'ai pu faire, depuis plusieurs années que je m'y applique, j'ai fort bien remarqué que, dans ces derniers temps, près de la *dixième partie* du peuple est *réduite à la mendicité*, et *mendie effectivement* ; que des neuf autres parties, il y en a *cinq* qui ne sont pas en état de faire l'aumône à celles-là, parce qu'eux-mêmes sont *réduits*, à très-peu de choses près, à cette *malheureuse condition* ; que des quatre autres parties qui restent, *trois* sont fort *malaisées* et embarrassées de dettes et de procès, et que dans la dixième, où je mets tous les gens d'épée, de robe, ecclésiastiques et laïques, toute la noblesse et les gens en charge militaire et civile, les bons marchands, les bourgeois rentés et les plus accommodés, on ne peut pas compter sur *cent mille familles* ; et je ne croirais pas mentir quand je dirais qu'il n'y en a pas *dix mille*, petites ou grandes, qu'on puisse dire *être fort à leur aise...* Le menu peuple est beaucoup diminué, dans ces derniers temps, par la guerre, par les maladies, par la misère, qui en ont fait *mourir de faim* un grand nombre, et réduit beaucoup d'autres à la *mendicité.* »

Le roi vendait le privilége d'accaparer tous les blés à une compagnie, qui les achetait à la récolte pour les revendre plus tard avec de gros bénéfices, soit en France, soit à l'étranger. L'on provoquait ainsi la disette artificielle, ce qui fut appelé le *pacte de famine.* Une prime

---

[1] *Dime royale*, 1707.

étant accordée à l'importation, le ministre Necker en importait, recevait la prime, puis les réexportait. Quiconque proférait des plaintes était jeté au cachot. Un arrêt du conseil prohibait toute publication relative à cette compagnie, qui renouvela successivement son bail durant les règnes de Louis XV et Louis XVI et causa douze famines, à chacune desquelles périrent des milliers de citoyens[1]. Durant ces deux règnes, comme sous celui de Louis XIV et Louis XIII, l'on vit souvent le peuple réduit à manger l'herbe au milieu des prés[2].

Joseph II, étant venu visiter Paris, adressa à Louis XVI des représentations sur l'état déplorable des hôpitaux. Le roi en ayant fait part à l'Académie des sciences, celle-ci chargea neuf de ses membres, notamment Laplace, Lavoisier et Bailly, de visiter les hôpitaux. Leur rapport constatait qu'à l'Hôtel-Dieu, l'on voyait « les convalescents mêlés dans les mêmes salles avec les malades, les mourants et les morts ; la salle des fous contiguë à celle des malheureux qui ont subi les plus cruelles opérations, et qui ne peuvent espérer de repos dans le voisinage de ces insensés dont les cris frénétiques se font entendre jour et nuit. La salle Saint-Joseph est consacrée aux femmes enceintes : légitimes ou de mauvaises mœurs, elles y sont toutes ensemble ; trois ou quatre en cet état couchent dans le même lit, exposées à l'insomnie, à la contagion des voisines malsaines, et en danger de blesser leurs enfants. Les femmes accouchées sont réunies quatre et plus dans un seul lit, à diverses époques de leurs couches. Le cœur se soulève à la seule idée de cette situation, où elles

---

[1] *Moniteur de 89.* — *Histoire de la Révolution*, par deux amis de la liberté.

[2] *Cahiers du Tiers-État.*

s'infectent mutuellement! La plupart périssent ou sortent languissantes.

« Chaque salle contient plusieurs lits à la paille pour les agonisants et pour ceux qui gâtent leurs lits. On les réunit sur cette paille quelquefois cinq ou six. La salle des opérations, où l'on trépane, où l'on taille, où l'on ampute les membres, contient également et ceux que l'on opère, et ceux qui doivent être opérés, et ceux qui le sont déjà. Les opérations se font au milieu de la salle même. On y voit les préparatifs du supplice, on y entend les cris des suppliciés; celui qui doit l'être le lendemain a devant lui le tableau de ses souffrances futures; et celui qui a passé par cette terrible épreuve, qu'on juge comme il doit être profondément remué par ces cris de douleur! Ces terreurs, ces émotions, il les reçoit au milieu des accidents de l'inflammation et de la suppuration, au préjudice de son rétablissement et au hasard de sa vie. » La gale est presque générale à l'Hôtel-Dieu; les chirurgiens, les religieuses, les infirmiers la contractent ou en pansant les malades, ou en maniant leurs linges. Les malades guéris qui l'ont contractée la portent dans leurs familles, et l'Hôtel-Dieu est une source inépuisable d'où cette maladie se répand dans Paris. »

En temps d'épidémie, on plaçait des malades sur les ciels des lits; la salle Saint-Charles-Saint-Antoine a renfermé seule jusqu'à huit cent dix-huit de ces malheureux. La peste se déclarait environ tous les dix ans dans cet hôpital et de là se répandait ailleurs. Ténon, l'un des commissaires, ajoutait dans une brochure : « De cet entassement de malades et de mourants, de fiévreux et de variolés, couchant jusqu'à cinq et six dans le même lit, dans des salles de six pieds d'élévation, sortait une vapeur chaude; et, en la traversant, on la voyait se fendre et

reculer de l'un et de l'autre côté. Il faut voir ces horreurs
pour s'en convaincre... »

Les autres hôpitaux de Paris étaient aussi mal tenus.
A Bicêtre, où l'on traitait les vénériens, que l'on fouettait
avant et après le traitement, il n'y avait que vingt-cinq
lits de quatre pieds pour deux cents malades. Les deux
tiers y mouraient. On n'y admettait dans l'année qu'environ six cents malades sur plus de deux mille qui solli-
citaient leur admission. A la Salpêtrière, les malades
étaient également entassés, et leur nombre, jusqu'à la
révolution, s'éleva quelquefois à huit mille. Voilà comme
on comprenait l'assistance à cette époque !!!

§ VIII. — Ce fut surtout par des mesures générales que la Révolution
supprima une grande partie de la misère. — Travaux spéciaux de
l'Assemblée constituante. — Décrets de la Convention nationale. —
Actes du Directoire et de Napoléon Ier. — Des caisses d'épargne et
des bureaux de bienfaisance.

La Révolution française éclata et s'occupa sérieusement
de la misère. Les immenses biens du clergé, jusqu'alors
mal exploités, fructifièrent, divisés entre les familles laborieuses. Les domaines des émigrés, traîtres à la patrie,
vinrent grossir le nombre de ces petits propriétaires. La
liberté du travail et l'abolition de tous les monopoles et
privilèges; la suppression des barrières intérieures; l'en-
couragement donné aux arts et aux sciences utiles, don-
nèrent tout à coup un immense essor à l'industrie.

L'égalité de tous les citoyens devant les lois politiques,
civiles et criminelles; la suppression de cette cohue de magistrats et de courtisans prévaricateurs et parasites dont les
salaires et les pensions absorbaient une si grande part des
travaux du peuple; l'ordre établi dans les finances et la sup-

pression des fermes ; l'abolition des droits sur les denrées de première nécessité ; la suppression des couvents et des hauts dignitaires inutiles et parasites de l'Église ; la morale honorée, la vertu mise à l'ordre du jour, et toutes les autres lois immortelles, promulguées et exécutées de 1789 à 1795, furent la cause tout à la fois générale et la plus efficace de la suppression d'une partie de la misère.

Le 21 mars 1790, l'Assemblée constituante chargea un comité de lui présenter un plan pour l'extinction de la mendicité, et l'administration des secours publics dans tout le royaume :

1° Quant au droit au travail, le comité pensa que, par de grandes institutions bien combinées, l'État doit se borner à encourager et à multiplier les moyens de travail ; que néanmoins, chaque année, une partie des fonds attribués aux départements pour secours doit être affectée à des ateliers de charité ;

2° Quant à la mendicité, que l'on ne considéra comme un délit qu'à l'égard de celui qui la préférerait au travail, le comité remplaçait les dépôts de mendicité par des maisons de correction, et les autres peines atroces par une transportation temporaire au delà des mers. Des ateliers de travail devaient être organisés dans ces maisons de correction. Le produit des travaux, après avoir payé l'entretien des détenus, devait leur être attribué, moitié comptant, et moitié à leur sortie. Le comité supprimait les aumônes publiques et toute distribution de nourriture, à jour indiqué, aux portes des maisons publiques et particulières ;

3° Quant à l'assistance, le comité classait les pauvres ainsi : une moitié de valides, n'ayant besoin que de secours momentanés dans les temps de chômage ; et une moitié de pauvres habituels, les vieillards, les infirmes et les enfants. La proportion commune des pauvres malades sur les deux classes réunies fut supputée d'un vingtième sur un nombre d'hommes déterminé.

Sur un million de pauvres présumé en France dans les temps ordinaires [1], l'on en comptait cinq cent mille au moins de valides ; dès lors cinq cent mille de pauvres habituels, et cinquante mille de malades sur la totalité des deux classes. La dépense des pauvres des deux classes était évaluée ainsi qu'il suit :

Pour cinquante mille malades à raison de 12 à 15 sous par jour, ou de 200 à 250 livres par année et par malade, ci. . . . . 12,000,000 liv.

Pour cinq cent mille pauvres composant la classe des infirmes, enfants, vieillards, à raison de 50 à 60 livres. . 27,500,000

Pour les secours, pour le travail des valides ou les ateliers publics, à raison de 60,000 livres par département. . . 5,000,000

Pour la répression des mendiants, les maisons de correction et les frais de transportation. 3,000,000

Pour la caisse de réserve et les frais d'administration. 4,000,000
                                        _____
             Total . . . 51,500,000 liv.

Ainsi, moyennant 51 millions par an, la mendicité serait extirpée, et des secours publics permanents assurés à la classe indigente, dans tout le royaume. Pour subvenir à

---

[1] La population était alors d'environ 24 millions d'habitants. Néanmoins le comité se trompait sur le nombre des indigents (qu'il désigne sous le nom de *pauvres*), en ne le portant qu'à 1 million; l'on en pouvait compter au moins 1700 mille en moyenne. Outre ces indigents *officiels*, la moitié du peuple manquait souvent du nécessaire ! ! !

ces dépenses, le comité proposait la vente des biens des hôpitaux et leur placement en rentes.

L'Assemblée n'admit pas ce vaste système, et laissa leurs biens aux hôpitaux ; mais elle fonda un établissement de secours publics pour élever les enfants abandonnés, soulager les pauvres infirmes et fournir du travail aux pauvres valides. Elle ordonna l'expulsion de la capitale des gens sans aveu, celle des mendiants étrangers hors du royaume ; et la retraite dans sa commune, moyennant 3 sous par lieue, de tout mendiant non domicilié.

Elle établit à Paris des ateliers de secours, en travaux de terre pour les hommes, et de filature pour les femmes et les enfants ; et attribua à chaque département 30,000 livres pour occuper ses pauvres de la même manière en travaux utiles. Dans ces ateliers, les individus faibles étaient payés à la journée, et les autres à la tâche. La fixation du prix du travail devait toujours être inférieure au prix courant du pays. Tout mendiant infirme devait être conduit à l'hôpital, et tout mendiant valide au dépôt de mendicité.

L'Assemblée législative ne prit aucune mesure importante sur ces questions.

La Convention ayant reconnu le droit au travail et à l'assistance, comme dette de la république, décréta la vente des biens des hôpitaux, fondations et dotations particulières en faveur des pauvres. Ce n'était point spolier ceux-ci, mais les secourir plus efficacement. En reconnaissant que leur assistance était une dette publique et sac... la Convention prenait l'engagement d'apporter à leur misère autre chose que des palliatifs. Cette assemblée adopta donc [1], en l'agrandissant encore, le projet du comité de l'Assemblée constituante.

[1] 19 mars 1793.

Trois mois après [1], un décret accorda des pensions aux
vieillards indigents, âgés de soixante ans, et fit mettre les
enfants pauvres en apprentissage aux frais de l'État [2].
Toute fille enceinte avait droit aux secours et était reçue
dans une maison spéciale de son district. Dans chaque
commune, une agence composée de deux habitants, d'un
officier de santé, salarié par l'État, et d'une accoucheuse,
devait visiter les pauvres et distribuer les fonds. Mais la
mendicité fut réprimée et punie. Un autre décret [3] ordon-
nait dans chaque district la tenue d'un livre de la bienfaisance nationale.

Le Directoire abrogea le décret relatif à la vente des
biens des hôpitaux et hospices, dont il remit la gestion
aux mains des administrateurs de ces établissements. Il
abrogea aussi les autres décrets de la Convention relatifs à
la bienfaisance publique ; et institua, par canton, un bureau de bienfaisance chargé de la distribution des secours
domiciliaires aux indigents. Ces secours se composaient
des revenus des biens non vendus, des legs et donations
de la charité privée, et des prélèvements faits sur les recettes des spectacles.

Napoléon Ier déclara nationaux les biens des hôpitaux
et hospices, dont les administrateurs devinrent agents du
gouvernement. Il ordonna qu'un dépôt de mendicité fût
établi dans chaque département ; mais il n'y en eut que 10

---

[1] 28 juin 1793.

[2] Vincent de Paul, le premier, s'émut vivement en faveur des enfants trouvés. Avant ses généreux travaux, au milieu du dix-septième
siècle, on vendait ces innocentes créatures 20 sous la pièce dans la
rue Saint-Landri ; ou on les donnait *par charité* aux femmes malades pour leur faire sucer le lait corrompu.

[3] 16 mai 1794.

tiers en activité; les dépenses devenaient plus considérables qu'ou ne l'avait prévu ; et l'administration en fut
déplorable.

La Restauration s'appliqua surtout à faire distribuer
aux pauvres des secours domiciliaires en nature. Elle
s'occupa assez activement d'institutions préventives de la
misère; fonda des écoles primaires[1], des monts-de-piété
et des caisses d'épargne, dont le principe avait été inauguré par la Révolution[2]. Mais on reprochera toujours à ce
gouvernement l'entretien et la taxe des loteries, des maisons de jeu et de prostitution[3].

Les ministres de Louis-Philippe s'élevèrent souvent
contre le principe de la charité légale : « Si l'État, dit l'un
d'eux[4], dote trop libéralement les établissements destinés
aux pauvres; s'il promet à la vieillesse ou aux infirmités
un asile assuré; s'il laisse à l'indigent, qui tend la main,
l'espérance de trouver l'aumône toujours prête, il encou-
rage et accroît le paupérisme, au lieu de le diminuer et
de le détruire; il habitue les classes pauvres à recevoir
le secours comme un revenu que l'État leur reconnaît et
leur garantit; et ces classes ne tardent pas à le considérer

---

[1] En 1820, on en comptait 24 mille.

[2] Les caisses d'épargne, instituées à l'étranger depuis plus de
50 ans, ne furent établies en France qu'en 1818. La Restauration
en fonda 14 seulement. Sous Louis-Philippe, il y en eut bientôt
150 avec 62 millions d'épargnes faites par les classes malaisées.

[3] La loterie royale de France succéda en 1776 à toutes celles qui
déshonoraient la France sous le règne de Louis XV. Elle fut sup-
primée en 1793 par un gouvernement qui avait mis la vertu et les
bonnes mœurs à l'ordre du jour; mais elle fut rétablie en 1797, alors
que d'autres idées envahirent le pouvoir. Elle subsista sans inter-
ruption jusqu'en 1836, époque de sa suppression définitive. Elle procurait au gouvernement environ 10 millions nets par an.

[4] M. de Rémusat, Circ. du 6 août 1840.

comme un prélèvement légitime, auquel elles ont droit,
sur la fortune sociale. Alors, plus de prévoyance ni d'é-
conomie, et bientôt aussi plus de travail. L'indigent perd
ainsi le sentiment de sa propre dignité, et il en vient à
préférer recevoir sans peine, de la charité publique, le
pain qu'il pourrait gagner lui-même. »

Ce ne sont là que des abus de la charité légale, qui ne
doivent point en faire proscrire le principe.

§ IX. — Détails sur les hôpitaux et les hospices. — Anomalies déplo-
rables. — Des secours dérisoires distribués par les bureaux de
bienfaisance. — Nombre des indigents qui y prennent part. — Des
ateliers de travail.

La bienfaisance publique a deux modes principaux
d'exercice : les hôpitaux et hospices qui recueillent et
traitent les pauvres malades et les infirmes ; et les bureaux de bienfaisance qui distribuent des secours à domicile à ceux que le défaut d'ouvrage ou la misère mettent dans l'impossibilité de vivre.

On distingue les hôpitaux des hospices. L'hôpital est le
lieu où l'on traite les malades ou les blessés. Il y a des
hôpitaux généraux, qui s'ouvrent à tous indistinctement,
tels que l'Hôtel-Dieu de Paris ; les hôpitaux spéciaux sont
réservés à une catégorie particulière, tels que l'hôpital de
Saint-Louis, où l'on n'admet que les affections syphili-
tiques et cutanées.

Les hospices sont des bâtiments réservés aux vieillards,
aux infirmes incurables, aux orphelins, aux enfants-
trouvés.

Il y a maintenant en France 1,270 hôpitaux et hos-

pices : savoir, 337 hôpitaux ; 199 hospices et 734 hôpi-
taux-hospices. Ils contiennent 118,289 lits. Il en faut
défalquer 16,699 réservés exclusivement aux militaires,
et 5,026 aux malades qui payent. Dans nos départements
pauvres, ils renferment moins de lits que dans les autres.
L'on n'y trouve qu'un lit d'hôpital sur 624 habitants ;
tandis qu'il y en a un sur 286 dans les pays agricoles
et manufacturiers qui sont plus aisés. Il résulte des statistiques qu'il y a aussi une insigne irrégularité dans
la formation des budgets hospitaliers. Ainsi, la ville de
Paris, nantie de riches dons et legs, accorde à ses hôpitaux une subvention annuelle qui passe 3 millions ; une
petite ville de France alloue au sien 50 francs. Les départements de l'Aube, de la Corse, du Gers, ne votent aucun
subside aux hospices ; dans le Tarn, toutes les communes
concourent à la formation de leur budget.

Il arrive à chaque instant, surtout en hiver, que des
malades apportés sur des brancards sont refusés dans les
hôpitaux, faute de place. M. de Watteville prétend que
les portes des hôpitaux de Paris sont fermées, chaque
année, à plus de quatre mille malades, qui meurent faute
de secours. En outre, dit M. Hubert-Valleroux, « faute de
place suffisante, les médecins sont obligés de renvoyer,
avant la fin de la convalescence, et quelquefois même
avant celle de la maladie, un nombre infiniment plus
considérable de patients[1]. »

Les cultivateurs, qui forment plus de la moitié de la
population de la France, n'ont pas de place dans les hôpitaux qui sont réservés aux habitants des villes ; et cependant, n'en auraient-ils pas plus besoin, puisqu'ils n'ont

---

[1] Hubert-Valleroux, *De l'assistance sociale.*

pas de médecins près d'eux pour les soigner? C'est en vain qu'une pétition, s'appuyant sur l'article 18 de la loi du 26 vendémiaire an II, réclama en 1845 contre cette cruelle injustice.

Je ne parlerai pas des dilapidations, des concussions, des vols qui se commettent dans les hôpitaux, et surtout ceux de Paris, au préjudice des infortunés qui y sont admis. Nombre de rapports, même officiels, et de révélations non révoquées en douté, nous en ont informé [1] depuis vingt ans. Des faits aussi notoires n'ont pas besoin d'être détaillés.

En 1830, il y avait en France 6,275 bureaux de bienfaisance secourant annuellement 700,000 individus. En 1844, on en comptait 7,599. En 1855, leur nombre s'est élevé à 9,336 pour les 36,820 communes; ce qui fait un bureau par quatre communes.

Tous ces bureaux reçoivent une somme de 17 millions; mais la répartition en est fort inégale entre eux. Ainsi, deux mille bureaux n'ont chacun qu'environ 100 francs. Des indigents n'ont reçu, dans toute l'année, qu'un centime, lorsque tel autre a obtenu 900 francs. L'on remarque des indigents héréditaires dont la famille a été annuellement secourue depuis 1802 jusqu'aujourd'hui [2].

On porte à plus de huit cent mille les indigents secourus en France, qui n'en restent pas moins malheureux, parce qu'ils ne reçoivent pas un sou par jour, tout compris. Un ministre, dans un rapport officiel, l'avoue en ces termes : « La moyenne a été, en secours obtenus par

---

[1] Rapport de M. Brudzo. — Longchamp, *Annuaire des sciences médicales.* — *Comptes moraux de* 1851. — Hubert-Valleroux, *De l'assistance sociale,* 2ᵉ part., ch. IV.

[2] *Rapport* de M. de Watteville pour 1855.

chacun d'eux, dans l'année, de 10 fr. 64. » Il est vrai que l'administration dépense, pour distribuer ces secours, 6 fr. 16 par indigents ; de sorte qu'elle absorbe près d'un tiers de ce que la charité privée donne aux pauvres. Dans certains départements même, tels que le Cantal et la Nièvre, les frais dépassent les secours.

A Paris, les secours s'élèvent à 5 centimes, et même jusqu'à 5 centimes et demi par jour. « La moyenne des secours, dit un inspecteur général, y a été de 23 francs environ par indigent. Mais, sur cette somme, il faut prélever les frais généraux qui ne s'élèvent pas à moins de 5 francs; en sorte qu'il ne reste plus que 18 francs à chaque individu, soit 5 centimes par jour. »

Dans une lettre adressée au rédacteur en chef des *Annales de charité*, le 29 juin 1850, M. Marbeau disait : « Il y a quelques années, je fus chargé de rédiger le compte moral du bureau de bienfaisance du premier arrondissement ; et, frappé de l'insuffisance du secours à domicile (5 centimes et demi par tête), j'en cherchai la cause dans le compte général de l'administration des hôpitaux. Je fus surpris de voir que, sur une recette de 17,000,000 francs, on n'eût donné au premier arrondissement que 88,000 francs.... Ce qui me touche le plus en ce moment, c'est le secours à domicile. On le distribue avec moins de zèle quand il est insuffisant. »

Ce secours modique et dérisoire est souvent moindre encore pour certaines populations. Une lettre du bureau de bienfaisance du huitième arrondissement de Paris annonce, le 11 décembre 1856, que sur 146,000 habitants, l'on y compte 16,000 indigents inscrits, et plus de 30,000 ouvriers *nécessiteux*, ce qui fait 46,000 indigents, soit près d'un tiers de la population. L'on avoue que la moyenne des secours distribués *dans l'année à*

un ménage ne s'élève pas à plus de 12 fr. 95 c. ; soit à 1
centime par jour par personne, en n'en supposant que
quatre par ménage !!!

L'on s'accorde à vanter surtout le secours à domicile.

Un administrateur s'écrie : « Quand je vois un malheureux vieillard quitter sa vieille compagne pour aller
dans un hospice, tandis qu'elle va dans un autre, je me dis :
Si nous donnions seulement 240 *francs à ce pauvre ménage,
il serait moins malheureux, et il y aurait, pour nous, économie de 5 à* 600 *francs par an, et nous respecterions le
lien conjugal !* » Dans sa statistique des établissements de
bienfaisance, M. de Watteville exprime une opinion analogue : « La distribution défectueuse des hôpitaux et hospices, dans les départements, autant que la répartition
inégale de leur fortune, est un obstacle souvent insur-
montable au bien qu'on pourrait en attendre... Ce genre
de secours (bureaux de bienfaisance) est le plus utile et le
plus moral. Dirigé avec intelligence, il peut rendre, à
moins de frais, de plus grands services que le secours des
hospices, qui a trop souvent pour effet de rompre les
liens de la famille [1]. »

Un autre mode d'assistance, *les ateliers de travail*, existe
en France de temps immémorial [2]. « On signale, dit M. de
Watteville, la filature de lin créée à Paris en faveur des
vieilles femmes indigentes, comme l'un des établissements hospitaliers qui, avec la ferme de Sainte-Anne et
l'hospice des Enfants-Trouvés, appelle les plus urgentes
et les plus radicales réformes. Depuis 1793, époque de sa

[1] La valeur des propriétés foncières des hôpitaux et hospices de
France (non compris les bâtiments qu'ils occupent) est de 500 millions : leur revenu n'est que de 11 millions, soit deux un quart pour
cent.

[2] Des ordonnances de François 1er en font mention.

fondation, cet atelier donne du travail à trois, quatre, cinq, et jusqu'à six mille fileuses et à cent cinquante ou à cent soixante tisserands; car le nombre des travailleurs croît constamment avec la misère générale, et décroît avec la reprise des affaires. La moyenne des salaires est, pour les premières, de 55 centimes par jour et de 1 fr. 60 c. pour les secondes. En 1852, l'administration a dépensé en main-d'œuvre, pour cet objet seul, la somme de 233,881 fr. 42 c. La perte, résultant du produit de vente sur le produit de revient, a été évaluée à 43,423 fr. 29 c. qui, répartis sur trois mille soixante-quatorze fileuses employées dans l'année, représentent un secours de 14 fr. 22 c. par personne, ou un peu plus de 4 centimes par jour, si les tisserands n'y participent pas, et 3 seulement s'ils y participent. »

En outre, on fonda dans ces derniers temps un grand nombre de sociétés privées, telles que les *sociétés de charité maternelle*, les *écoles primaires élémentaires* pour les enfants au-dessus de sept ans, les *écoles du soir* pour les adultes, les *ouvroirs*, les *sociétés de patronage* pour les jeunes libérés des deux sexes, la *société de Saint-François Régis* pour la conversion du concubinage en mariage civil et religieux, la *société pour la délivrance des prisonniers pour dettes*, la *société de Saint-Vincent-de-Paul*, qui embrasse toutes les œuvres de la charité. Mais, si louable que soit le zèle de leurs fondateurs, ces sociétés ne sont qu'un léger palliatif.

§ X. — Sophisme de M. de Gérando qui attribue l'indigence à la liberté. — Des mensonges officiels. — Cri d'alarme poussé par certains
auteurs. — Quiétisme de quelques autres.

Des économistes ont cru, par certains chiffres, prouver
que les indigents sont plus nombreux dans les pays avancés dans l'industrie. Selon eux, le rapport du nombre des
indigents à la population générale est de 1 à 6 en Angleterre, de 1 à 20 en Allemagne, de 1 à 25 en France;
tandis qu'il n'est que de 1 à 35 en Espagne, de 1 à 40 en
Turquie, de 1 à 100 en Russie, etc. « On ne saurait être
surpris, dit M. de Gérando, du très-petit nombre d'indigents proprement dits, qui se rencontrent en Russie,
d'après tous les documents que la statistique a rassemblés.
L'indigence ne se produit que là où existe la liberté personnelle. Le serf est entretenu par son maître. Les artisans des villes, les paysans affranchis se voient seuls exposés à tomber dans la misère. Phénomène curieux par
lequel une portion de l'Europe nous offre encore aujour-
d'hui le spectacle de ce que devait être, au moyen âge,
l'Europe elle-même, tout entière sous la servitude de la
glèbe! Phénomène vraiment instructif par le contraste
qu'il présente avec l'Europe occidentale, et par la lumière
qu'il répand sur les conséquences de la liberté du travail. »

Sur quelles bases a-t-on établi ces statistiques? Qu'a-
t-on entendu par *indigence?* Quelles sont, dans chaque
pays, les privations qu'il faut éprouver pour être classé
parmi les indigents? Quelle est la somme d'assistance que
chaque État ou ses citoyens leur accordent? N'y a-t-il pas
encore dans plusieurs États des motifs d'orgueil ou d'é-
goïsme qui empêchent de mettre tous les indigents sur les

listes ; et ces motifs ne s'appliquent-ils pas surtout à la
Russie ? Enfin, que d'indigents ne voyons-nous pas en
France et partout l'univers non inscrits, et qui sont assistés par la charité privée et individuelle, ou qui ne sont
pas assistés du tout ?

La confiance que certains auteurs accordent à des statistiques est la cause d'un grand nombre d'erreurs en
économie politique. Quand on abandonne l'ensemble des
faits pour s'attacher à des détails, on prend souvent pour
principe ce qui n'est qu'une exception. Ne perdons pas de
vue que le for intérieur, le sentiment du juste et de l'injuste, est un guide aussi nécessaire que les chiffres et
l'empirisme. Au fond, l'opinion de M. de Gérando n'est
qu'un paradoxe, pour quiconque admet le principe de la
liberté. En effet, si la liberté rend la production plus féconde, et la répartition plus équitable, il est clair que la
misère est moindre dans les pays qui en jouissent. Je ne
citerai qu'un exemple que tous peuvent vérifier : celui de
la France. N'est-il pas évident que la misère y était plus
générale avant 1789 [1] ?

Quoi qu'il en soit, des écrivains jettent un cri d'alarme
au sujet du paupérisme. « Tant que la pauvreté se montre
isolée, circonscrite et passagère, dit M. de Villeneuve-
Bargemont, il est facile de l'expliquer, comme de lui porter remède. Mais si l'indigence, sous le nom nouveau et
tristement énergique de *paupérisme*, envahit des classes
entières de la population ; si elle tend à s'accroître progressivement, en raison même de l'accroissement de la

---

[1] J'ai suffisamment prouvé ce fait dans le cours de cet ouvrage ;
et il serait superflu d'y insister davantage. L'on peut aussi consulter
sur ce point *Les lois économiques*, par M. T.-N. Bénard, dont les
aperçus sont très-judicieux.

production industrielle, si elle n'est plus un accident, mais la condition forcée d'une grande partie des membres de la société ; alors on ne peut méconnaître, dans de tels symptômes de souffrance généralisée, un vice profond survenu dans l'état de la constitution sociale et l'indice prochain des plus graves et des plus funestes perturbations.

« Or, cette situation nouvelle se dévoile en ce moment même à nos regards. Le développement de l'extrême indigence au sein des populations les plus nombreuses et des États les plus avancés dans les voies de l'industrie et de la civilisation modernes, et l'inquiétude qui tourmente les classes ouvrières, sont des faits qu'il n'est pas possible de contester. Et s'ils sont la plaie la plus dangereuse de la grande famille européenne, ils sont également les phénomènes les plus remarquables de l'époque actuelle ; car leur apparition remonte à l'ère des progrès que la philosophie, la politique et l'économie publique se vantent d'avoir obtenus au profit de la civilisation. Depuis un quart de siècle seulement, on avait commencé à soupçonner leur existence ; aujourd'hui le paupérisme montre à nu ses colossales et hideuses proportions. Aussi l'ordre social, longtemps contenu en Europe dans une sorte d'équilibre entre les divers éléments de la population, semble-t-il à la veille d'une commotion générale. De toutes parts, des avertissements sinistres indiquent que nous touchons au moment d'une transition violente, résultat inévitable d'une situation forcée. La lutte est même engagée sur quelques points du globe entre la portion de la société qui possède les richesses et celle qui ne vit que de son travail. Cet antagonisme, aussi vieux que la société même, toujours vivace, mais comprimé par les institutions, adouci par la religion et les mœurs et apaisé par la charité,

n'avait éclaté, pendant des siècles, qu'à de rares inter-
valles. Aujourd'hui, complétement révélé par de grandes
révolutions politiques, il se fortifie de l'anarchie qui règne
dans les doctrines morales, philosophiques et économiques. La misère des classes ouvrières est devenue la question de l'époque actuelle; elle est immense, mais elle est
brûlante, pour ainsi dire, et les gouvernements paraissent hésiter à l'aborder complétement. »

D'autres écrivains traitent de chimères ces appréhen-
sions. « De toutes parts, s'écrie M. de Gérando, on a craint
de voir surgir une nuée d'indigents; déjà quelques personnes ont cru la voir se montrer; on a supposé que son
extension n'aurait plus de bornes. Cette épouvante, quelque générale qu'elle soit, est-elle justifiée par les faits? Le
seul exemple qu'on cite, celui qu'on allègue toujours, est
l'Angleterre, ou plutôt la taxe des pauvres en Angleterre,
que l'on confond avec la misère dont on la considère comme
un symbole. On ne fait pas attention que l'accroissement de
la taxe est la suite, non d'une multiplication dans le nombre
réel des nécessiteux, mais des erreurs commises, depuis le
milieu du siècle dernier, dans l'application des lois anglaises sur les pauvres; que la taxe est devenue, pour
beaucoup de ceux qui y participent, un supplément aux
salaires au lieu d'être un secours pour les nécessités. Si
l'on ne peut justifier par aucun document positif le prétendu accroissement du paupérisme, on peut donner des
preuves certaines qui attestent une tendance contraire
dans les pays bien administrés. Ainsi le nombre des indigents inscrits aux secours publics a diminué, à Paris, de
près de moitié en quarante-sept ans, quoique la population
de cette grande cité ait presque doublé pendant le même
intervalle de temps; et cependant, toutes les causes auxquelles on attribue l'augmentation progressive du fléau,

conspirent à la fois dans la capitale de la France[1]. La mendicité a disparu entièrement dans plusieurs États[2]; elle
est fort diminuée dans quelques autres. Les pauvres eux-
mêmes sont en général mieux vêtus et mieux nourris.
Mais ce qui établit de la manière la plus éclatante une
réduction progressive et générale, en Europe, de la masse
de la misère, c'est l'abaissement progressif et général de
la mortalité, la prolongation de la vie moyenne[3]. Voilà
une démonstration qui repose sur des faits reconnus, dont
les résultats sont hors de toute contestation, et qui atteste
une amélioration considérable dans le sort des classes les
plus nombreuses... Les alarmes dont quelques esprits sont
saisis ne sont qu'une terreur panique, etc., etc. »

§ XI. — Preuves matérielles de l'amélioration du sort des classes
pauvres en France. — Preuves de l'insuffisance de leur consommation. — Horrible misère d'un certain nombre.

Je conviens que la condition physique des classes souf-
frantes s'est singulièrement améliorée en France, depuis
la révolution. Ainsi, en 1791, la production du froment
était d'environ quarante-sept millions d'hectolitres; ce qui,
déduction des semences, donnait à chaque individu un
hectolitre quarante litres, la population étant de vingt-
quatre millions d'habitants. En 1840, la production était

---

[1] Que le nombre des indigents *inscrits* ait diminué, cela ne prouve
nullement la décroissance de l'indigence en cette ville, car on a pu
se montrer plus difficile sur les inscriptions.

[2] Il y a une excellente raison pour que la mendicité ait disparu,
puisqu'elle a été prohibée par les lois et punie avec cruauté.

[3] Ces deux derniers faits sont vrais, et sont en effet une preuve
de la diminution de la misère en Europe et notamment en France.

de soixante-dix millions d'hectolitres, ce qui procurait un hectolitre quatre-vingts litres par individu, la population étant alors d'environ trente-trois millions d'individus. En outre, l'essor qu'a pris le commerce amène de l'étranger une immense quantité de blés.

On récolte aujourd'hui au moins cent vingt millions d'hectolitres de pommes de terre, dont la plupart sont cultivées dans des terrains qui restaient en friche à la fin du dernier siècle. A cette époque, l'on n'en récoltait que la dixième partie.

La consommation du vin, du tabac et des tissus de toute espèce est plus que triplée depuis la fin du dernier siècle; ce qui prouve que les classes les moins aisées commencent à en user; car les riches ne faisaient point d'épargnes sur ces objets.

Avant 1790, l'accaparement du blé par des spéculateurs, moyennant les présents qu'ils faisaient au roi, à ses ministres et aux favorites, causa plusieurs famines depuis le milieu du règne de Louis XIV. Des milliers de pauvres périssaient brusquement de faim. Jusqu'en 1792, l'on voyait les malheureux brouter l'herbe dans les champs. La moitié du pain que l'on vendait était mélangé de substances malsaines. La rareté du pain passable était telle, en en 1789 et en 1790, que les riches eux-mêmes apportaient le leur dans la maison où ils étaient invités à dîner.

Mais depuis la Révolution, si l'on excepte les années 1816 et 1817, où deux invasions cosaques et une mauvaise récolte avaient produit le même effet que tous les fléaux de l'ancien régime, jamais le pain n'a été altéré ni si rare qu'autrefois. Du reste, il y a plus d'aliments en usage; quoique l'on n'habitue pas assez le peuple à remplacer le pain. Si la viande, le riz étaient plus abondants, ce qu'on obtiendrait facilement par de bonnes mesures, on serait moins exposé à la disette dans les années défavorables aux céréales.

Les caisses d'épargne, qui n'existaient pas autrefois, prouvent que des ouvriers, des domestiques ont les moyens de faire quelques épargnes, après avoir pourvu à leurs besoins actuels.

La propriété foncière qui, avant la Révolution appartenait à l'infime minorité, est aujourd'hui entre les mains de cinq à six millions de familles qui comprennent les deux tiers de la nation.

Le système des corporations donnait autrefois à un petit nombre d'individus le privilége de l'industrie; aujourd'hui un million cinq cent mille chefs de famille patentés l'exercent librement; ce qui représente six millions d'individus en profitant.

La vie moyenne aujourd'hui est prolongée de neuf ans; c'est-à-dire d'un quart de sa durée totale. Elle n'aurait pu s'accroître dans une telle proportion si la vie probable ne s'était singulièrement accrue elle-même; parce que des millions d'hommes, dont la classe était indigente en 1789, ont aujourd'hui les moyens de soigner leurs enfants.

Mais il faut convenir aussi que la condition morale est empirée, et que d'ailleurs la condition physique est loin d'être satisfaisante; puisqu'une portion considérable de la nation manque du strict nécessaire.

D'après la statistique officielle, chaque individu consomme, en moyenne :

En céréales, orge ou légumes secs, trois hectolitres;

En pommes de terre, deux hectolitres et demi;

En viande, quinze kilogrammes;

En vin, soixante-dix litres;

En bière ou cidre, quarante litres.

L'on n'a pas encore constaté la quantité de légumes

verts, de fruits, d'œufs, de volaille, de lait et de poissons.

En supposant les aliments répartis également, les citoyens n'auraient pas tous l'indispensable, parce qu'il leur faut au moins le triple de viande. Par l'effet de l'inégalité des fortunes, cette consommation notamment n'est guère faite que par les riches qui, au lieu de vingt kilogrammes, en consomment chacun au moins cent cinquante. Par conséquent, les pauvres manquent de cet aliment substantiel et nécessaire.

Il en est de même des produits industriels qui servent au vêtement et au logement.

La production des fils de tissus en coton est de 400 millions, dont on exporte 100 millions. Reste donc, pour la consommation intérieure, 300 millions, c'est-à-dire pour 8 fr. 50 c. par individu.

La fabrication des étoffes de laine se monte à 400 millions environ ; ce qui fait une consommation de 12 francs par individu.

La production du chanvre et du lin en filasse s'élève à environ 93 millions. Cette valeur, étant doublée par la fabrication, donne une moyenne de 186 millions, c'est-à-dire 5 francs par individu.

La valeur des objets en cuir, achevés, s'élève à 150 millions, c'est-à-dire à 4 fr. 50 c. par individu.

Par conséquent, il n'y a qu'une moyenne de 30 francs par individu pour son vêtement et son ameublement ; et encore la plupart de ces objets sont à façonner, ce qui exige une certaine dépense. Or, comme il y a beaucoup de gens qui dépensent, par an, pour plus de 30 francs de chemises, de caleçons, de bas, de draps de lit, de serviettes, de couvertures, de bottes, de jupons, etc., qui portent même ces dépenses à plus du décuple ; il s'ensuit qu'un grand nombre d'autres sont couverts de haillons qui ne les garantissent pas du froid ni de la malpropreté. Que d'individus habitent des maisons somptueuses et occupent une belle chambre pour chaque action de la journée, et combien d'autres couchent, entassés les uns sur les autres, dans des réduits infects !

M. Michel Chevalier avait donc raison de dire : « Je pose en fait qu'il y a une moitié du peuple français dont l'*alimentation* n'est pas suffisante au gré de l'hygiène. »

M. Leuret affirme que l'on « vend sur les marchés des croûtes de pain venant des grandes maisons. La livre en vaut 5 liards. Avec ces croûtes, *quelques morceaux de viande que les indigents trouvent dans les ordures, des épluchures de choux, de salade, de pommes de terre, qu'ils ramassent quand ils en rencontrent, ils font leur nourriture ordinaire* [1]. »

« J'ai vu à Montfaucon, dit un préfet de police, deux tombereaux de poissons pourris, que les inspecteurs des halles y avaient fait conduire. Deux heures plus tard, tous les poissons avaient disparu. Ces poissons sont revendus aux gargotiers des barrières et des quartiers pauvres [2]. »

« Dans une pièce au quatrième étage, ayant à peine « cinq mètres en carré, dit le docteur Bayard [3], je trouvai « vingt-trois individus, hommes et enfants, couchés pêle- « mêle sur cinq lits. L'air de cette chambre était telle- « ment infect que je fus pris de nausées. La chandelle qui « m'éclairait faillit s'éteindre. »

Le docteur Villermé et M. de Riancey affirment dans leurs rapports officiels des faits semblables : « Il est im-

---

[1] *Notice sur les indigents de Paris.*
[2] M. Gisquet, *Mémoires.*
[3] *Top. méd.*

« possible de se rendre compte de l'*état déplorable* d'un
« grand nombre de logements occupés par la *majeure*
« *partie* des pauvres et des ouvriers, surtout dans les
« villes industrielles, il est impossible de contempler les
« effets redoutables de leur insalubrité, sans reconnaître
« qu'il y a là un mal profond et *invétéré*, sur lequel la
« sollicitude du législateur doit être nécessairement ap-
« pelée. L'humidité, les infiltrations, l'air vicié et cor-
« rompu causent souvent une mortalité effrayante. »

« J'ai étudié avec une religieuse sollicitude la vie privée d'une foule d'ouvriers, dit M. Ad. Blanqui, et j'ose affirmer que l'insalubrité de leurs habitations est le point de
départ de toutes les misères, de toutes les calamités de
leur état social. » M. Blanqui exagère sans doute ; néanmoins l'observation est juste au fond, et chacun en com-
prend les raisons. L'assainissement des habitations serait
donc une garantie contre l'excès d'une population ché-
tive. On doit aux efforts généreux de lord Ashley des ex-
périences faites à Londres, qui prouvent qu'avec ce qu'il
en coûte à l'ouvrier pour louer, chaque nuit, un sale
grabat dans une chambre infecte, il aurait un logement
salubre dans de vastes bâtiments.

Ces observateurs auraient pu étendre leurs recherches
jusqu'en nos campagnes. Ils auraient vu souvent entassés,
dans une chaumière à demi souterraine, père, mère, fils
et filles, tous n'ayant guère d'autre nourriture que des
pommes de terre cuites sous la cendre, et végétant sans
nulle éducation.

D'après la statistique judiciaire publiée par le ministère
de la justice, il meurt par an, de froid et de faim, près
de trois cents personnes ; et l'on n'enregistre pas, dans
cette funèbre catégorie, *ceux qui succombent lentement
aux maladies venues d'un trop long jeûne, d'une habitation*

malsaine, de haillons trop légers pour la saison d'hiver, ni cette multitude de pauvres enfants qui, arrêtés dans leur croissance par l'insuffisance de nourriture, n'ont pu être assez forts pour surmonter la crise de leur développement[1]. A Lille, le docteur Gosselet a constaté que, sur vingt et un mille enfants d'ouvriers, il en mourait vingt mille sept cents avant l'âge de cinq ans. A Paris, sur vingt-sept mille décédés par an, près de onze mille meurent dans les hôpitaux, et sept mille autres sont enterrés gratuitement. Donc dix-huit mille personnes sur vingt-sept ne laissent pas même un linceul[2]!...

L'indigence est la cause qui abrège le plus l'existence, ainsi que je l'ai déjà prouvé par les statistiques de Paris et de Berlin. En 1772, elle réduisit à vingt-quatre ans la vie moyenne des habitants de France; cette moyenne était de trente-six ans en 1845.

§ XII. — Statistique du paupérisme en France.

M. de Villeneuve prétend que, sur vingt habitants, il y a un indigent secouru; mais cette évaluation ne peut concerner que les indigents officiels, dont le nombre, d'après M. de Beausset, s'élève à un million et demi, savoir : indigents secourus par les *bureaux de bienfaisance*, 806,970; enfants trouvés, infirmes, aliénés, reçus dans les *hôpitaux* et *hospices*, 710,465; population des prisons, 48,154. Total, 1,565,589, sur une population de 35 à 36 millions d'habitants. Les pauvres secourus par la charité privée sont pour le moins aussi nombreux. On évalue à plus de 1,700,000 le nombre des indigents exceptés par la loi du 21 avril 1832 de la contribution personnelle

[1] Rapport de M. de Melun, 1850.
[2] M. Moreau-Christophe, *Problème de la misère*.

et mobilière. Je ne parle pas des pauvres non secourus!!!
M. de Watteville, dans son rapport officiel sur l'année
1855, estime que le nombre des indigents est de 1 sur
12 habitants[1]; ce qui ferait un total de 3 millions.

On allègue que les deux tiers des habitants de la France
sont propriétaires d'immeubles. Il faut donc examiner ce
que vaut la propriété du plus grand nombre.

Sur les cinq millions cinquante mille propriétaires
chefs de famille qu'accusent les dix millions de cotes de
la contribution foncière (1826), à raison d'un propriétaire
pour deux cotes, il y en a 1° cinquante mille qui payent,
en moyenne, 1,312 francs d'impôts, c'est-à-dire qui
jouissent de 9,000 francs de revenu; 2° un million qui
payent 122 francs d'impôts, c'est-à-dire qui jouissent de
846 francs de revenu; 3° enfin quatre millions qui payent
11 fr. 90 c. d'impôts, c'est-à-dire qui n'ont qu'un revenu
de 82 fr. 50 c. Ce qui fait, en multipliant chaque père de
famille par 5, nombre de membres supposé de chaque
famille : 1° pour la *grande propriété*, deux cent cinquante
mille individus jouissant chacun de 1,800 francs; 2° pour
la *moyenne propriété*, cinq millions d'individus jouissant
chacun de 169 francs; 3° enfin, pour la *petite propriété*,
vingt millions d'individus ne jouissant chacun que de
16 fr. 50 c. C'est dans cette dernière catégorie que l'on
range les *prolétaires de la propriété*, c'est-à-dire ceux
dont le revenu foncier ne suffit pas à la subsistance[2].

[1] Le budget de la charité française s'élève à 250 millions, c'est-
à-dire au cinquième environ du budget de l'État. « Tout immenses
qu'ils paraissent, ces secours sont encore trop faibles, si on les compare à la masse des besoins. » (*Message du Président de la république*, 1849.)

[2] Depuis 1830, la subdivision des propriétés est devenue plus
rapide qu'auparavant; le nombre des cotes de la propriété foncière,

Sur les vingt-cinq millions d'individus qui composent la classe propriétaire ou agricole de la France, M. de Beausset-Roquefort compte trois millions et demi d'*ouvriers de l'agriculture* qui ne sont pas propriétaires, et parmi lesquels on range les prolétaires du travail agricole.

Des neuf millions d'individus qui composent la classe industrielle, le même auteur compte quatre millions et demi de maîtres ou patentés dont il confond les trois quarts dans la classe propriétaire pour n'en ranger qu'un quart dans la classe purement industrielle; ce qui réduit à quatre millions et demi le nombre des ouvriers non patentés, dont trois millions sont attachés aux grandes fabriques. Ce chiffre, joint à celui de dix-huit cent mille domestiques et manouvriers, forme la classe des *prolétaires du travail industriel*[1]. Les statistiques évaluent la moyenne de leurs salaires à 1 franc. M. de Morogues ne la porte qu'à 98 centimes. M. Charles Dupin la porte à 1 fr. 15 c. M. Charles Legoyt l'élève à 1 fr. 42 c. Il est facile de comprendre qu'avec cette somme on ne peut guère nourrir soi, sa femme et ses enfants.

« La classe ouvrière ne possède rien, dit l'auteur de l'*Extinction du paupérisme*; il faut la rendre propriétaire; elle n'a de richesse que ses bras, il faut donner à ces bras un emploi utile pour tous. Elle est comme un peuple d'ilotes au milieu d'un peuple de sybarites; il faut lui donner une place dans la société et attacher ses intérêts à ceux du sol. Enfin, elle est sans organisation et

qui s'était accru d'environ 200,000 dans les onze premières années de la Restauration, s'est accru de 900,000 de 1830 à 1839. Depuis cette dernière époque, leur nombre a été porté jusqu'au chiffre de 12,593,000.

[1] Moreau-Christophe, *Problème de la misère*.

sans lien, sans droits et sans avenir ; il faut lui donner des droits et un avenir, et la relever à ses propres yeux par l'association, l'éducation, la discipline. Aujourd'hui, la rétribution du travail est abandonnée au hasard ou à la violence. C'est le maître qui opprime, ou l'ouvrier qui se révolte. La pauvreté ne sera plus séditieuse lorsque l'opulence ne sera plus oppressive. »

En résumé, un douzième de la nation, ou trois millions d'individus sont dans l'indigence, et mendient habituellement. Environ six millions d'autres manquent souvent de l'indispensable. C'est un total de neuf millions, soit le quart du peuple français au sort duquel il faut pourvoir. En outre, j'estime que, des vingt-sept millions restants, la moitié, sans recourir à la charité, n'ont que le plus strict indispensable qui ne permet point d'acquérir les forces physiques et morales dont la nature humaine est susceptible.

Avant d'indiquer les remèdes applicables, il faut examiner la question de savoir si les indigents ont droit à l'assistance sociale, ce qui fera l'objet du chapitre suivant.

FIN DU TOME PREMIER.

PIÈCES JUSTIFICATIVES

ET

DOCUMENTS DIVERS.

PIÈCES JUSTIFICATIVES

ET

DOCUMENTS DIVERS.

I

Péroraison de la harangue de Tibérius Gracchus lorsqu'il proposa sa loi agraire.

Je ne conçois pas qu'au milieu d'une ville libre on rende la condition du peuple pire que celle des animaux féroces. Quand ces ennemis de l'homme veulent reposer, ils trouvent des retraites sûres dans leurs antres, des asiles paisibles dans les forêts; tandis que les citoyens, qui exposent sans cesse leurs jours pour le salut et pour la gloire de leur patrie, se voient privés, à la fin de leurs travaux, de logement et de subsistance; et s'ils jouissent encore de l'air et du soleil, c'est que la cupidité de leurs oppresseurs ne peut les leur ravir... Écoutez cependant nos superbes consuls, nos orgueilleux préteurs, quand ils haranguent les soldats un jour de bataille; ils leur parlent

comme à des hommes fortunés qui possèdent tous les biens de
la vie... N'est-ce pas une raillerie insultante que de les exhorter
à combattre pour nos autels quand ils n'ont pas de foyers;
pour les palais de Rome quand ils ne possèdent pas même une
cabane; pour une patrie opulente qui ne leur laisse pas le plus
mince héritage? Privés de tout, qu'ont-ils à défendre? Ils ont
conquis les vastes contrées qui enrichissent la république, et
ils n'en sont que plus pauvres. Leur sang a payé ces trésors
auxquels on ne leur permet pas de participer. La veille d'un
combat, on leur donne le titre de maîtres du monde : le lendemain du triomphe on leur conteste quelques arpents du
royaume qu'ils ont conquis!...

II

I

Des motifs qui font négliger la bonne culture par le métayer.

M. Passy donna la raison suivante des obstacles que le métayage apporte à l'agriculture :

Le métayer, payant en nature, doit une certaine portion du
produit brut obtenu; dès lors il a intérêt à consulter, dans le
choix des récoltes, non pas ce qu'elles peuvent produire par
hectare, les dépenses de cultures recouvrées, mais le rapport
établi entre le montant des frais de production et la valeur
totale des récoltes. Pour lui, les meilleures cultures sont celles
qui demandent peu d'avances, les plus mauvaises sont celles
qui en demandent beaucoup, quel que puisse être le chiffre de
l'excédant réalisé. Supposez, par exemple, un lieu où l'hectare,
cultivé en seigle, exige 45 fr. de frais de production pour
rendre 125 fr., et où le même hectare, cultivé en froment,
exige 120 fr. de frais pour rapporter 250 fr., un fermier n'hé-

sitera pas à préférer la culture du blé. C'est en numéraire qu'il solde son fermage, et une culture qui lui rendra net 130 fr. vaudra pour lui beaucoup mieux qu'une culture qui, à superficie semblable, ne lui en rendrait que 80. Un métayer sera contraint de calculer tout autrement. L'hectare en seigle, pour 45 fr. en donne 125, et la moitié de la récolte lui demeurant, c'est 15 fr. qu'il aura de bénéfice; l'hectare en blé, au contraire, coûtant 120 francs pour en produire 250, ne lui laissera, vu ses avances, pour sa moitié, qui montera à 125 francs, que 5 francs de rétribution, c'est pour la culture du seigle qu'il optera. A plus forte raison le métayer s'abstiendra-t-il de porter son travail sur les plantes qui, comme le lin, le chanvre, le colza, coûtent en frais de culture au delà de la moitié de la valeur du produit obtenu. Vainement ces plantes, à superficie pareille, donnent-elles les plus beaux résultats, il ne lui resterait rien aux mains, le partage achevé avec le propriétaire; et s'il les faisait entrer dans ses cultures, des pertes irrémédiables viendraient châtier son imprévoyance. Ainsi pèsent sur le métayer des conditions de louage sous lesquelles il ne saurait, sans courir à sa ruine, s'attacher aux sortes de productions qui, par cela même qu'elles permettent de retirer net des terres plus que les autres, sont le plus fécondes en richesse et en prospérité rurales. C'est là un obstacle sérieux au développement progressif de l'agriculture, et un de ces obstacles qu'il n'est possible à aucune combinaison de jamais faire complètement disparaître.

III

On suppose que les cotes de la contribution foncière en France se répartissent de la manière suivante :

	NOMBRE DES COTES.	SURFACE POSSÉDÉE.
Grands propriétaires.	200,000	17,328,000 hect.
De 1re classe, 1,000 fr. d'impôt foncier et au-dessus.	8,000	2,840,000 héct.
2e classe, de 500 à 1,000 fr.	15,000	2,700,000 »
3e classe, de 300 à 500 fr.	67,000	5,628,000 »
De 4e classe, 200 à 300 fr.	110,000	6,160,000 »
Moyens propriétaires.	700,000	14,420,000 »
1re classe, de 125 à 200 fr.	220,000	7,700,000 »
2e classe, de 50 à 125 fr.	480,000	6,720,000 »
Petits propriétaires au-dessous de 50 fr.	3,000,000 3,900,000	14,252,000 » 14,252,000 »
	4,800,000 4,800,000	46,000,000 hect. 46,000,000 hect

On présume que :

8,470,000 hectares seraient cultivés par des fermiers à rentes fixes ;

14,530,000 hectares seraient cultivés par des métayers à moitié fruit ;

20,000,000 hectares seraient cultivés par les propriétaires.

Sur le total, 6,130,000 hectares formeraient de vastes domaines cultivés, soit par les propriétaires, soit par des fermiers.

On a fait du territoire la classification suivante :

1,000 fermes ou domaines de plus de 400 hectares.		
3,000	»	de 200 à 400 »
28,460	»	de 100 à 200 »
180,327	»	de 50 à 100 »
973,500	»	de 10 à 50 »
507,500	»	de 5 à 10 »
512,500	»	de 1 à 5 »

Voici le tableau des mutations de la propriété mobilière et immobilière qui se font annuellement en France, en dehors des ventes et échanges.

DÉSIGNATION DES MUTATIONS	VALEURS.	
	Meubles.	Immeubles.
Transmissions *entre-vifs* à titre onéreux.	552,915,000	1,692,164,000
Transmissions *entre-vifs* à titre gratuit en ligne directe.	351,980,000	305,697,000
Transmissions *entre-vifs* à titre gratuit entre époux.	1,439,000	711,000
Transmissions *entre-vifs* à titre gratuit en ligne collatérale.	11,265,000	15,446,000
Transmissions *entre-vifs* à titre gratuit entre personnes non parentes.	7,238,000	8,834,000
Mutations par décès en ligne directe.	421,468,000	751,100,000
Mutations par décès entre époux. . .	74,129,000	87,294,000
Mutations par décès en ligne collatérale, 2ᵉ et 3ᵉ degré.	103,540,000	157,855,000
Mutations par décès en ligne collatérale, 4ᵉ degré.	11,148,000	11,467,000
Mutations par décès en ligne collatérale, au delà du 4ᵉ degré. . . .	6,601,000	21,154,000
Mutations par décès entre personnes non parentes.	29,636,303	18,912,000

IV

Note du comte Mollien pour la Banque de France.

Note expédiée du Havre, le 29 mai 1810, à la Banque de France, par ordre de S. M. l'Empereur, et par l'entremise de M. le comte Mollien, ministre du Trésor.

« Le capital de la Banque de France, c'est-à-dire la mise de fonds de ses actionnaires, des intéressés à l'exploitation de son privilége, a été fixé par la loi de l'an VIII à 30 millions, par la loi de l'an XI à 45 millions, par celle de l'an 1806 à 90 millions.

« La destination de ce capital n'a pas été de donner à la Banque les moyens propres d'exploiter son privilége ; ce capital n'est pas l'instrument de ses escomptes, car ce n'est pas avec son capital qu'elle peut escompter ; son privilége consiste à créer, à fabriquer une monnaie particulière pour ses escomptes.

« Si une banque employait son capital à ses escomptes, elle n'aurait pas besoin de privilége ; elle serait dans la condition commune de tous les escompteurs, mais elle ne pourrait pas soutenir leur concurrence, car d'un côté elle fait nécessairement plus de dépenses pour escompter, et de l'autre elle doit faire moins de profits sur chaque escompte, puisqu'elle escompte à un taux plus modéré.

« C'est *indépendamment de son capital* qu'elle crée par ses billets son véritable et son unique moyen d'escompte.

« Son capital est et doit donc rester étranger à ses opérations d'escompte. La formation de ce capital est un acte préliminaire, aussi distinct de l'activité d'une banque comme machine privilégiée d'escompte, que la prestation *du cautionnement* d'un comptable est distincte de sa gestion proprement dite.

« La condition de fournir un capital n'est imposée aux entrepreneurs d'une banque que pour assurer à ceux qui admettent ses billets comme la *monnaie réelle*, un *gage* et une *garantie* contre les erreurs, les imprudences que cette banque pourrait commettre dans l'emploi de ses billets ; contre les pertes qu'elle essuierait, si elle avait admis des valeurs douteuses à ses escomptes ; en un mot (pour employer l'expression technique du commerce), contre les *avaries* de son portefeuille.

« Une banque n'émettant et ne pouvant émettre des billets qu'en échange de bonnes et valables lettres de change à *deux* et à *trois mois de terme* au plus, elle doit avoir constamment dans son portefeuille, en telles lettres de change, une somme au moins égale aux billets qu'elle a émis ; elle est donc en situation de retirer *tous ses billets* de la circulation dans un espace de *trois mois*, par le seul effet de l'échéance successive de ses billets, sans avoir entamé *aucune partie de son capital*.

« Ainsi, après avoir établi que le capital d'une banque n'intervient pas dans ses escomptes comme *moyen direct*, on peut ajouter qu'il n'intervient pas plus dans sa liquidation si elle n'a fait que des escomptes réguliers, c'est-à-dire si elle n'a émis des billets qu'en échange de lettres de change *véritables, nécessaires*, représentées par des marchandises que le revenu des consommateurs payera, si c'est le besoin de la consommation qui les a appelées.

« Le capital fourni par les actionnaires d'une banque n'étant, à proprement parler, qu'une espèce de cautionnement qu'ils donnent au public, on pourrait presque dire qu'une banque qui serait parvenue à se faire une réputation d'*infaillibilité* n'aurait pas même besoin de capital pour exploiter son privilége, c'est-à-dire pour escompter, avec les billets fabriqués par elle, les lettres de change qui lui seraient apportées par le commerce.

« Et un fait bien connu dans l'histoire des banques confirme cette assertion : La Banque de Londres s'est formée, en 1692, avec un capital de 24 millions, et son premier acte a été de prêter la totalité de ce capital de 24 millions au Trésor royal de Guillaume III, son fondateur. Cette banque n'en a pas plus mal exploité son privilége d'escompte dès la première année de son activité.

« L'escompte, tel que le pratique une banque sur *toute la matière escomptable du lieu*, est une opération si délicate et si capitale, cette opération exige tant d'attention, tant de soins, tant de prévoyance, une observation si minutieuse des compt-

naisons employées par chaque commerçant, des approvisionnements et des besoins de chaque lieu, des circonstances qui
peuvent influer chaque jour sur le plus ou moins de crédit de
chaque signataire de lettres de change, que cette opération
n'admet le mélange d'aucune autre sollicitude; ceux qui diri-
gent les escomptes sont les juges du commerce, ils ne doivent
pas descendre dans l'arène des commerçants.

« Pour qu'ils jugent avec impartialité tous les actes des négociants, il faut qu'ils puissent s'abstenir d'y prendre une part
active, même pour l'administration du capital de la Banque, et
rien n'est plus inconciliable avec le haut arbitrage qu'ils exercent par l'escompte que cette recherche des profits qui accompagnent les placements temporaires.

« Si donc il a pu convenir aux finances de Guillaume III que
la banque qu'il établissait lui prêtât à un intérêt, modique alors
(6 p. 100), le capital ou le cautionnement fourni par ses actionnaires, il ne convenait pas moins à la Banque de Londres de le
faire; et ce premier acte, par quelque motif qu'il ait été inspiré,
a peut-être eu une assez grande influence sur *la bonne direction* qu'elle a suivie *pendant au moins un siècle*.

« La Banque de Londres, dès son origine, n'a plus connu
qu'un seul devoir, qu'un seul intérêt, celui de bien diriger son
escompte direct, qu'elle a constamment circonscrit dans la seule
ville de Londres, *d'autres banques s'étant successivement élevées dans les autres comtés pour l'escompte local de ces comtés*.

« Si la Banque de France est appelée à donner une plus
grande extension à ses escomptes directs, à établir pour son
compte des comptoirs dans toutes les villes de l'empire qui
peuvent produire une bonne matière escomptable, c'est assurément un motif de plus pour qu'elle s'épargne le surcroît de sollicitude que pourrait lui donner l'administration journalière de
son capital, qu'elle écarte de ses actionnaires la pensée que ce
capital pourrait, par la *variation de ses placements*, être jeté

dans un mouvement en quelque sorte aléatoire, qu'elle écarte
des *porteurs de ses billets, dont le suffrage demande bien plus
de ménagements encore que celui des actionnaires* (c'est-à-
dire du public tout entier, qui admet comme réelle la monnaie
qu'elle fabrique), l'opinion que l'espèce de *cautionnement* qui
réside dans ce capital, comme gage supplétif du portefeuille
de la Banque, comme moyen d'indemnité des avaries que le
portefeuille peut essuyer par les vices de l'escompte, pourrait
lui-même éprouver quelques avaries.

« Le capital d'une banque doit, par la forme de son placement, rester en quelque sorte toujours *immuable*, pour que sa
consistance ne soit jamais soupçonnée d'altération ; il doit en
même temps rester dans un état immédiatement disponible,
puisqu'il doit être toujours prêt à couvrir les pertes du portefeuille. Une partie de ce capital doit former une réserve en espèces ; cette partie est improductive d'intérêts. Le meilleur emploi qui puisse être fait du reste semble être la conversion en
effets *de la dette publique* du pays, négociables sur la place,
puisque ce placement joint à l'avantage d'assurer un intérêt
favorable et régulièrement payé celui de la disponibilité libre, si
le besoin de la Banque l'exigeait ; et, quoique ce dernier cas ne
puisse jamais arriver dans une banque qui n'a livré ses billets
qu'en échange de *la bonne matière escomptable*, la prudence
oblige toutefois de le prévoir.

« Il faut qu'une banque se maintienne en état de se liquider
à tout moment, d'abord vis-à-vis des porteurs de ses billets, par
la réalisation de son portefeuille, et après les porteurs de ses
billets, vis-à-vis de ses actionnaires, par la distribution à faire
entre eux de la portion du capital fourni par chacun d'eux.
Pour ne jamais finir, une banque doit toujours être prête à
finir. »

V

Tableau général des opérations faites et des produits bruts perçus par la Banque de France pendant l'année 1855.

PRODUITS VARIABLES OPÉRATIONS COMMERCIALES A PARIS.	MONTANT DES OPÉRATIONS	PROD. BRUTS DES OPÉRATIONS
Escompte du papier de commerce.	1,156,590,019	5,786,370 50
— de bons du Trésor.	45,470,006	180,565 60
— de bons de la monnaie.	211,780,721	82,411 04
— de traites de coupes de bois.	1,678,573	20,696 05
Avances sur actions des canaux.	84,688,200	241,028 95
— sur rentes.	172,118,500	1,266,961 60
— sur valeurs de chemins de fer.	526,229,000	2,737,770 15
— sur lingots.	21,487,400	52,072 10
Commission sur les billets à ordre.	»	181,751 45
Primes sur matières d'or et d'argent.	»	83,981 55
Droits de garde.	»	
Total.	1,958,049,389	10,641,718 99
Opérations commerciales des succursales.	2,745,505,028	12,029,405 »
Total de ces deux natures de produits.	4,703,554,417	22,671,123 99
Opérations avec le Trésor.	145,000,000	1,861,861 54
— avec la ville (caisse de la boulangerie.	14,800,000	155,250 »
Produits accidentels.		
Recouvrements sur les effets en souffrance.	»	312,861 98
Bénéfices divers.	»	564 90
Total.		313,426 88
Produits fixes.		
Rentes appartenant à la Banque.	»	3,710,194 »

VI

Extrait de la plaidoierie de M⁰ Berryer, pour Goupy, contre la société générale de Crédit mobilier.

« Le Crédit mobilier est la plus grande maison de jeu qui ait jamais existé dans le monde. Il ne faut pas se payer de vains mots. Il y en a de magnifiques, je le sais : la protection de l'industrie, l'affranchissement du crédit de l'État, le développement du crédit particulier, la consolidation de toutes les valeurs industrielles, c'est-à-dire un rêve. Tout cela c'est l'apparence ; ils ont donné au jeu un nom nouveau, ils l'appellent dans leurs rapports l'industrie du crédit.

« La Société du Crédit mobilier avait annoncé déjà, dans un de ses rapports, l'insuffisance, pour les immenses opérations auxquelles elle se livre, de son capital de 60 millions. Le succès prodigieux qu'elle avait obtenu, je n'examine pas comment, nécessitait un accroissement de capital. Au mois d'août 1855, on commence à annoncer que le dividende pour l'année de ces actions, au capital de 500 francs, sera de 200 francs au moins. Cette annonce anticipée circule sur la place. Les gens bien instruits, bien avisés, se trompent souvent dans la confiance qu'ils mettent aux rapports qui leur sont faits. Mais enfin ce bruit est répandu avec assez d'habileté : il y a plus de 200 fr. de dividende pour 1855. Là-dessus, des journaux, dont le langage change, j'en conviens, à certaines époques, se montrent très-favorables à la Compagnie du Crédit mobilier.

« Le *Journal des chemins de fer*, de M. Mirès, entre autres, annonce qu'il existe pour la Compagnie du Crédit mobilier un projet de diviser les actions en coupons de 250 francs, et de doubler le capital en donnant une action nouvelle au pair à

chaque action ancienne. On affirmait ailleurs qu'il n'en était
pas encore question, et qu'il fallait ranger cette rumeur parmi
celles qu'une spéculation effrénée répand pour en profiter et
obtenir des mouvements factices. A qui fallait-il imputer la
spéculation effrénée? Je n'en sais rien. Mais le public, dans
lequel on faisait circuler qu'il y aurait à la fin de 1855 un dividende de 200 francs au moins, n'était pas induit en erreur.
C'était une prévision singulière sur l'exercice 1855, qui avait
encore cinq grands mois à courir, que de déterminer qu'il y
aurait 200 francs de bénéfices à la fin de l'année, sans savoir
quels événements pourraient survenir. Nous étions en pleine
guerre; on ne savait pas quels besoins l'État pourrait éprouver,
quelles négociations détourneraient de certaines valeurs les
capitaux pour les porter dans les caisses du Trésor, qui auraient
peut-être besoin d'être remplies. Prévoir la paix était une difficulté bien grande pour tous les esprits, à cette époque-là.
Mais la Compagnie du Crédit mobilier en savait assez. Le public
était éclairé par elle. Certainement, à la fin de 1855, il y aurait
200 francs de dividende.

« Dans le projet d'augmentation du capital, les nouveaux titres sont réservés aux précédents actionnaires. En conséquence,
il n'y a que ceux qui sont porteurs d'actions de la Compagnie
qui vont avoir, dans des conditions très-avantageuses, au pair,
au-dessous même du pair, parce qu'il y aura des primes accordées, les actions nouvelles qui vont être émises. Évidemment il
n'y a pas de meilleur moyen de faire deux choses à la fois :
1° d'appeler des capitaux à venir prendre part à de si larges
festins; 2° de déterminer la hausse des actions dont on est porteur ou qui sont en circulation.

« Ce qui n'était qu'une rumeur au commencement prend de
la consistance : le 1ᵉʳ septembre, les journaux annoncent que
définitivement l'accroissement du capital de la Compagnie va
avoir lieu au moyen d'obligations émises à 280 francs, dont

200 francs payables en souscrivant, et 80 francs le 1er mars 1856.
Les coupons des actions du Crédit mobilier à échoir les 1er janvier et 1er juillet prochains seront acceptés comme argent en
payement du premier terme des obligations, sur le pied de
200 francs.

« Les annonces qui ont été faites dans les journaux par la
Compagnie du Crédit mobilier sont insérées au *Moniteur* exactement dans les mêmes termes.

« Le bruit si prématurément répandu dans le public, au mois
d'août, que les actionnaires du Crédit mobilier allaient toucher
immédiatement un dividende de 200 francs en acceptant des
obligations qui serviraient à augmenter le capital de la Compagnie, ce bruit a produit un effet que vous comprenez facilement. Tout le monde a couru après les actions du Crédit mobilier, et du taux déjà considérable de 1,200 francs, si je ne me
trompe, vous les voyez monter, vers la fin d'août, au prix de
1,300 francs et de 1,400 francs. Le 6 et le 8 septembre, les
publications officielles certifient ce qui n'était encore qu'insinué,
que glissé dans la rumeur publique. La hausse prend un élan
nouveau. Elle atteint et dépasse 1,600 francs avec la rapidité
de l'éclair. Cette hausse, il est bien évident que c'est l'engagement pris par la Compagnie qui l'a produite.

« Mais voilà que paraît au *Moniteur*, sous la date du 28 septembre, c'est-à-dire l'avant-veille de la liquidation, et au mépris de la promesse de délivrer jusqu'au 5 octobre des obligations à quiconque apporterait des actions à la Compagnie du
Crédit mobilier, un avis annonçant que la Société générale,
pour entrer dans les vues du gouvernement, n'émettra pas
d'obligations nouvelles.

« Vous comprenez, Messieurs, l'effet produit par un pareil
avis. Autant les engagements formellement pris à l'appel fait
à quiconque serait porteur d'actions, avaient provoqué à acheter, autant la nouvelle que le payement immédiat du dividende

en obligations n'aurait pas lieu, devait provoquer à revendre. Aussi les actions, qui avaient été à 1,655 francs, tombent subitement à 1,200, et même à 1,100 francs. Ainsi, dans l'espace de six semaines, il y avait eu hausse de 500 francs, tant sur la rumeur que sur l'annonce officielle que des obligations allaient être délivrées aux actionnaires, et en moins de vingt jours, il y a eu baisse de 500 francs par suite de la rétractation spontanée de la Compagnie du Crédit mobilier.

Le substitut du procureur impérial parut approuver ces observations, car il prononça ces paroles sévères :

« On nous a donné la liste des grandes entreprises que le Crédit mobilier avait fait naître : soit. On nous a parlé de ses services industriels, soit encore. Mais au milieu de la fièvre de l'époque, au milieu de cet amour effréné du jeu et de ces luttes éperdues, est-ce que le Crédit mobilier n'a pas de reproches à se faire ? Cette fièvre, l'a-t-il calmée ou l'a-t-il excitée ? Ces entraînements, ne les a-t-il pas doublés ? Est-ce qu'en multipliant les entreprises au delà des forces de la place, en les jetant à l'avidité des joueurs avec ces certitudes de primes énormes doublées par la spéculation de tous, en escomptant l'avenir au profit du présent, il n'a pas créé, avec d'autres qui doivent partager sa responsabilité, de sérieux périls pour la morale publique et les intérêts matériels eux-mêmes ? Les reports, sous l'action d'une situation si tendue, ne sont-ils pas devenus la loi normale de la place ?

« Ne faut-il pas à chaque liquidation 30 ou 40 millions de reports pour sauver les joueurs en les excitant ? Et le jour où ce moyen périlleux de vivre et de marcher manquerait un instant, le jour où l'arc trop tendu se briserait, que de pertes, que de deuils de famille, que de morts et de blessés, puisqu'un des administrateurs du Crédit mobilier lui-même est tombé récemment sur le champ de bataille! Voilà le bilan moral et financier que vous oubliez, et que la parole impartiale du ministère public doit jeter dans la balance du passif, quand on vante sans réserve les merveilles de vos opérations. »

VII

JUGEMENT DES BANQUIERS CUSIN, LEGENDRE ET CONSORTS.

TRIBUNAL CORRECTIONNEL DE LA SEINE (6ᵉ ch.).

Audience du 7 mars 1857.

Affaire des Docks.—Abus de confiance. — Escroquerie. — Complicité. — Jugement.

« En ce qui touche Joseph Orsi,

« Attendu que si, dans le cours des années 1854 et 1855, il a consenti à diverses reprises à prêter son nom et son appui financier à Cusin et Legendre, soit pour la vente ou l'achat, soit pour la mise en report d'un nombre considérable d'actions de la Compagnie des Docks Napoléon, cependant il n'est pas suffisamment établi qu'il ait eu connaissance de l'origine frauduleuse de ces actions ni qu'il en ait profité ;

« Attendu que si, à la date du 20 juin 1854 et par acte devant Mᵉ Dufour, notaire à Paris, Orsi est devenu l'un des administrateurs de la Société des Docks, en remplacement de Duchêne de Vère, et si, en cette qualité, il a signé, à la date du 24 juillet 1854, collectivement avec Cusin et Legendre, le traité, en vertu duquel il était fait remise à Fox et Henderson de 4 millions à valoir sur les travaux à faire par ces derniers pour le compte de la Compagnie des Docks, cette coopération d'Orsi, quelque blâmable qu'elle puisse être, ne suffit pas cependant pour le faire considérer comme ayant sciemment participé au détournement reproché à Cusin et Legendre;

« Attendu que, si Joseph Orsi a eu le tort grave de donner son concours, dans l'intérêt des concessionnaires de la Société des Docks, à des opérations de bourse fictives ou ruineuses, et de figurer à des actes énonçant des faits contraires à la vérité, cependant il n'est pas suffisamment établi qu'il ait aidé ou assisté avec connaissance de cause les inculpés dans les faits d'abus de confiance ou d'escroquerie qui leur sont imputés, ni qu'il ait recélé sciemment tout ou partie des valeurs détournées;

« Le tribunal le renvoie de la prévention portée contre lui, sans dépens;

« En ce qui touche les inculpés Cusin, Legendre et Duchêne de Vère;

« Attendu qu'il résulte de l'instruction, des débats et des nombreux documents, placés sous les yeux du tribunal, qu'à la date 17 septembre 1852, et en vertu d'un décret signé à Roanne, Cusin, Legendre et Duchêne de Vère ont été autorisés à établir à Paris des Docks ou entrepôts destinés « à recevoir « les marchandises dont on veut mobiliser la valeur au moyen « de warrants ou récepissés négociables; »

« Attendu que, par acte devant Mᵉ Dufour, notaire à Paris, en date du 12 octobre 1852, les trois concessionnaires ont formé au capital de 50 millions de francs, divisé en deux cent mille actions de 250 francs chacune, une société dont ils se proposaient de poursuivre la conversion en société anonyme, et qui, aux termes de l'article 6 des statuts, ne pouvait être légalement constituée que par la souscription intégrale des deux cent mille actions, constatée par une déclaration authentique, laquelle a été faite le 20 novembre 1852 par les trois concessionnaires et par acte devant Dufour, notaire;

« Attendu que, si les statuts ne s'étaient pas expliqués d'une manière catégorique sur l'emploi momentané à faire des fonds provenant des souscriptions, la nature des choses indiquait qu'ils devaient être employés uniquement et exclusivement dans l'intérêt de la Société des Docks, et qu'il n'était pas permis d'en détourner la moindre partie pour l'affecter à des entreprises industrielles autres que celle pour laquelle la société avait été formée ;

« Attendu que, nonobstant, Cusin et Legendre, gérants de la maison de banque l'Union commerciale, confondant à dessein leur dite qualité avec celle de concessionnaires de la Compagnie des Docks, ont versé dans la caisse de la maison de banque tous les fonds disponibles provenant des actionnaires des Docks et les ont, pour ainsi dire, immédiatement appliqués, dans une proportion considérable, à des entreprises commerciales complétement étrangères, et dans lesquelles ils avaient des intérêts personnels, notamment dans la société linière de Pont-Rémy et dans la fabrique de produits chimiques de Javel, dont le sieur Sussex était gérant ;

« Attendu qu'ils ont ainsi versé successivement et au détriment des actionnaires, dans le cours des années 1853, 1854 et 1855, des sommes qui se sont élevées, d'une part, pour la Société de Pont-Rémy, à 405,000 francs ; et, d'autre part, pour la Société de Javel, à 3,451,036 fr. 66, lesquels se décomposent ainsi : 2,520,500 francs pour les actions, et 930,526 fr. 66 pour les obligations ;

« Attendu que le versement de ces sommes considérables, progressivement continué pendant le cours de trois années, ne peut aucunement être justifié ; qu'il a été fait frauduleusement, d'une manière subreptice, et au mépris même des avertissements donnés par le ministre du commerce et de l'agriculture, qui, dans une lettre en daté du 29 septembre 1853, adressée aux concessionnaires et portée à la connaissance du commis-

saire impérial, les invitait « à conserver sous la forme la plus
« aisément disponible et à l'abri de toute dépréciation, soit en
« la déposant à la Banque ou à la Caisse des dépôts et consigna-
« tions, soit en la convertissant en bons du Trésor, » une somme
de 4,191,549 francs qu'ils annonçaient mensongèrement avoir
en caisse ;

« Attendu que la conduite de Cusin et Legendre est d'autant
plus coupable qu'au moment où ils employaient et comprome-
taient ainsi les sommes qui leur avaient été versées pour une
destination spéciale, ils recevaient clandestinement du sieur
Sussex, gérant de la Société de Javel, huit cents actions représentant une somme de 400,000 francs, que celui-ci abandonnait à leur profit personnel, et dont la saisie n'a été opérée que
par suite de circonstances fortuites et indépendantes de leur
volonté ;

« Attendu qu'indépendamment de ces détournements, les
inculpés se sont encore fait attribuer, sous le titre de compte-
courant ouvert par la maison de banque l'Union commerciale
des sommes importantes ; que ces sommes se sont accrues d'année en année, et que si, en ce qui touche Orsi et Duchêne de
Vère, elles peuvent être considérées comme des comptes-cou-
rants ordinaires de banque, elles ne sauraient avoir ce caractère
en ce qui concerne Cusin et Legendre qui, au 31 décembre 1855
se trouvaient débiteurs, le premier, de 205,000 francs, et le
second de 414,000 francs, et qui n'ignoraient pas que ces
sommes considérables ne pouvaient être versées à leur débit
par la maison de banque l'Union commerciale dont la situation
était précaire, mais devaient nécessairement provenir de l'argent des actionnaires des Docks ;

« Attendu qu'il résulte des états de situation soumis au tribunal qu'à la date du 20 novembre 1852, sur les deux cent mille
actions composant le fonds social, il avait été souscrit réellement quatre-vingt-neuf mille cent six actions formant une

somme de 11,189,563 fr. 75 cent.; au 31 décembre 1853, le
nombre des actions placées était de cent trois mille huit cent
deux, représentant 12,934,000 francs; enfin, d'après les inculpés eux-mêmes, ils accusaient, le 19 février 1854, le placement de cent vingt mille actions pour une valeur de 15 millions ;

« Attendu qu'une partie seulement de cette somme de 15 millions a été appliquée aux dépenses utiles de la Société des
Docks, qui, jusqu'au 1er janvier 1856, ne se sont élevées qu'à
la somme totale de 11,636,501 francs, et que le surplus a été
détourné au profit des établissements de Pont-Remy et de
Javel, et a servi à faire des opérations illicites de bourse, de
compte à demi, avec diverses personnes, ou sous le nom de
tiers ;

« Attendu que cette gestion coupable à tous les points de
vue avait fixé, dès 1855, l'attention du gouvernement, qui
avait chargé un inspecteur général des finances de procéder à
un examen sérieux et approfondi de la comptabilité des Docks,
examen dont les résultats ont été consignés dans un rapport en
date du 31 août 1855, dans lequel on signale aux ministres des
finances et de l'agriculture et du commerce *les fraudes* des
concessionnaires, *les artifices* de leurs écritures, les *dissimu-
lations* dont ils se sont rendus coupables;

« Attendu que ce rapport, dans lequel l'inspecteur général
des finances concluait au retrait de la concession, a été suivi
d'un décret impérial, en date du 19 décembre 1855, portant
révocation du décret du 17 septembre 1852, par ces motifs :
« Que, de l'ensemble des renseignements recueillis, il résulte
« que les concessionnaires, par les *irrégularités* et les *abus*
« *graves* de leur *gestion*, se sont mis dans l'impossibilité abso-
« lue de réaliser les intentions du décret du 17 septembre 1852,
« et de procurer au commerce les avantages qu'il pouvait en
« attendre. »

« Attendu qu'au moment où l'instruction a pris naissance, il n'a plus été trouvé à la souche des actions que le nombre de cinq mille huit cent vingt-quatre actions qui n'avaient pas été émises, et qu'en prenant pour point de départ le nombre de cent vingt mille actions placées et reconnues par les inculpés eux-mêmes, à la date du 19 février 1854, ils ont à rendre compte de soixante-quatorze mille cent soixante-seize actions, représentant 9,272,070 francs.

« Attendu que ces actions ont été détournées comme l'avaient précédemment été les capitaux provenant de la souscription des actionnaires sérieux ; qu'une portion, composée de quarante-deux mille cent soixante-seize actions, a été successivement vendue à la Bourse à des prix, la plupart du temps, de beaucoup inférieurs à leur valeur d'émission, et ce sous des noms empruntés, et par l'entremise de courtiers dont les opérations ont été relevées dans le cours de l'instruction, et figurent dans le rapport de l'expert commis par le juge d'instruction ;

« Que la responsabilité de ces faits coupables doit peser uniquement sur Cusin et Legendre, et non sur Duchêne de Vère, qui paraît être resté étranger à tout ce qui concernait la maison de banque l'Union commerciale, et par conséquent au détournement des sommes versées de quarante-deux mille cent soixante-seize actions susdites ;

« Attendu que trente-deux mille autres actions ont également été détournées au moyen de divers traités frauduleusement organisés, à la date du 13 février 1854, entre les trois concessionnaires Cusin, Legendre et Duchêne de Vère, d'une part, et les constructeurs Fox et Henderson, de l'autre, et aux termes desquels ces derniers s'engageaient, par acte ostensible, à exécuter pour le compte de la Société des Docks pour 24 millions de travaux, et en même temps s'obligeaient, par un acte secret, portant la date du même jour, 13 février 1854, signé d'eux et saisi dans le cours de l'instruction, à faire remise aux conces-

sionnaires d'une somme de 1,800,000 francs, soit 600,000 fr.
pour chacun d'eux, au fur et à mesure de l'achèvement des
travaux.

« Attendu que l'exécution de ces conventions frauduleuses a
été consommée à la date du 24 juillet 1854, par la remise à
Fox et Henderson, qui n'avaient encore commencé aucune
construction, de trente-trois mille actions des Docks, représentant une valeur de 4 millions, et par l'abandon par ceux-ci
de quatorze mille quatre cents actions formant, aux termes du
traité secret, la part de Cusin, Legendre et Duchêne de Vère,
pour la commission de 1,800,000 francs, stipulée à leur profit;

« Attendu que vainement les inculpés prétendent n'avoir eu
aucune intention frauduleuse, et n'avoir eu en vue, dans les
stipulations sus-énoncées, que de replacer les quatorze mille
quatre cents actions, à eux attribuées, dans la caisse des Docks,
pour amoindrir d'autant le déficit que leur gestion avait causé;

« Attendu que cette allégation, qui ne repose sur aucune base
digne de foi, doit être repoussée, et que, dans tous les cas, en
admettant même que les quatorze mille quatre cents actions
dont s'agit eussent été replacées dans la caisse, au compte
des actionnaires, elles auraient servi uniquement à amoindrir le
déficit creusé par les concessionnaires; mais les actionnaires
n'en auraient pas moins été lésés d'une somme de 1,800,000 fr.,
puisque le traité existant avec Fox et Henderson avait pour
effet de leur faire payer 24 millions des travaux qui, en réalité, ne coûtaient que 22,200,000 fr.; d'où il ressort qu'il y
a eu entre toutes les parties ayant intérêt à l'acte un accord
frauduleux pour dépouiller les actionnaires d'une somme de
1,800,000 francs;

« Attendu qu'indépendamment de nombreux détournements
sur lesquels le Tribunal vient de s'expliquer, les inculpés Cusin
et Legendre se sont encore rendus coupables d'escroquerie en
employant des manœuvres frauduleuses pour persuader l'exis-

tence d'une fausse entreprise, et se faire remettre des fonds
par des personnes restées inconnues;

« Attendu que ce délit, auquel Duchêne de Vère paraît être
resté étranger, ne se fonde pas seulement sur l'usage de la
fausse déclaration notariée du 20 novembre 1852, laquelle constitue un délit particulier prévu et puni par la loi du 17 juin 1856,
et qui se trouve aujourd'hui couverte par la prescription, mais
encore par un ensemble de manœuvres ayant pour but d'égarer
l'opinion publique et de persuader l'existence d'une entreprise
dont la constitution était frappée de nullité aux termes mêmes
des statuts;

« Attendu que, non contents de déclarer que la société était
définitivement constituée, alors même que la moitié du capital
ne se trouvait pas souscrite, Cusin et Legendre annonçaient au
conseil de surveillance, tantôt que le chiffre des demandes d'actions s'élevait à 32,700 francs, tantôt même à plus de 800,000,
tandis qu'il n'était réellement que de 22,500; qu'à l'appui de
ces déclarations mensongères, ils faisaient opérer des quittances
sur les états récapitulatifs du nombre des actions demandées, et
affirmaient que les capitaux encaissés s'élevaient à 17 millions, et dans une lettre adressée au ministre de l'agriculture et
du commerce, en date du 14 janvier 1853, Cusin poussait même
l'audace jusqu'à dire : « Dès le 29 octobre 1853 la moitié du
capital social était versée, et dès lors commençait pour nous
une responsabilité dont nous avons mesuré l'étendue, et que
nous n'avons pas déclinée; » enfin pour faire taire certains bruits
fâcheux qui circulaient sur le compte des concessionnaires et
l'usage qu'on supposait qu'ils faisaient des actions restées à la
souche, les inculpés faisaient maculer les actions neuves et ne
les livraient à la spéculation qu'après les avoir tachées et salies,
afin de leur donner l'apparence d'actions ayant déjà circulé à la
Bourse.

« Tous ces faits doivent être considérés comme autant de

manœuvres frauduleuses, constitutives du délit d'escroquerie;

« En ce qui touche l'inculpé Arthur Berryer :

« Attendu que, dans le courant du mois de février 1853, il a été nommé commissaire du gouvernement près la Compagnie des Docks, bien qu'elle ne fût pas encore constituée en société anonyme. A ces fonctions était attaché un traitement de 5,000 francs;

« Attendu que cette mission de confiance imposait à Berryer des devoirs impérieux, tant envers l'Administration supérieure dont il était le représentant et qu'il était chargé d'éclairer, qu'envers le public dont il avait à sauvegarder les intérêts, et qui, sur la foi d'une généreuse pensée et d'un nom auguste, était venu apporter ses capitaux à la Société des Docks-Napoléon ;

« Attendu que ces devoirs, il n'a pas tardé à les méconnaître :

« 1° En consentant à recevoir des concessionnaires Cusin et Legendre un traitement occulte de 1,250 fr. par mois, soit 15,000 fr. par an, indépendamment du traitement de 5,000 fr, attaché à ses fonctions ;

« 2° En recevant sur l'argent des Docks, et à diverses reprises, dans le courant des années 1853, 1854 et 1855, une somme de 20,057 fr., et se faisant ouvrir sur les livres de la maison de banque de l'Union commerciale un crédit qui s'élève à plus de 110,000 fr., et en stipulant, par des conventions en date du mois de septembre 1854, dont la trace a été saisie et dont l'existence n'est niée par aucun des inculpés, l'abandon d'une somme de 110,000 fr. qui devait lui être comptée après l'homologation des statuts de la société anonyme;

« 3° En concourant sciemment à la préparation du traité frauduleux fait entre Fox et Henderson d'une part et les concessionnaires de l'autre, et en usant auprès des premiers de l'influence que lui donnait sa qualité de commissaire impérial pour les déterminer, ainsi que l'atteste la lettre du 4 février 1854, à

abandonner au profit des concessionnaires la commission se-
crète de 1,800,000 fr. dont il a déjà été parlé;

« 4° En égarant la religion du ministre et en trompant sa surveillance par des rapports mensongers, dans lesquels il s'effor-
çait de présenter sous un aspect tout différent de la vérité la
situation de la Société des Docks, tantôt en déclarant que les
sommes considérables qui, d'après les bilans, formaient l'encaisse de la compagnie, étaient placées en valeurs hypothécaires
de premier ordre et présentant les plus entières sûretés, ce
dont, disait-il, il était parvenu à s'assurer, alors qu'il n'en était
rien; tantôt en repoussant comme peu dignes d'intérêt les ré-
clamations des actionnaires; tantôt en attestant la loyauté et la
probité des concessionnaires;

« Attendu qu'il est établi et qu'il résulte clairement de la
correspondance mise sous les yeux du Tribunal et du rapport
du commissaire impérial lui-même que ce langage contraire à
la vérité était la conséquence du salaire reçu par Berryer, et
que l'on voit pas à pas pour ainsi dire ce langage se modifier
au fur et à mesure que l'inculpé entrait plus avant dans la voie
de corruption où il s'était engagé;

« Attendu que c'est vainement que Berryer allègue, dans
son intérêt, que le traitement occulte qu'il recevait mensuelle-
ment, ainsi que les sommes considérables qui lui étaient incessamment versées, étaient une sorte d'indemnité des voyages
qu'il faisait à l'étranger et des dépenses auxquelles il se livrait
dans l'intérêt de la Compagnie des Docks, au vu et avec l'as-
sentiment de l'Administration supérieure, par laquelle il était
considéré, à partir de l'année 1854, moins comme un fonctionnaire chargé d'une mission de surveillance que comme un agent
ou un négociateur stipulant dans l'intérêt d'une grande entreprise;

« Attendu que le contraire ressort de l'instruction et des
débats et de la propre correspondance de l'inculpé, qui prouve

qu'à l'exception d'une somme de 20,000 fr. environ qui lui a
été expédiée en Angleterre, tout le reste a été employé à ses
besoins ou à ses dettes personnelles, et sur ses demandes pres-
santes et si réitérées;

« Attendu que l'instruction et les débats ont surabondam-
ment démontré que l'Administration a dû croire sur les affirma-
tions écrites de Berryer que les frais de voyage en Angleterre
étaient supportés par sa fortune personnelle; qu'elle a toujours
ignoré l'existence du traitement occulte de 1,250 fr. par mois,
ainsi que la remise des sommes importantes qui figurent au
compte de Berryer sur les livres de l'Union commerciale, et
enfin qu'à toutes les époques de 1854 et 1855 elle n'a jamais
cessé de le considérer comme un fonctionnaire chargé de sur-
veiller la Société des Docks et d'éclairer le ministre sur la marche
intérieure et l'état des affaires de la Société; ce que Berryer lui-
même reconnaît personnellement, puisqu'il termine son dernier
rapport, en date du 15 septembre 1855, par cette phrase signi-
ficative : « Je vous demande, monsieur le ministre, de vouloir
bien voir dans ce travail mon désir extrême de remplir avec
intelligence et droiture la mission qui m'a été confiée. »

« Attendu que sa conduite a été d'autant plus coupable qu'à
diverses reprises, et notamment dans sa lettre du 17 juin 1854,
le ministre, demandant à Berryer des renseignements sur les
prétendus placements hypothécaires qu'il disait avoir été faits
dans l'intérêt des actionnaires, et présentant toute sécurité
(rapport du 29 mai), appelait toute son attention sur « l'obliga-
« tion d'un contrôle sévère de la part du département du com-
« merce dans l'intérêt des actionnaires comme de l'entreprise
« elle-même; »

« Et que plus tard, dans sa lettre du 9 septembre 1854, à
Berryer, le ministre, s'expliquant sur la présence du nom de ce
dernier sur une liste d'actionnaires des Docks et y sur le peu
« de convenance de le voir intervenir à un degré quelconque

« dans une affaire dont la surveillance lui était confiée, » lui
« demandait des explications précises sur ce fait, ajoutant « que
« son immixtion, soit comme actionnaire, soit comme admini-
« strateur, serait considérée par lui comme incompatible avec
« ses fonctions de commissaire du gouvernement, et aurait pour
« conséquence une démission dont il n'aurait à attribuer qu'à
« lui-même la rigueur ; »

« Au moment où ce langage si ferme et si précis était tenu à
Berryer et lui rappelait toutes ses obligations envers le gouvernement, il répondait pour récuser toute participation inté-
ressée avec la Société des Docks, et cependant il avait déjà, à
cette époque, stipulé le salaire qui lui appartiendrait, et Cusin
lui avait donné l'assurance que personne dans l'affaire n'aurait un schelling de plus que lui ;

« C'est à l'aide de cette connivence criminelle, c'est par suite
du lien pécuniaire, qui enchaînait le commissaire du gouvernement aux concessionnaires, que la vérité n'a pas pu se faire
jour ; que la situation des Docks a été longtemps méconnue ; que
les détournements des concessionnaires n'ont pu être arrêtés en
temps utile, et qu'on est arrivé à un déficit énorme, que les
appréciations les plus modérées n'estiment pas être moindre de
6 à 7 millions, déficit dont Cusin a été le principal auteur et
Berryer le plus actif agent, et que tous deux s'efforçaient d'atténuer par un bilan mensonger dans lequel on faisait figurer,
entre autres articles frauduleux, *un million* pour frais de commission de banque et *trois cent mille francs* pour vingt mois
d'une gérance non moins coupable que désastreuse ;

« Attendu que ces faits constituent, en ce qui concerne Cusin,
Legendre et Duchêne de Vère, le délit d'abus de confiance par
le détournement, soit de sommes considérables, soit d'actions
qui ne leur auraient été confiées qu'à titre de mandat pour en
faire un usage déterminé et à la charge de les rendre ou de les
représenter ;

« En ce qui touche Cusin et Legendre, le délit d'escroquerie par l'emploi de manœuvres frauduleuses pour persuader l'existence d'une fausse entreprise et se faire remettre à l'aide de ces moyens des sommes d'argent par des personnes restées inconnues ;

« En ce qui touche Arthur Berryer, le délit de complicité des détournements commis par Cusin, Legendre et Duchêne de Vère, en aidant et assistant avec connaissance les auteurs de ces détournements dans les faits qui les ont préparés, facilités ou consommés, et en recélant sciemment tout ou partie des sommes détournées, délits prévus et punis par les art. 406, 408, 405, 59, 60 et 62 du Code pénal ;

« En faisant application aux divers inculpés, les condamne, savoir :

« Cusin à trois années d'emprisonnement, 5,000 francs d'amende ;

« Arthur Berryer, à deux années d'emprisonnement, 5,000 francs d'amende ;

« Legendre, à une année d'emprisonnement, 2,000 francs d'amende ;

« Duchêne de Vère, à six mois d'emprisonnement, 2,000 fr. d'amende ;

« Statuant sur les conclusions prises par les administrateurs provisoires des Docks en leur qualité de partie civile ;

« Attendu qu'un préjudice a été causé, et que le Tribunal a les éléments nécessaires, pour l'apprécier au moins en partie ;

« Condamne Cusin et Legendre à restituer aux parties civiles les actions et obligations des Sociétés de Pont-Remy et de Javel, qui ont été reconnues avoir été acquises avec les sommes provenant de la Société des Docks Napoléon ;

« Cusin et Legendre à restituer aux parties civiles la quantité de quarante-deux mille cent soixante-seize actions qui ont été

détournées par eux de la caisse de la Société des Docks, sinon
à en payer la valeur au prix d'émission ;

« *Cusin, Legendre* et *Duchêne de Vère*, à restituer aux parties civiles trente-deux mille actions de la Société des Docks,
par eux remises frauduleusement à Fox et à Henderson, sinon
à en payer la valeur au prix d'émission ;

« *Arthur Berryer* à payer aux parties civiles, à titre de restitution, la somme de 130,000 francs, montant des sommes
par lui reçues ;

« En ce qui touche le surplus des conclusions posées par les
parties civiles :

« Attendu que le Tribunal n'a pas les éléments nécessaires
pour les apprécier, déclare n'y avoir lieu à statuer à cet égard,
sauf aux parties civiles à se pourvoir ainsi qu'elles aviseront ;

« Condamne tous les inculpés aux frais solidairement. »

VIII

Détail des opérations auxquelles devait se livrer la *Banque du peuple*[1].

Escompte du numéraire. — Tous consommateurs, associés
ou non-associés, qui voulaient jouir du bon marché garanti
par les producteurs adhérents à la Banque, pouvaient verser à
la caisse le numéraire destiné à leurs achats ; ils recevaient en
couverture une somme égale de bons d'échange. Les ouvriers
et travailleurs salariés pouvaient verser chaque semaine tout ou
partie de leurs salaires ; ils recevaient également à mesure des
bons d'échange. Les sommes versées à la Banque contre bons
d'échange ne devaient pas être productives d'intérêt.

[1] Extrait de la *Réforme des banques*, par M. Alf. Darimon.

Escompte des effets de commerce. — La plus grande prudence devant présider aux premières opérations de la *Banque du peuple*, les bons d'échange devaient se délivrer exclusivement dans le début : 1° Contre espèces, en la manière et aux conditions déterminées précédemment ; 2° contre bonnes valeurs de commerce, dans la mesure des moyens que fournirait le capital réalisé de la Banque. Peu à peu, et à fur et mesure du recouvrement des actions émises, de l'augmentation de l'encaisse par l'escompte du numéraire, ainsi que par les prêts, dépôts et consignations, et du nombre des adhérents tant à Paris que dans les départements, l'escompte du papier de commerce, traites, mandats, factures, commandes, billets à ordre, etc., devait être fait dans une proportion de plus en plus large, sauf les précautions prises ordinairement par les banquiers et fixées par le règlement de la Banque.

La *Banque du peuple* devait escompter le papier de commerce à deux signatures. D'après le principe et le but de son institution, la gratuité du crédit, la *Banque du peuple*, remplaçant, dans une proportion toujours croissante, la garantie du numéraire par la garantie qui résulte de l'acceptation réciproque et préalable de son papier par tous ses adhérents, pouvait et devait opérer l'escompte, et donner crédit moyennant un intérêt toujours moindre. Provisoirement cet intérêt, commission comprise, était fixé à 2 p. 100. Il devait être réduit peu à peu, à fur et mesure des progrès de la société. Pour être reçus à l'escompte, les effets ou obligations, à deux signatures, devaient spécifier la nature, la quantité et la qualité des marchandises qui y auraient donné lieu ; toute fraude ou dissimulation à cet égard était passible de poursuites par les voies de droit. Précisément pour cette raison, la banque recevait à l'escompte les commandes et factures acquittées.

Avances sur consignations. — La *Banque du peuple* ne prêtait point sur gage. Elle n'était ni un comptoir de garanties ni un mont-de-piété. Les bons d'échange ne pouvaient en aucun cas être assimilés aux warrants.

L'escompte sur consignations était un moyen de faire cesser l'encombrement des marchandises et de venir au secours du commerce et de l'industrie, regorgeant de produits sans débouchés. La *Banque du peuple* achetait donc à terme, à demi, deux tiers, trois quarts ou quatre cinquièmes du prix de revient, selon les circonstances ou la nature des marchandises, les produits de ses clients, et les consignait par acte de dépôt privilégié. Jusqu'au terme fixé par la lettre de consignation, le consignataire avait la faculté de vendre aux meilleures conditions possibles, et n'était tenu de rembourser que la somme avancée par la Banque. Passé le terme, la Banque pouvait faire vendre aux enchères publiques les marchandises consignées. L'excédant du prix obtenu par la vente sur le prix fixé par la consignation appartenait de droit au propriétaire de la marchandise.

L'État pour les titres d'emprunt, les manufacturiers pour leurs produits, les marchands pour leurs marchandises, les propriétaires pour leurs locations de maisons, appartements, terres, machines ; les fermiers pour leurs récoltes, les porteurs de titres de rentes, tous les citoyens, en un mot, pouvaient profiter, pour obtenir des avances, de cette combinaison.

Avances sur cautions. — La *Banque du peuple* escomptait les produits futurs, c'est-à-dire qu'elle ouvrait des crédits à découvert à ses adhérents, soit sur cautions, soit sur titres de propriété ou garanties personnelles de fabrication. Dans le premier cas, la garantie exigée consistait dans la présentation de deux ou plusieurs cautions, selon que la Banque le jugeait prudent et utile. Les cautions étaient solidaires ; chacune d'elles répondait pour le tout. En cas de non-payement de la part du sociétaire, la Banque devait traiter avec les cautions, à l'amiable, pour le remboursement.

Avances sur hypothèques. — A proprement parler, la *Banque du peuple* ne prêtait point sur hypothèque, pas plus qu'elle ne prêtait sur gage. Elle n'était point, dans le sens ordinaire du mot, une banque hypothécaire. Elle se proposait de faire des avances aux propriétaires et cultivateurs contre obligations à longs termes et annuités. Ces obligations et annuités devaient être garanties par un acte analogue à celui des achats et consignations de marchandises. La Banque achetait à terme la propriété aux trois quarts de la valeur, et la consignait au propriétaire, qui en devenait gérant et administrateur responsable, bien qu'il fît tous les fruits siens. L'acte ainsi fait entre le propriétaire et la société constituait une vente ou échange à terme et sous condition résolutoire de remboursement. Si, au terme fixé, le propriétaire n'avait pas remboursé l'avance à lui faite, ou si, pendant trois années consécutives, il n'avait pas servi l'annuité convenue, la Banque prenait livraison de la propriété et pourvoyait à son exploitation. Le propriétaire déchu devait avoir privilége d'habitation ou d'exploitation, pour lui et pour les siens, à titre de fermier ou gérant, aux conditions établies par la banque.

Crédits et comptes courants, et payements et recouvrements gratuits. — La Banque du peuple faisait sans rétribution, pour tous les sociétaires, les payements et recouvrements sur Paris et les départements. Elle ouvrait pour cela à chacun d'eux un compte courant. Un simple transfert du compte de l'un au compte de l'autre suffisait pour régler la plupart des payements.

De la commande. — Aux opérations de crédit *réel*, la *Banque du peuple* joignait des opérations de crédit *personnel*. Elle se proposait de provoquer, susciter, encourager, patroner et soutenir de son influence, de l'autorité de ses lumières, de ses avances, toute entreprise agricole, industrielle, commerciale, scientifique, etc., tout essai d'association ouvrière, qui lui paraîtraient présenter des garanties suffisantes d'habileté, de moralité et de succès.

Les avances ainsi faites par la *Banque du peuple* n'étaient point à titre de *commandite*, et ne pouvaient en aucun cas être assimilées à un versement d'actions. Elles demeuraient, comme les avances sur les consignations de marchandises et titres de propriétés, de simples opérations d'escompte, et formaient la *commande* propre de la Banque.

Il était créé pour cet objet, dans les bureaux de la Banque, une division spéciale sous le titre de *syndicat de la production et de la consommation*. Les attributions de ce syndicat devaient être : 1° De recevoir la déclaration des industriels et commerçants qui, voulant se mettre en rapport avec les adhérents de la *Banque du peuple*, et jouir de la clientèle de la société, devaient faire connaître leurs noms, profession, domicile, la supériorité de leurs produits et services, les qualités et prix courants des marchandises, le montant des remises et bonifications; 2° de recevoir les demandes des consommateurs et de s'assurer, par une exploration exacte du débouché, des chances de succès des nouvelles entreprises; 3° de publier, une ou plusieurs fois par semaine, un bulletin du commerce, de l'agriculture et de l'industrie, contenant, avec la situation de la Banque et la mercuriale, tous renseignements et avis utiles, tels que demandes et offres de travail, demandes et offres de marchandises, diminution de prix, indication des industriels et commerçants nouvellement admis dans la société, etc.; 4° de solliciter l'adhésion des producteurs dont les services et produits manqueraient à la société, et, à défaut d'adhésion, de susciter parmi les sociétaires des établissements analogues et en concurrence; 5° de commencer une statistique générale, comparative et détaillée du commerce, de l'industrie et de l'agriculture; en un mot, de procurer par tous les moyens possibles l'extension et l'affermissement de la société.

Du reste, la *Banque du peuple*, organe spécial de la circulation et du crédit, point de convergence de toutes les forces productives comme de toutes les demandes du marché, centre de ralliement entre le producteur et le consommateur, ne devait se livrer à aucune entreprise. Elle ne s'immisçait, directement ou indirectement, dans aucune affaire, dans aucune spéculation, de quelque nature que ce fût, autre que l'escompte. Elle n'acceptait et ne subissait de responsabilité que celle de ses propres opérations. Sa commande, de même que ses avances sur consignations de marchandises, titres de propriétés ou annuités, n'était pour elle qu'une forme d'échange, une opération d'escompte.

Placements, dépôts, assurances, etc. — La *Banque du peuple* recevait en dépôt ou placement les épargnes des ouvriers, les économies des rentiers et des propriétaires, et généralement tous les fonds, valeurs ou capitaux réalisés appartenant soit à des particuliers, soit à des associations ou corporations de toute espèce; et elle en servait l'intérêt aux déposants au cours de son escompte. Les sommes et les valeurs déposées étaient restituées aux déposants, sur la présentation de leur titre, dans les huit jours de la demande; les sommes et capitaux remis à la banque à titre de placement étaient remboursés aux propriétaires aux termes fixés particulièrement, passés entre eux et la banque. Jusqu'au jour de la restitution ou du remboursement, les sommes, tant déposées que prêtées, restaient à la disposition de la banque, qui avait le droit de les faire servir comme gage à ses émissions et à ses escomptes.

La *Banque du peuple* n'était et ne pouvait jamais devenir une entreprise d'assurances de quelque espèce que ce fût. Elle recevait, en placement ou en dépôt et aux conditions de remboursement fixées pour les dépôts simples, les fonds des sociétés de secours mutuels et des compagnies d'assurances. Elle se chargeait du recouvrement des primes et de la comptabilité.

Elle acquittait, sur le visa des directeurs, gérants ou secrétaires desdites sociétés et compagnies, les pensions et indemnités dues, mais seulement jusqu'à concurrence des sommes encaissées. Elle était, en un mot, l'agent comptable et le caissier des sociétés qui lui versaient leurs fonds ; mais elle n'assumait en rien la responsabilité de leurs sinistres et déficit. Pour prix de ses services, la banque avait la faculté d'utiliser, à ses opérations de crédit et d'escompte, les sommes qui lui étaient versées par les sociétés et compagnies d'assurances et de secours mutuels.

Tel était dans ses détails le projet de la *Banque du peuple*. On peut croire à l'exactitude de notre analyse ; nous avons transcrit presque littéralement les articles de ses statuts. L'auteur avait annoncé que ce projet était le point de départ d'une révolution économique qui devait changer de fond en comble la société telle qu'elle est constituée. Sur une population couarde comme l'est notre race gauloise, cette annonce a produit l'effet de la tête de Méduse ; tous les cerveaux semblaient être devenus de pierre. Le projet de la *Banque du peuple* fut condamné sans examen.

IX

Du marché des fonds publics [1]

Le marché des fonds publics est alimenté par trois classes d'hommes : ceux qui, disposant de capitaux considérables, se sont fait une profession de spéculer sur les fonds et effets publics ; ceux qui, avec des capitaux médiocres, se sont fait aussi

[1] Extrait du *Traité des opérations de banque*, par M. Courcelle-Seneuil.

une profession de la spéculation ; et ceux qui, ayant dans la société une autre profession et des capitaux d'importance moyenne plus ou moins disponibles, viennent chercher dans la spéculation un moyen nouveau pour eux d'augmenter leur fortune en peu de temps.

Les spéculateurs de Bourse peuvent se diviser en deux classes que l'on distingue dans la pratique à ce signe certain : que les uns vont chez l'agent de change donner leurs ordres, tandis que l'agent de change va prendre à domicile les ordres des autres. Entre les deux classes se trouvent ceux chez lesquels vont seulement les commis de l'agent de change. Nous venons de dire quels étaient les spéculateurs de la première espèce.

Dans cet étrange marché où la plupart des vendeurs et des acheteurs ne savent pas avec qui ils opèrent, les petits spéculateurs et les nouveaux venus ne connaissent que leur agent de change, chez lequel sont déposés le plus souvent leurs fonds et leurs titres, et autour duquel ils s'agitent, achetant ou vendant sur une parole, sur une conjecture, au hasard, sans aucune donnée certaine sur le résultat de leurs opérations.

L'habitué de Bourse n'a sur le spéculateur d'occasion qu'un avantage, c'est d'être quelquefois informé un peu plus vite et de savoir mieux s'y prendre pour se retourner et annuler une fausse opération ; il connaît mieux la manœuvre des marchés à terme.

Mais pour peu que l'on réfléchisse à l'ensemble des règles qui constituent en quelque sorte le code des marchés à terme, on s'aperçoit bien vite que ceux qui joignent à la possession de capitaux importants l'habitude des spéculations de Bourse, jouissent d'avantages tels, qu'ils sont en réalité les maîtres du marché dans les temps ordinaires. Ils peuvent, à volonté, exiger livraison effective, ou forcer livraison dans les marchés à terme, c'est-à-dire agir énergiquement dans le sens de la hausse ou de la baisse, et eux seuls le peuvent.

Ils ont encore à leur disposition un moyen plus efficace et plus direct. En effet, il y a bien trois cours de rente : 1° au comptant ; 2° à terme ; 3° à prime ; mais les cours qui règlent la liquidation des marchés fermes et à prime ne peuvent jamais s'écarter beaucoup du comptant vers lequel ils sont ramenés sans cesse par les reports et par les escomptes qui ne leur permettent ni de s'abaisser beaucoup au-dessous, ni de s'élever beaucoup au-dessus du cours au comptant.

Or, le cours au comptant s'établit, dans les temps ordinaires, sur un petit nombre de ventes effectuées par des particuliers étrangers à la spéculation, d'après leurs besoins. Le spéculateur, qui dispose de grands capitaux, peut toujours, en même temps qu'il fait des marchés à terme, dominer le marché au comptant où les affaires réelles s'élèvent au cinquantième à peine de la somme des marchés à terme et dont le cours règle tous les autres. Un tel spéculateur opère-t-il à la hausse, lorsque approche le moment de la liquidation, il lui suffit de demander, pendant quelques jours, de faire acheter au comptant une somme considérable des rentes ou des actions sur lesquelles il a opéré ; la hausse est inévitable sur les trois cours. Spécule-t-il à la baisse, à l'approche de la liquidation, il offre sur le marché au comptant, de fortes parties de rentes, et une baisse opportune lui donne la facilité de liquider ses opérations à terme avec avantage. Par ce moyen, il compense et bien au delà, sur les marchés à terme, qui roulent sur des chiffres énormes de valeurs fictives, les pertes qu'il peut subir sur les marchés au comptant. Qu'importe une perte de 1 pour 100 sur 10 à celui qui se procure, par ce moyen, un gain de 1 pour 100 sur 50 ?

Si plusieurs capitalistes de premier ordre opéraient en même temps en sens opposé, il s'établirait entre eux une lutte dans laquelle la victoire resterait à celui que le mouvement naturel des affaires sérieuses, du marché au comptant viendrait à favoriser. Mais ce serait un jeu plein de périls auxquels les pos-

sesseurs de grands capitaux n'ont garde de se livrer. A quoi
bon courir des risques, lorsque l'on peut opérer à coup sûr?
En vérité, on ne peut assez admirer l'ardeur des spéculateurs
vulgaires qui achètent et vendent dans l'obscurité la plus profonde, au hasard, sans connaître la valeur de ce qu'ils font.

Il est vrai qu'ils s'attachent à calculer la portée financière
des événements, à supputer les résultats probables d'une nouvelle vraie ou fausse sur le cours des fonds. Ils ont les yeux
fixés sur les causes naturelles de hausse ou de baisse, et ce sont
des causes artificielles qui régissent les cours dans des temps
ordinaires. — « J'ai gagné! mes calculs étaient justes; je suis
un habile politique! » Point. Vous avez opéré dans le même
sens que MM. X, Y, Z, et vous n'en saviez rien. — Les révolutions seules déroutent quelquefois les combinaisons que l'on
pourrait appeler de force majeure, encore n'ont-elles pas toujours ce résultat.

Si de semblables combinaisons se produisaient souvent, elles
auraient bien vite découragé la spéculation par la ruine successive et prompte des spéculateurs. Aussi ne sont-elles pas très-
fréquentes; la spéculation sur les rentes ou actions n'est qu'une
distraction pour les détenteurs de grands capitaux, et ils préfèrent opérer sur les émissions d'actions industrielles.

Les actions industrielles anciennes, classées, dont le produit
est connu, ne donnent guère lieu à des opérations à livrer, à
moins que des causes spéciales et accidentelles, telles qu'un accroissement de concession, une fusion, etc., ne les signalent à
l'attention des spéculateurs. Il en est autrement des actions en
émission. Dès que celles-ci sont émises par un banquier accré-
dité, quelle que soit leur valeur intrinsèque, elles sont assurées
d'une hausse, à moins que les capitaux mobiliers ne soient ou
ne deviennent rares. Pourquoi? Uniquement parce que les spéculateurs de profession ont confiance dans le banquier qui émet
des actions, et qu'ils ont l'habitude de le suivre. Cette hausse

est si bien prévue, qu'elle a donné lieu à une mendicité d'un genre nouveau, qui s'est répandue au delà de ce que l'on pourrait imaginer.

Une compagnie est fondée au capital de 40, 50, 100 millions, divisés en actions de 500 ou de 1,000 francs, par exemple, pour la confection et l'exploitation d'un chemin de fer. Aux termes de l'acte de société, les actionnaires doivent verser le montant de leurs actions en quatre ou cinq termes successifs. Toutes ces actions sont prises immédiatement, au pair, par un ou plusieurs grands capitalistes qui versent le premier terme, soit un cinquième. Aussitôt ces capitalistes sont assaillis de demandes; des gens du monde, des femmes, des diplomates, des danseuses, des magistrats, des militaires viennent solliciter bien humblement, qui vingt, qui trente, qui cent, qui cinq cents actions au pair. Est-ce pour faire un placement sérieux? Ont-ils besoin de placer des fonds? Ont-ils même les fonds nécessaires pour acquérir la propriété intégrale des actions qu'ils sollicitent? Nullement; mais ils savent que ces actions se coteront en hausse à la Bourse dès le premier jour, que les spéculateurs se les arracheront à 50, 100, 500 francs de prime, selon l'état du marché; qu'ils achèteront, par exemple, 150, 200, 600 francs une action de 500 francs, sur lesquels 100 francs seulement ont été versés, qui à coûté, par conséquent, 100 francs au pair. On se propose de vendre, de réaliser la prime avant l'échéance du second terme qui amène un nouveau versement d'un cinquième. Celui qui sollicite au pair cent actions de 500 francs, sait fort bien que, moyennant 10,000 francs, il obtient un titre qu'il peut vendre à l'instant 15,000, 20,000 francs. C'est une aumône de 5,000 francs, de 10,000 francs qu'il demande au capitaliste ou fondateur, et lorsque celui-ci l'accorde, il doit avoir ses raisons.

En effet, il intéresse à son affaire et engage dans sa spéculation un grand nombre de personnes placées de manière à lui

être utiles, soit auprès de l'opinion, soit auprès du gouvernement, dans les assemblées délibérantes. Le cercle des spéculateurs s'étend, et il est difficile que les capitaux disponibles
ne soient pas entraînés dans le mouvement qui se produit ;
bientôt ces capitaux viennent, en effet, pour spéculer parfois,
mais pour rester engagés au besoin. Tel capitaliste de département retirera les fonds qu'il avait en dépôt chez son banquier,
exigera le remboursement d'un prêt hypothécaire, pour venir
acheter des actions de chemins de fer. Cependant la Compagnie
s'organise, elle fonctionne, emploie les 100 francs par action
versés dans ses caisses, et réclame un second versement. A
ce moment, d'ordinaire, l'émission est accomplie, les spéculateurs, les gens du monde surtout, détiennent encore beaucoup de titres, et les capitalistes qui cherchent un placement
durable, en ont quelque peu. Ceux-ci versent le second terme ;
parmi les spéculateurs, les uns ont recours aux expédients,
et les versent aussi. Le capitaliste de département que nous
avons tout à l'heure pris pour exemple, réalise à outrance les
créances liquides qu'il peut avoir sur le commerçant ou l'industriel de sa localité ; au besoin même, de prêteur qu'il était, il
devient emprunteur et engage ses immeubles. Un certain nombre de spéculateurs, qui ne peuvent faire le second versement,
vendent leurs titres à tout prix, ou on les vend pour eux. Il se
produit alors naturellement un mouvement de baisse dont les
habiles savent profiter, puis la hausse reprend son cours. Les
mêmes oscillations se produisent à chaque versement, jusqu'à
la libération entière de l'action, qui finit par rester aux mains
d'un capitaliste sérieux. A mesure que cette action prend une
valeur certaine, la spéculation s'en éloigne, la quitte pour une
autre, et l'action se classe ; son prix se règle sur le revenu
qu'elle produit. Que de primes gagnées et perdues avant qu'elle
soit parvenue à ce point !

Il est arrivé plusieurs fois, notamment en 1837 et 1847, que les actions industrielles, trop abondantes pour l'état du marché, sont restées en suspens aux mains des banquiers et des spéculateurs, à défaut de preneurs disposés à payer les primes. On voyait alors les travaux s'arrêter, les engagements envers l'État laissés en souffrance, puis modifiés au profit des compagnies, de manière à relever les cours.

FIN DES PIÈCES JUSTIFICATIVES.

TABLE DES MATIÈRES.

LIVRE PREMIER.

Principes généraux.

CHAPITRE PREMIER. — Définitions.

CHAPITRE II. — De la propriété et du communisme.

LIVRE II.

De la production de la richesse et du crédit.

CHAPITRE PREMIER. — DU TRAVAIL ET DU CAPITAL.

LIVRE III.

De la répartition de la richesse et de la misère.

CHAPITRE PREMIER.—DES SALAIRES ET DES PROFITS.

PIÈCES JUSTIFICATIVES ET DOCUMENTS DIVERS.

FIN DE LA TABLE DU PREMIER VOLUME.

Paris. — Imprimerie de P.-A. BOURDIER et Cie, 30, rue Mazarine.